受益一生的百科知识

世界文化百科知识

曾微隐 黄 丹 编著

吉林人民出版社

图书在版编目(CIP)数据

世界文化百科知识 / 曾微隐, 黄丹编著. –– 长春:
吉林人民出版社, 2012.4
　(受益一生的百科知识)
　ISBN 978-7-206-08759-2

　Ⅰ.①世… Ⅱ.①曾… ②黄… Ⅲ.①文化史 – 世界
– 通俗读物 Ⅳ.①K103–49

　中国版本图书馆 CIP 数据核字(2012)第 071059 号

世界文化百科知识

SHIJIE WENHUA BAIKE ZHISHI

编　著:曾微隐　黄　丹
责任编辑:李沫薇　　　　　　封面设计:七　洱
吉林人民出版社出版 发行(长春市人民大街7548号　邮政编码:130022)
印　刷:永清县晔盛亚胶印有限公司
开　本:670mm×950mm　　1/16
印　张:13　　　　　　　字　数:220千字
标准书号:ISBN 978-7-206-08759-2
版　次:2012年7月第1版　　印　次:2023年6月第3次印刷
定　价:45.00元

目 录
CONTENTS 2

宗教(039—047)

目录 CONTENTS 3

文学(048—085)

目录
CONTENTS
4

美术 (086—112)

目录
CONTENTS
6

音乐（113—122）

体育（171—187）

目录
CONTENTS

10

节日（188—196）

文化常识

　　文化是包括知识、信仰、艺术、道德、法律、习俗和任何人作为一名社会成员而获得的能力和习惯在内的复杂整体。

——人类文化学鼻祖泰勒

● 古希腊文明

　　古希腊文明是西洋文明的始祖，源于古老的爱琴文明，与中国的商周文明略有相像之处。古希腊文明分为几个时期，形成于公元前800年至公元前500年，经历了古典时代（公元前500年至公元前336年）和希腊化时代（公元前336年至公元前31年）。古希腊文明达到顶峰是公元前5世纪。公元前146年，希腊被罗马攻克，古希腊文明被古罗马文明所取代。古希腊文明虽比古埃及文明、古巴比伦文明、古希伯来文明和古印度文明晚，但其影响却超过了它们。上述文明已淘汰于历史长河之中，而古希腊文化精神却没有湮没，其灿烂程度、影响力、长久的生命力只有中华文明才可与之相比。

　　古希腊文明包括古希腊战争、古希腊艺术和古希腊神话，后两者成为古希腊文化的重要组成部分。古希腊文化作为古典文化的代表，在西方乃至世界都占有极其重要的地位。

● 神话时代

　　在原始时代，古希腊人对自然现象和人之生死都感到神秘、困惑、难解，于是他们不断幻想、不断沉思。在他们的想象中，宇宙万物都拥有生命。多利亚人入侵爱琴文明后，因为所生活的希腊半岛人口过剩，他们不得不向外开拓生活空间。这时候他们崇拜英雄豪杰，因而产生了许多人神交织的民族英雄故事。这些众人所创造的人、神、物的故事，被史学家统称为"希腊神话"，公元前11世纪至公元前7世纪、公元前8

世纪则被称为"神话时代"。神话故事最初都是口耳相传，直至公元前7世纪，才由大诗人荷马整理、记录于《荷马史诗》中。

● 希腊神话人物

希腊神话包括神的故事和英雄传说两个部分，神的故事涉及宇宙和人类的起源、神的产生及其谱系等内容。相传古希腊有奥林匹斯十二大神：（1）宙斯——众神之主，因武器为闪电，又被称为雷神；（2）赫拉——天后，妇女的保护神；（3）波塞冬——海神；（4）哈得斯——冥王；（5）雅典娜——智慧女神、胜利女神和女战神，阿瑞斯代表的是暴力与血腥之战，雅典娜则代表正义之战；（6）阿波罗——太阳神；（7）阿尔忒弥斯——助产、狩猎与月亮女神；（8）阿芙洛狄忒——美与爱女神；（9）阿瑞斯——战神；（10）赫菲斯托斯——火与工匠之神；（11）赫尔墨斯——神使，负责冥界引渡；（12）狄俄尼索斯——酒神，经炉灶女神赫斯提让位。其他著名的神还有：普罗米修斯——创造人类并被称为先知者；赫拉克勒斯——大力神；得墨忒耳——农事和丰产女神，三大处女神之一。

● 罗马神话人物

罗马神话对欧洲文化影响较深，本来天上诸星座都是希腊人以神话人物和诸神命名的，但目前学术界使用的却是罗马神话里的名称。罗马神话人物主要包括：（1）雅努斯——门神，具有前后两个面孔或四方四个面孔，象征开始；（2）朱庇特——神王，对应于希腊神话的宙斯；（2）朱诺——神后，对应于希腊神话的赫拉；（3）墨丘利——神的使者，对应于希腊神话的赫耳墨斯；（4）维纳斯——美神、爱神，对应于希腊神话的阿芙洛狄忒；（5）马尔斯——战神，对应于希腊神话的阿瑞斯，但形象比阿瑞斯正面许多；（6）萨敦——朱庇特的父亲，对应于希腊神话的科罗努斯；（7）玛亚——墨丘利的母亲，花神；（8）狄安娜——月亮女神，对应于希腊神话的阿尔忒弥斯；（9）阿波罗——太阳神；（10）米诺娃——智慧女神，对应于希腊神话的雅典娜；（11）赛尔斯——谷物和丰收女神，对应于希腊神话的得墨忒耳；（12）伏尔肯——火神，维纳斯的丈夫，对应于希腊神话的赫菲斯托斯；（13）尼普敦——海神，对应于希腊神话的波塞冬，朱庇特的弟弟；（14）普鲁托——冥神，对应于希腊神话的哈得斯，朱庇特的弟弟；（15）丘比特——小爱神，维纳斯的儿子，对应于希腊神话的爱罗斯；（16）欧若拉——黎明女神，对应于希腊神话的厄俄斯。

● 公历纪元

简称"公元"，是国际通行的纪年体系。以传说中耶稣基督的生年为公历元年（相当于中国西汉的平帝元年）。这种纪年体系开始在欧洲各国采用，中国从辛亥革命后的次年（1912年）起采用公历月、日。各国关于纪年的方法有很多，目前世界上最通用的是公元纪年法。除此之外，还有干支纪年法、天文纪年法、历史纪年法、帝王年号纪年法等。另外，尚有伊斯兰教纪元、佛教纪元、犹太教纪元以及希腊纪元、日本纪元等。

● 世　纪

"世纪"一词来源于拉丁文，意思是100年，公元元年至100年为1世纪，101年至200年为2世纪。一个世纪是100年，通常是指连续的100年。用来计算日子时，世纪通常从可以被100整除的年代或此后一年开始，如2000年或2001年。这种奇数的纪年法是从耶稣诞生那一年算起，其中的1年通常表示"吾主之年"，因此1世纪从公元1年到公元100年，20世纪则从公元1901年到公元2000年，2001年是21世纪的第一年。不过，有人将公元1世纪定为99年，以后的世纪则为100年，如果按照这种方式定义，2000年则为21世纪的第一年。

● 星期制

现在通用的以7天为一星期的制度，产生于古代西亚的两河流域（底格里斯河和幼发拉底河中下游，通常称作美索不达米亚平原）。公元前7世纪至公元前6世纪，亚述帝国和新巴比伦王国时期，巴比伦人就有了星期制。他们把一个月分为4周，每周有7天，即为一个星期。巴比伦人有祭祀星神的建筑，共7层，称"七星坛"，从上到下依次为日、月、火、水、木、金、土7个星神。巴比伦人认为这7个星神是轮流值日的，各主管一天。他们每天祭祀一个神，7天一个周期，而且每天都以一个星神的名字命名。太阳神沙马什主管星期日，称为日曜日；月神辛主管星期一，称为月曜日；火星神涅尔伽主管星期二，称为火曜日；水星神纳布主管星期三，称为水曜日；木星神马尔都克主管星期四，称为木曜日；金星神伊什塔尔主管星期五，称为金曜日；土星神尼努尔达主管星期六，称为土曜日。"星期"就是星的日期的意思。巴比伦人创立的星期制，首先传到希腊、罗马等地。公元321年3月7日，君士坦丁大帝正式宣布7天为一星期，形成定律后一直相沿至今。一星期又称为"一礼拜"，这是后来基督徒把一星期作为参拜上帝的宗教仪式的周期，故称为"礼拜"。

● 拉丁字母

拉丁字母是当今三种最具有影响力的文字符号之一（另外两种是汉字、阿拉伯数字），是目前世界上使用最广泛的一种字母文字系统，也叫"罗马字母"。拉丁字母在公元前6世纪由埃特鲁斯坎字母发展而来，其源头还可溯到约公元前1100年叙利亚和巴勒斯坦通用的北闪米特字母。最早使用拉丁字母刻写的铭文见于普雷内斯大饰针上，这是一枚公元前7世纪的斗篷别针，文字从左到右读作"MANIOS MED FHEFHAKED NUMASIOI"，意思是"马尼乌斯为努梅利乌斯制作此别针"。另外一段早期铭文，即公元前6世纪的杜埃诺斯铭文，却与拉丁字母的远祖一样，是从右到左读的。古典拉丁语有23个字母，其中21个是从埃特鲁斯坎字母派生而来，罗马人从中吸收了21个；到中世纪，字母i分化为i和j，v分化为u、v和w，这样就产生了26个罗马字母，与现代英语字母相同。《圣经》是用拉丁文字写的。由于基督教的传播和殖民扩张，现在整个西欧、美洲、澳洲及非洲的大部分地区都使用拉丁字母。中国的汉语拼音方案也是用拉丁字母制定的。

● 罗马数字

罗马数字是欧洲在阿拉伯数字传入之前使用的一种数码，其雏形出现于两千五百多年前，现在应用较少。它的产生晚于中国甲骨文中的数码，更晚于埃及人的十进位数字，但是其产生标志着一种古代文明的进步。罗马数字有7个基本符号：I（1）、V（5）、X（10）、L（50）、C（100）、D（500）、M（1000）。如今最常见的罗马数字是钟表的表盘符号：Ⅰ、Ⅱ、Ⅲ、Ⅳ、Ⅴ、Ⅵ、Ⅶ、Ⅷ、Ⅸ、Ⅹ、Ⅺ、Ⅻ，对应于阿拉伯数字就是 1、2、3、4、5、6、7、8、9、10、11、12。罗马数字因为书写繁难，所以后人很少采用。除钟表表面仍有用它表示时数之外，在书稿章节及科学分类时也有采用罗马数字的。

● 阿拉伯数字

阿拉伯数字起源于印度，经由阿拉伯人传向四方，这就是它们后来被称为阿拉伯数字的原因。公元3世纪，印度一位名叫巴格达的科学家发明了一种先进的计数符号，即阿拉伯数字。公元700年前后，阿拉伯人征服了印度的旁遮普地区，他们惊诧地发现，被征服地区的数学比他们的先进。公元771年，印度北部的数学家被抓到阿拉伯地区的巴格达，被迫给当地人传授新的数学符号和体系以及印度式的计算方法（即现在用的计算法）。10个数字符号后来由阿拉伯人传入欧洲，被欧洲人误称为阿拉伯数字。随着历史的发展，阿拉伯数字逐渐在各国流行起来，成为世界各国通用的数字。

阿拉伯数字指0、1、2、3、4、5、6、7、8、9，共10个计数符号。采取位值法，高位在左，低位在右，从左往右书写。借助一些简单的数学符号（小数点、负号等），这个系统可以明确表示所有的有理数。为了表示极大或极小的数字，人们在阿拉伯数字的基础上创造了科学计数法。

● 西方贵族爵位

西方贵族有五等爵位，从高到低依次为公爵、侯爵、伯爵、子爵、男爵。在贵族爵位中，根据其能否传给后代，分为世袭贵族和终身贵族两类。世袭贵族死后可由长子继承，终身贵族仅限于本人活着时担任，死后其子不能承袭。

（1）公爵。在贵族中，公爵是第一等级，地位最高。这个爵名的由来有三：一是欧洲氏族社会解体时期，日耳曼部落的军事首长；二是古代罗马部落的军事首长；三是古罗马时代的边省将领，后指地方军政长官，其拉丁文原意为"统帅"。随着封建关系的发展，王权的日益强化，公爵成为统治阶级中的上层人物。在英国，公爵最初是由14世纪的英王爱德华三世分封的，被封为公爵的均是王室成员。15世纪后才打破此惯例，少数非王室人员也被封为公爵。

（2）侯爵。侯爵是贵族的第二等级。查理大帝在位时它是指具有特别权力的边区长官，相当于藩侯，查理曼帝国分裂后，变成了独立的大封建领主。封建王权加强后，侯爵成为公爵与伯爵之间的爵衔，其地位与伯爵相等，14世纪之后，才确认侯爵的地位在伯爵之上。

（3）伯爵。在罗马帝国时期，伯爵是皇帝的侍从，掌管军队、平民和财政大权，有时也出任地方官吏。封建制度强化后，伯爵割据一方，成为世袭的大封建领主。后来，其地位逐渐低落，介于侯爵与子爵之间，成为贵族的第三等级。在英国，伯爵之衔历史最久。

（4）子爵。子爵原是法兰克王国的国家官吏名，最早是由国王查理曼于8世纪时封的，后来传到欧洲其他大陆国家。最初子爵是伯爵的副手，后来独立存在，也可世袭。子爵爵位到15世纪才传入英国，博蒙德·约翰于1440年第一个被封为英国子爵。

（5）男爵。男爵是贵族爵位中最低的一级。11世纪至12世纪，它是欧洲君主国国王或大封建主的直接附庸。在英语中，男爵（Baron）一词，是诺尔曼人在征服欧洲大陆时引进的，本义为"只不过是普通的人"，后来演变为"强有力的人"。1387年查理二世封约翰·比彻姆为男爵后，男爵才成为英国贵族的正式爵位。

● 首　相

"首席宰相"的缩写，是君主立宪制国家中内阁首脑的中文通称，如英国、日本的内阁首脑。

首相的产生各国规定不一，英国首相只能由下院多数党领袖担任并由英王任命；日本首相由国会提名，经议员选举产生，并经天皇任命。第二次世界大战以后，在议会中占多数议席的政党领袖（总裁）是当然的首相。首相是内阁的首脑，享有非常广泛的权力。在君主立宪制下，首相多为国会多数党的党魁或多数派的首领。在君主独裁制度下，首相通常由君主任命，是替君主执行命令的内阁最高官员。在议会制中，如英国的西敏寺制度，首相是政府的首脑，而国家元首（国王或总统）只有仪式上的职能。在一些君主立宪的国家中，首相可行使《宪法》上授予君主的权力，无须经国会批准。首相除了是政府首脑，也有其他职能，如英国首相兼任第一财政大臣，第二次世界大战时英国首相丘吉尔兼任国防大臣。

● 总　统

共和制国家最高行政元首或地方最高行政长官的名称。总统制起源于美国。1787年，刚获得独立的美利坚合众国13个州的代表55人，在费城独立厅召开制宪会议，制定联邦《宪法》。《宪法》规定，国家行政大权赋予总统，总统任期4年，由各州选举的总统候选人选出；总统是最高的行政首长，又是武装部队的总司令；总统经参议院同意，有权任命部长、外交使节、最高法院法官以及政府其他官员；总统还有权批准或否决国会通过的法案。1789年1月，根据《宪法》，美国举行历史上第一次大选，选举独立战争的杰出领导华盛顿为美利坚合众国第一任总统，也是世界上第一位总统。华盛顿本可以任终身总统，但他只担任了两届便决意不再继任，因此以后美国总统最多只任两届，只有富兰克林·罗斯福例外，他担任了四届，并且是唯一的终身总统。

总统一般由直接选举或间接选举产生。各国总统任期不一，如美国总统经普选产生，任期4年，可连选连任，但连选连任不得超过两届；德国总统则由间接选举产生，任期5年，可连选连任一次。在实行总统制的国家，总统既是国家元首，又是政府首脑。

● 元　首

"元首"一词来源于拉丁文，是首席元老和国家第一公民的意思。元首制确立于公元前27年，也就是罗马帝国建立的时候。后来，元首这一称谓逐渐演变为主权国家对内对外的最高代表，是国家机构的重要组成部分。国家元首指共和制、联邦制的总统、国家主席等和君主制的皇帝、国王等。可能握有实际权力（如美国总统），也可能只是礼仪性的（如英国国王）。国家元首对外代表国家，在国际交往中享有礼仪上的特殊待遇。在实行内阁制的国家，元首一般不直接掌握国务实权，只以国家的名义从事一些象征性和礼仪性的活动，被称为虚权元首。在实行总统制的国家，元首为国家最高政府首脑，对国家重大决策的制定和执行均负有实际的直接的责任，权力很大。根据组织构成的不同，国家元首分为个人元首和集体元首。在大多数国家，国家元首由个人担任并行使其职权，为个人元首。在有些国家，国家元首的职权由集体行使，为集体元首，如圣马利诺共和国的国家元首由具有同等权力的两名执政官共同担任。

● 沙　皇

俄国皇帝1546年至1917年的称呼。第一位沙皇是伊凡四世，最后一位沙皇是尼古拉二世。1721年彼得大帝改名皇帝，但直到1917年为止，俄国的统治者一直都称为沙皇。此外，保加利亚、塞尔维亚早期的皇帝和20世纪的保加利亚国王也自称沙皇。俄语中沙皇一词中的"沙"来自拉丁语"恺撒"的转翻译音，即"大皇帝"之意，中文则半音译半意译，翻译成"沙皇"。

● 天　皇

日本君主的称号，日本国家元首和国家的象征。天皇制是世界历史上最长的君主制度（古籍记载于公元前660年）。天皇被认为不同于普通的日本人，在神道教中，天皇是天照大神后裔，具有神性。天皇与其家族没有姓（历史学上称其为天皇氏），日本《宪法》也未赋予其公民权。日本战败后，在美国的主持下建立议会民主制，但为了顺应日本民意，允许天皇作为象征性的国家元首保留下来。1946年，美国迫使昭和天皇裕仁发表《人间宣言》，承认天皇与平民无异，只是受国民拥戴的国家象征。现代日本天皇的主要职责是任命首相（内阁总理大臣），批准法律、政令及条约，召集国会，批准国务大臣的任免，出席礼仪性的外事活动和国家典礼等。虽然裕仁以后的日本天皇已宣布完全放弃被赋予的"神性"，但多数日本人仍认为天皇代表"国家"。

● 吻　礼

吻在西方是较为流行的礼节，关于吻的由来，西方传说不一。比较流行的观点是，吻始于古罗马严禁妇女饮酒。当男子外出归来后，先要闻一闻妻子有没有饮酒，假如妻子无酒味，丈夫就要亲昵地吻上一下，这就是由闻到吻的过渡。以后相沿成习，成为夫妇见面时的第一个礼节。吻在非洲某些国家和地区，不只限于表示男女之恋，还寄寓尊敬和关心之意。非洲土著居民视酋长为"父母官"，人们争相亲吻酋长走过的地面，以此表示祝福和对酋长的尊崇。古罗马时期，皇帝允许最高级别的贵妇人和宠臣吻他的嘴唇，次者吻他的手，庶民能吻皇帝的膝盖和脚背即为"殊荣"。世界上还有一种吻光头的礼俗。例如，在比利时王国里兹镇附近的桑朗村，每年的春秋雨季，都有一批来自德国、荷兰、法国和比利时各地的"光头佬"到此"朝圣"，他们见面后以互吻一下对方溜光锃亮的秃头为乐趣。

● 花　语

花语是各国、各民族根据各种植物，尤其是花卉的特点、习性和传说、典故，赋予花的人性化象征意义。花语起源于古希腊，那时不只是花，叶子、果树都有一定的含义，希腊神话记载过爱神出生时创造玫瑰的故事，玫瑰从那个时代起就成为爱情的象征。

比较正式的花语在19世纪初确立于法国，随即流行于英国与美国，是由一些作家创造出来的，主要用来出版礼物书籍，特别是提供给当时上流社会女士们休闲时翻阅之用。花语最盛行是在法国皇室时期，贵族们将民间对于花卉的资料整理编档，里面就包括花语的信息，这样的信息在宫廷的园林建筑中得到完美的体现。大众对于花语的接受是在19世纪中期，那时社会还不开放，在大庭广众下表达爱意是难为情的事情，所以恋人间赠送的花卉就成为爱情的信使。

● 社交花语

（1）表达爱情。紫色郁金香——无尽的爱、最爱；白色郁金香——纯情、纯洁；粉色郁金香——美人、热爱、幸福；红色郁金香——爱的告白、喜悦；黄色郁金香——高贵、珍重、财富；红玫瑰——热恋；粉玫瑰——永远的爱；白玫瑰——纯真的爱；黄玫瑰——失恋、消逝的爱。

（2）婚礼。白百合——完美、百年好合；红掌——天长地久；合欢——夫妻相爱；常春藤、菩提树、柠檬树花——忠诚、白头偕老；薄荷——感情热烈；牵牛花、石竹——爱情永结；春番红花——青春；山茶——真爱；毋忘我——永恒的爱。

（3）圣诞节。一品红——驱妖除魔；白美女樱——庇佑；太阳菊——光明、欣欣向荣；山毛榉树——昌盛、兴隆。

（4）母亲节。康乃馨——母亲之花、母亲节的主花；毋忘我——永恒的爱；茉莉——和蔼可亲；藓苔——母爱；木樨草——品德高尚；深山酢浆——慈母之爱；粉牵牛花——纤纤柔情。

（5）父亲节。石斛兰——父亲之花、坚毅、勇敢；黄杨——坚定、冷静；橘树——宽容大度；款冬——正义；柳树——直率、坦诚；葡萄——宽容、博爱；茴香——力量。

（6）教师节。木兰花——灵魂高尚；蔷薇枝——严肃、朴素；蔷薇花冠——美德；悬铃木——才华横溢；月桂树环——功劳、荣誉。

（7）祝寿。梅——傲雪凌霜；福寿花——多福多寿；黄水仙——尊敬；兰花——品行高洁；万年青——永葆青春；千日莲——快乐；吊钟花——感激；金鱼草——愉快。

（8）探病。罂粟花——安慰；樱草花——青春；剑兰——性格坚强；白杨——坚持、勇气；雏菊——同情；蔷薇花瓣——希望；虞美人、山楂——安慰；满天星——关怀；黄花——鼓励；荆树——抚慰。

（9）贺喜凯旋。红棉花——英雄之花；罂麦——勇敢；月桂——光荣；月桂树环——有功之臣；棕榈——胜利。

（10）赠友进取。美人蕉——坚实；海芋——热情；黄杨——坚定；款冬——正义之神；冷杉树——崇高；茴香——力量；棕榈——胜利。

（11）分别赠友。三色堇——思念；刺槐——友谊；豆蔻花、芍药花、百日草——分别。

（12）贺喜演出。燕麦——音乐；多花蔷薇——天才；荷兰芹——得胜；茴香——卓越；桔梗——高雅；大丽花——优雅、尊贵。

● 国 花

很多国家以自己国内特别著名的花作为国家的象征，并具有一定的含义，这种花称为"国花"。具体而言，是指以自己国内特别著名的花作为国家象征的花，反映了一个国家领土完整、悠久的历史文明和灿烂的文化，象征民族团结的精神。国花蕴涵民众对祖国的热爱和浓郁的民族感情，并可增强民族凝聚力。国花的评选必须具备四个条件：一是分布广泛，二是外观漂亮，三是有深刻的文化内涵，四是具备一定的经济价值。目前，世界上有一百多个国家确立了自己的国花，中国是尚未确立国花的唯一大国。由于没有国花，在2001年的APEC会议上，新闻报道出现"以中国国花牡丹为背景"的笑话；在1999年昆明世界园艺博览会上，国花的空缺也成为文明古国的遗憾。

● 部分国家的国花

（1）欧洲：英国——玫瑰；爱尔兰——白车轴草；法国——鸢尾；荷兰——郁金香；挪威——欧石楠；瑞典——欧洲白蜡；芬兰——铃兰；丹麦——冬青；冰岛——三色堇；希腊——油橄榄；俄罗斯——向日葵；西班牙——香石竹；葡萄牙——雁来红、薰衣草；瑞士——火绒草；奥地利——火绒草；意大利——雏菊、月季；波兰——三色堇；捷克——椴树；斯洛伐克——石竹、玫瑰；德国——矢车菊；塞尔维亚——桃花；克罗地亚——天竺葵；马其顿——矢车菊；匈牙利——郁金香；罗马尼亚——狗蔷薇；保加利亚——玫瑰、突厥蔷薇；比利时——虞美人、杜鹃花；卢森堡——月季；摩纳哥——石竹；马耳他——矢车菊；圣马力诺——仙客来。

（2）北美洲：美国——玫瑰；加拿大——糖槭；墨西哥——大丽花、仙人掌；危地马拉——爪哇木棉；萨尔瓦多——丝兰；洪都拉斯——香石竹；尼加拉瓜——百合（姜黄色）；哥斯达黎加——卡特兰；古巴——姜花、百合；牙买加——愈疮木；海地——刺葵；多米尼加共和国——桃花心木。

（3）南美洲：哥伦比亚——卡特兰、咖啡花；巴西——卡特兰、毛蟹爪莲；智利——野百合；阿根廷——刺桐；乌拉圭——商陆、山楂；厄瓜多尔——白兰花；秘鲁——金鸡纳树、向日葵；玻利维亚——向日葵。

（4）亚洲：土耳其——郁金香；日本——樱花、菊花；朝鲜——朝鲜杜鹃（金达莱）；韩国——木槿；老挝——鸡蛋花；缅甸——龙船花；泰国——素馨、睡莲；马来西亚——扶桑花；印度尼西亚——毛茉莉；新加坡——万带兰；菲律宾——毛茉莉；印度——荷花、菩提树；尼泊尔——杜鹃花；不丹——蓝花绿绒蒿；孟加拉——睡莲；斯里兰卡——睡莲；阿富汗——郁金香；巴基斯坦——素馨；伊朗——大马士革月季；伊拉克——红月季；阿拉伯联合酋长国——百日草；也门——咖啡花；叙利亚——月季；黎巴嫩——咖啡雪松；以色列——银莲花、油橄榄。

（5）非洲：埃及——睡莲；利比亚——石榴花；突尼斯——素馨；阿尔及利亚——夹竹桃、鸢尾；摩洛哥——月季、香石竹；塞内加尔——猴面包树；利比里亚——胡椒；加纳——海枣；苏丹——扶桑花；坦桑尼亚——丁香、月季；加蓬——火焰树；赞比亚——叶子花；马达加斯加——凤凰木、旅人蕉；塞舌尔——凤尾兰；津巴布韦——嘉兰。

（6）大洋洲：澳大利亚——金合欢、桉树；新西兰——桫椤、四翅槐；斐济——扶桑花。

● 法国婚姻称谓

1年——棉婚；2年——皮婚；3年——麦婚；4年——蜡婚；5年——木婚；6年——铜婚；7年——羊毛婚；8年——虞美人婚；9年——陶婚；10年——锡婚；11年——珊瑚婚；12年——丝婚；13年——铃兰婚；14年——铅婚；15年——水晶婚；16年——蓝宝石婚；17年——玫瑰婚；18年——绿松石婚；19年——印花婚；20年——瓷婚；21年——乳白石婚；22年——青铜婚；23年——绿玉婚；24年——萨丁婚；25年——银婚；26年——玉婚；27年——桃花心木婚；28年——镍婚；29年——绒婚；30年——珍珠婚；31年——羊皮婚；32年——紫铜婚；33年——斑岩婚；34年——琥珀婚；36年——梅斯林婚；37年——纸婚；38年——水银婚；39年——绉纱婚；40年——祖母绿婚；41年——铁婚；42年——珠质婚；43年——法兰绒婚；44年——黄玉婚；45年——朱红婚；46年——薰衣草婚；47年——开斯米婚；48年——紫晶婚；49年——雪松婚；50年——金婚；60年——钻石婚；70年——白金婚；75年——白石婚；80年——橡树婚。

● 英国婚姻称谓

1年——纸婚；5年——木婚；10年——锡婚；12年——皮革婚；20年——瓷婚；25年——银婚；30年——象牙婚；40年——绒毛婚；45年——丝绸婚；50年——金婚；75年——钻石婚。

● 俄罗斯婚姻称谓

1年——花布婚；5年——木婚；6年——锌婚；7年——铜婚；8年——白木婚；40年——银婚；50年——金婚；60年——钻石婚；67年——石婚；70年——福婚；75年——王冠婚。

● 美国婚姻称谓

1 年——纸婚；2 年——布婚；3 年——皮婚；4 年——丝婚；5 年——木婚；6 年——铁婚；7 年——铜婚；8 年——电婚；9 年——陶婚；10 年——锡婚；11 年——钢婚；12 年——亚麻婚；13 年——花边婚；14 年——象牙婚；15 年——水晶婚；20 年——瓷婚；25 年——银婚；30 年——珍珠婚；35 年——玉婚；40 年——红宝石婚；45 年——蓝宝石婚；50 年——金婚；60 年——钻石婚。

● 日本婚姻称谓

2 年——纸婚；5 年——木婚；10 年——锡婚；15 年——水晶婚；20 年——陶婚；25 年——银婚；30 年——珍珠婚；35 年——珊瑚婚；40 年——红玉婚；50 年——金婚；75 年——金刚石婚。

目前较为常见的是以下分法：1 年——纸婚；2 年——布婚；3 年——皮婚；4 年——丝婚；5 年——木婚；6 年——铁婚；7 年——铜婚；8 年——电婚；9 年——陶婚；10 年——锡婚；11 年——钢婚；12 年——亚麻婚；13 年——花边婚；14 年——象牙婚；15 年——水晶婚；20 年——瓷婚；25 年——银婚；30 年——珍珠婚；35 年——玉婚；40 年——红宝石婚；45 年——蓝宝石婚；50 年——金婚；60 年——钻石婚。

● 十二星座

十二星座即黄道十二宫，是占星学描述太阳在天球上经过黄道的十二个区域，包括白羊宫、金牛宫、双子宫、巨蟹宫、狮子宫、处女宫、天秤宫、天蝎宫、人马宫、摩羯宫、宝瓶宫、双鱼宫。根据占星学说，分属各个星座的人具有不同的性格特征：

（1）水瓶座，生于 1 月 20 日至 2 月 18 日。思想开放，慷慨大方，能屈能伸，好奇心重，做事迅速，决定了就立刻动手做。

（2）双鱼座，生于 2 月 19 日至 3 月 20 日。凭直觉做事，凡事都走极端，难以相处，企图退缩时会逃避现实，内心充满矛盾。

（3）白羊座：生于 3 月 21 日至 4 月 20 日。生命力旺盛，有冲劲儿，不受束缚，极为自信，不宽恕别人，不耐烦，感情用事，看不起虚伪的人，重视原则。

（4）金牛座，生于4月21日至5月20日。爱好玩乐，喜欢美食，欣赏美，重视物质财富，善于理财，占有欲很强，爱支配别人，爱炫耀，多有音乐天才。

（5）双子座，生于5月21日至6月21日。能言善辩，易改变，好奇心重，兴趣多且多才多艺，可惜知识流于肤浅，虽然思维敏捷，但是不能专注于单一问题。

（6）巨蟹座，生于6月22日至7月22日。个性内向、稳定，以家庭为中心，害怕未知的事物，爱好大自然，有创造力。

（7）狮子座，生于7月23日至8月22日。需要经常被注意及赞赏，冲动且做事夸张，爱挑战当权者，勇往直前，敢于战斗。

（8）处女座，生于8月23日至9月22日。气质高雅，异乎寻常地敏感，情绪易变、悲观、忧郁甚至可能自我伤害，有批评性格，是美丽而神秘的完美主义者。

（9）天秤座，生于9月23日至10月22日。富有人情味儿，思想缜密，善于社交，做事投入，爱管闲事，代表公正，会努力捍卫正义。

（10）天蝎座，生于10月23日至11月21日。领悟力强，容易情绪低落，有潜在的变态心理，能造成伤害或毁灭，内心有可怕而黑暗的一面。

（11）射手座，生于11月22日至12月20日。个性既有平静的一面，又有热烈的一面，爱好旅行及冒险，喜欢多姿多彩的生活，有工作狂倾向。

（12）摩羯座，生于12月21日至1月19日。倔强、固执、善良、负责，发现自己要走的路之后，就会变得激进，可以冲破任何障碍，不喜欢受束缚，任何长期的责任都令他们不安。

● 礼　炮

鸣放礼炮起源于英国。17世纪至18世纪，英国已成为当时的头号殖民地，英国军舰驶过外国炮台或驶入外国港口时，蛮横地要求所在国向其鸣炮致礼，以示对英国的尊重和屈服。作为回礼，英舰一般鸣放7响。但是，英国殖民主义者认为弱国与强国、殖民地与宗主国不能平起平坐，所以英舰鸣一声礼炮，别国应回报三声，共计21响，鸣放礼炮的习俗由此诞生。后来随着英国在国际上的地位逐渐下降，英国军舰也开始改为鸣21响礼炮，以示平等。

举行盛大庆典，鸣放礼炮各国不尽相同。美国国庆日鸣放50响，表示每州鸣1响。1949年10月1日，中华人民共和国宣告成立时，正值中国共产党成立28周年，所以54门大炮齐鸣28响。在迎宾仪式中鸣放礼炮，最高规格是21响，一般为国家元首鸣放；其次是19响，为政府首脑鸣放；再次为17响，为副总理鸣放。

● 五项竞技

古希腊时期，斯巴达为培养维护奴隶主统治的武士，特别注重军事体操教育，并将此确定为斯巴达教育的唯一核心和重要内容。其基本项目有五项：赛跑、跳跃、角力、掷铁饼、投标枪，简称"五项竞技"。

● 七　艺

欧洲中世纪早期中等教育的主要学科，全称是"七种自由艺术"或"自由七艺"。它包括文法、修辞、辩证法（逻辑学）、算术、几何、天文、音乐。

七艺是古希腊智者学派的柏拉图所创，后传入罗马。公元5世纪、6世纪被基督教所接受，后经改造，为神学教育服务。七艺的内容广泛，其中文法包括拉丁语和文学的基本常识，用于阅读《圣经》。修辞包括散文和诗的习作及一些历史和法律知识，用于分析经书文体，训练口才。辩证法的内容类似形式逻辑，主要培养青少年的思维能力和雄辩才能，为教会和宗教信条进行辩护。算术包括计算宗教节日的方法、占卜星象，以及后来增加的运算内容。几何包括几何的基本概念和一些地理、建筑知识，后又增加欧几里得的几何学和测量知识。天文开始只是一些行星运行、寒暑更替等常识，后来吸收了古希腊天文学家托勒密和亚里士多德的有关论著。音乐除包括宗教音乐外，还包括音乐史和音乐理论，目的是使学生思想的低级部分得以逐步发展，形成节制、和谐的美德。

● 中世纪大学

从11世纪、12世纪起，由于农业和手工业的发展、城市的兴起、国际交往的扩大，欧洲的国家先后出现了大学。著名的有意大利的博洛尼亚大学（1158年）、萨拉诺大学（1231年）和法国的巴黎大学（1253年）等。中世纪大学按领导体制可分为两类：其一，博洛尼亚大学称为"学生大学"。由学生主管校务，教授的选聘、学费的数额、学期的时限和授课的时数，均由学生决定。欧洲南部的大学，如意大利、法国（巴黎除外）、西班牙、葡萄牙等地的大学多属此种类型。其二，巴黎大学称为"先生大学"。由教师掌管校务，欧洲北部的大学，如英格兰、苏格兰、德国、瑞典和丹麦等地的大学，多属此种类型。中世纪大学一般有文、法、医和神学等四科。有的大学分设两个法科（教会法与民法）。宗教改革运动之后，有的大学分设两个神科（新教和旧教）。

● 公 学

英国为贵族和资产阶级子女特别开设的一种私立寄宿学校，以培养升入著名大学的学生、造就未来的国务活动家为主要目标，创始于14世纪。古代公学主要指英、法等欧洲国家的贵族学校，如英国的公学。公学是贵族化的文法中学，是专门为名门贵族服务的私立学校。最早出现的公学是14世纪时创立的温切斯特公学，之后英王亨利六世又于1440年创立了伊顿公学。公学最早是为比较贫穷人家的子弟提供教育的场所，但到18世纪逐渐发展成为贵族学校，学费也变得非常昂贵。由公学培养出的学生大多学业成绩优异，而且在体育方面表现很出色，毕业后大多进入牛津、剑桥等一流大学。公学不仅在内容上，而且在形式上，千方百计地保持自己的古老风貌，温切斯特公学一直沿用14世纪建起的校舍，伊顿公学校园内的教堂已有五百多年的历史。

● 文科中学

西欧中等学校的一种类型。1538年，德国教育家斯图谟在斯特拉斯堡开办欧洲第一所文科中学，旨在培养新教牧师、教师和官吏，定名为古典文科中学。学习年限为8年，后增至10年。除宗教课程外，以传授拉丁语、希腊语等古代语文和古希腊、古罗马著作为主要内容。17世纪至18世纪，德国在许多城市设立此类学校，19世纪欧洲多数国家也设立了这种学校。19世纪初，德国教育家洪堡根据新人文主义思想实行教育改革，扩大文科中学的教学内容，制定严格的升留级制度和毕业考试制度，规定只有通过考试的毕业生才有资格进入大学，文科中学成为升入大学的唯一阶梯。随着资本主义生产和科学技术的发展，文科中学的古典主义办学方向受到批评。19世纪末、20世纪初，实施实科教育的教育机构在各国相继取得与文科中学平等的地位，文科中学也逐渐加强实科教学和减少拉丁文教学的时间。第二次世界大战后，文科中学失去其原来的意义。

● 慈善学校

又称"蓝外套学校"，17世纪后半期由英国宗教慈善团体或慈善家捐助建立的私立初等学校。1680年，在伦敦开办了第一所慈善学校。慈善学校免费招收贫苦儿童入学，并供应书籍，有的还提供伙食、衣服和住宿。学校除了教读、写、算的初步知识外，主要进行宗教教育，培养学生对基督教的虔诚信念，并注意学生的习惯和行为。有的学校还进行多种手工艺教育，男孩子主要学习园艺、航海术等，女孩子主要学习纺织、缝纫和家务等。学校规模较小，学生一般不超过20人。大多数学校有制服。教师都是25岁以下，精于基督教教义，具有较好的教学才能，并自愿献身宗教慈善事业的英国教会成员。18世纪上半叶慈善学校盛行于英国，并流传到美国。18世纪末，很多慈善学校关闭。

● 博雅教育

亦称"自由教育"。"博雅"的拉丁文原意是"适合自由人"，在古希腊，"自由人"指的是社会及政治上的精英。古希腊倡导博雅教育，旨在培养具有广博知识和优雅气质的人，让学生摆脱庸俗、唤醒卓异。其所成就的，不是没有灵魂的专门家，而是有文化的人。博雅教育所涉足的范畴随着社会的发展而变迁。在西方教育史中，博雅教育的七大范畴被分为"三道"（初等级）和"四道"（高等级）两类。"三道"包括语法、修辞学及辩证法，"四道"包括算术、几何、天文及音乐，这成为中世纪大学的核心课程。虽然曾经只注重古典教育，但随着启蒙时代开始，科学及人文的地位提升，两者都纳入博雅教育的范畴，只有农业、商业、牙医、工程、医学、教育学及药剂学这些专科仍然被拒绝纳入博雅教育的范畴。现在，博雅教育在中国内地普遍称为素质教育，在香港仍叫博雅教育，在台湾称为通识教育。虽然对博雅教育的叫法不同，但是人们的认识是相同的：在传授专业知识的同时，大学应该注重通识教育，提供人文训练，培养人文素质。英国思想家约翰·密尔对博雅教育的总结最为精辟："每件事都知道一点儿，有一件事知道得多一些。"

● 骑士教育

亦称"武士教育"，是西欧中世纪宗教教育与武士教育相结合的一种特殊家庭教育形式，学习内容以"骑士七技"为主，轻视读书、写字、计算等文化知识，以灌输服从与效忠封建统治阶级思想的手段来培养英勇善战、忠君效主的骑士。盛行于9世纪至12世纪。形成于9世纪末和10世纪初，12世纪十字军东侵时达到极盛，此后逐渐衰退。骑士教育分为三个阶段：7岁至8岁前为家庭教育，学习宗教、道德及保养身体；7岁至15岁为礼仪教育，儿童送入上一层领主官邸充当侍童，学习礼节、识字等，少数人学拉丁文、法文，也习武、赛跑；14岁至21岁为侍从教育，学习骑马、游泳、投枪、击剑、打猎、下棋、吟诗，侍奉领主夫妇，养战马，擦兵骑；21岁时授予"骑士"称号。

● 绅士教育

17世纪著名哲学家和教育思想家约翰·洛克在教育代表作《教育漫话》中提出的教育理论。他从体育、德育、智育等几方面系统地阐述了绅士教育思想：绅士要既有贵族的风度，能活跃于上流社会和政治舞台，又有事业家的进取精神，是发展资产阶级经济的实干人才；绅士应受体育、德育和智育等方面的教育。

● 拜占庭式建筑

"拜占庭"原是古希腊的一个城堡。公元395年，显赫一时的罗马帝国分裂为东、西两个国家，西罗马的首都仍在当时的罗马，东罗马则将首都迁至拜占庭，国家也就称为"拜占庭帝国"，拜占庭建筑就是诞生于这一时期拜占庭帝国的一种建筑文化。拜占庭建筑是在继承古罗马建筑文化的基础上发展起来的，基于地理关系，它又汲取了波斯、两河流域、叙利亚等东方文化，形成了自己的建筑风格，并对后来俄罗斯的教堂建筑、伊斯兰教的清真寺建筑产生了积极的影响。拜占庭建筑的特点主要有四个方面：一是屋顶造型普遍采用"穹窿顶"；二是整体造型中心突出；三是创造了把穹顶支承在独立方柱上的结构方法和与之相应的集中式建筑形式；四是在色彩的使用上既注意变化，又注意统一，使建筑内部空间与外部立面显得和谐、统一。

● 哥特式建筑

13世纪至15世纪流行于欧洲的一种建筑风格，主要见于天主教堂，也影响到世俗建筑。哥特式建筑以其高超的技术和艺术成就，在建筑史上占有重要地位。哥特式教堂的结构体系由石头的骨架券和飞扶壁组成。其基本单元是在一个正方形或矩形平面四角的柱子上做双圆心骨架尖券，四边和对角线上各一道，屋面石板架在券上，形成拱顶。11世纪下半叶，哥特式建筑首先在法国兴起，第一座真正的哥特式教堂是巴黎郊区的圣丹尼教堂。

● 迷　宫

在古代，迷宫用来指称那些有很多回环歧路且难以找到出口的宫殿。人类建造迷宫已有五千多年的历史。古代作家们认为，神话中的迷宫有四座：一是克里特岛迷宫，相传是代达罗斯为米诺陶洛斯所建；二是埃及迷宫，位于法尤姆绿洲地区，历史学家希罗多德说，其中约有房屋三千间；三是萨摩斯岛迷宫，是波吕克剌忒斯兴建；四是意大利迷宫，大概是埃特鲁里亚国王波塞那的陵墓。目前人们知道最早的迷宫比神话里的迷宫要晚得多，它建于约公元前1600年的迈锡尼时期，在克里特首都的一座王宫里。科学家认为，迷宫是弯弯曲曲的通道，用一堵堵墙隔开，人们在此举行仪式、跳舞和表演。普通人则认为，迷宫里的墙壁具有魔力：在迷宫里转一圈，能给田地带来好收成，没有儿女的能生孩子，总之能心想事成，所以过去人们常在迷宫里举行成年仪式。有些民族甚至认为迷宫有助产的魔力，在印度北方的一些地方，人们用画有迷宫的青铜盆盛水，让产妇喝。

● 文艺复兴

"文艺复兴"一词源于意大利语 rinascimento，意为再生或复兴。文艺复兴发端于13世纪末、14世纪初的意大利，新兴资产阶级中的一些先进知识分子借助研究古希腊、古罗马文化，通过文艺创作，宣传人文精神，其本质是以人文主义冲击宗教神权的束缚，解放人们的思想。实际上，文艺复兴时期的思想家们不是完全提倡复古，而是借古代文化之名宣传新的资产阶级思想。15世纪后期起扩展至西欧各国，16世纪达到鼎盛。1550年，瓦萨里在其《艺苑名人传》中，正式使用"文艺复兴"作为新文化的名称，该词经法语转写为renaissance，17世纪后为欧洲各国通用。

文艺复兴是一场极为重要的思想文化运动，带来了科学与艺术的革命，揭开了近代欧洲历史的序幕，被认为是中古时代和近代的分界。19世纪，西方史学界进一步把它作为14世纪至16世纪西欧文化的总称。西方史学家曾认为它是古希腊、古罗马文化的复兴，马克思主义史学家认为是封建主义时代和资本主义时代的分界。

● 人文主义

人文主义是指社会价值取向倾向于对人的个性的关怀，注重强调维护人性尊严，提倡宽容，反对暴力，主张自由平等和自我价值体现的一种哲学思潮与世界观。人文主义是文艺复兴的核心思想，是新兴资产阶级反封建的社会思潮，也是资产阶级人道主义的最初形式。它肯定人性和人的价值，要求享受人世的欢乐，要求人的个性解放和自由平等，推崇人的感性经验和理性思维。人文主义作为一种文化和文学力量，在16世纪文艺复兴时期的欧洲达到高潮。

● 四大棋类运动

国际象棋、围棋、中国象棋、将棋是世界上极古老的游戏，并称为世界四大棋类运动。

（1）国际象棋。一般认为，公元500年之前，在印度北部就有此类游戏。在棋盘上，国王和他的维齐（即今天的后）统率一切。国际象棋从印度逐渐传到中亚细亚、中国、波斯和欧洲。国际象棋棋盘是个正方形，由横纵各8格、颜色一深一浅交错排列的64个小方格组成。深色格称黑格，浅色格称白格，棋子就放在这些格子中移动。棋子共32个，分为黑白两组，各16个，由对弈双方各执一组，兵种是一样的，分为6种：王（1个）、后（1个）、车（2个）、象（2个）、马（2个）、兵（8

个）。在正式比赛中，国际象棋棋子采用立体棋子。

（2）中国象棋。即军际象棋，发源于山西沁县（古称铜鞮）。象棋不仅在中国国内深受群众喜爱，而且流传到国外。1978年，成立了亚洲象棋联合会。象棋在欧美也有了可喜的发展，美国、法国、德国、加拿大等国纷纷成立象棋协会或象棋社，一些国际象棋大师也下起了中国象棋。

（3）围棋。围棋起源于中国，其规则十分简单，却变化多端，比中国象棋更为复杂。

（4）将棋。也叫"小将棋"，又称"日本象棋"，一种流行于日本的棋盘游戏，由唐朝的象棋传至日本后演变而成。将棋与象棋的最大不同是，一方在需要时可以把俘获对方的棋子当作己方棋子空降到棋盘上，使形势大增变数。将棋有40个棋子，每方各20个，分别为玉将、飞车、角行、金将、银将、桂马、香车和步兵8个兵种。玉是大将，金银是副官，角行是枪炮，飞车是战车步兵等，以把对方的"玉将"将死为胜。

● **八大玩具卡通偶像**

（1）芭比娃娃（Barbie）。20世纪世界最畅销的玩偶，由露丝·汉德勒发明，于1959年3月9日举办的美国国际玩具展览会上首次亮相。从第一个芭比诞生之日起，它就一直被不断地改进和创新，其造型历经五百多次修正与改良。为了让"芭比"有漂亮的时装，从1995年至今有十多亿件衣服生产出来，每年有100款芭比新装推出。现在芭比娃娃畅销世界150个国家，总销售量十亿多个。这个介于小女孩儿和成年女子之间的美国少女，是世界玩具市场上畅销最久的玩具，成为全世界男女老少的心爱之物。芭比娃娃已成为一个文化标记，1974年纽约时报广场的一部分被命名为"芭比大道"，1985年后现代艺术家安迪·华荷制作了芭比的图像。

（2）泰迪熊（Teddy Bear）。中文翻译为"泰迪熊"，美国人称为"罗斯福熊"。它是一种历史悠久的毛绒玩具，常常被用来安慰孩子们的难过情绪。近年来一些泰迪熊变成了昂贵的收藏品。世界上第一个泰迪熊博物馆于1984年在英格兰汉普郡的彼得斯菲尔德建立。1903年"出生"的泰迪熊，源于罗斯福总统对熊的爱好和当时的流行，可以说是毛绒熊的老祖宗。

（3）米老鼠（Mickey Mouse）。又称"米奇老鼠"或"米奇"，是迪士尼公司的代表人物。1928 年 11 月 18 日，以米老鼠为主角的世界上第一部有声动画片《威利汽船》在殖民大戏院上映，米老鼠的生日便定为那天。米老鼠后来成为《米奇妙妙屋》中的主角。米老鼠的感召力和友善使之成为妙妙屋的中心人物，随和、快乐的天性以及亲切、丰富的情感使之成为最受欢迎的卡通形象。

（4）唐老鸭（Donald Duck）。又称"唐纳德"，其卡通形象首次出现在 1934 年的卡通故事《聪明的小母鸡》中，是迪士尼最著名的形象之一。他脾气很大，好与人争执，喜欢夸大事实，经常抱怨生活中的小事和不如意的地方，正是这种性格，注定了他在生活中屡遭不顺。唐老鸭和米老鼠是好朋友。观众特别喜欢唐老鸭发脾气，因为这正是一种人性的真实体现，而有别于完美的米老鼠。唐纳德的定位非常独特，也让他成为非常流行的人物，甚至在某些国家、某个时期其流行程度超过米老鼠。

（5）变形金刚（the Transformers）。变形金刚是从 1984 年起至今美国孩之宝公司与日本一家公司合作开发的系列玩具和推出的系列动画片（影片）的总称。但因为对动画片不甚了解的成年人的误解，在一定程度上广义地扩展到各种能够变形的机器人玩具和动画片。

（6）皮卡丘（Pikachu）。最初只是一套游戏软件，1996 年 2 月开始推出，动画片则是 1997 年 4 月出品的，其间没有经过漫画这一过程。游戏软件推出一段时间，并占领一定市场份额后，研究人员发现游戏的内容可以改编成故事，继而动画出现。在日本，皮卡丘形象的版权价值每年高达 1000 亿日元。

（7）史努比（Snoopy）。又译史诺比、史洛比、史奴比，是漫画家查尔斯·舒兹从 20 世纪 50 年代起连载的漫画作品《花生漫画》中主人翁查理·布朗养的一只黑白花的小猎兔犬，品种为米格鲁犬。史努比曾在 1965 年 4 月 9 日登上《时代》周刊封面，与肯尼迪、赫鲁晓夫以及披头士这些影响世界的著名人物并肩而立。

（8）天线宝宝（Teletubbies）。是英国广播公司（BBC）制作的幼儿节目《天线宝宝》中的 4 个玩具人物。该节目发行于 1997 年至 2001 年，总计 260 集，每集 30 分钟，主要的收视对象是从 12 个月大到 5 岁的孩子，呈现孩子们在游戏中学习、发展的有趣经验。天线宝宝家族由4个可爱的天线宝宝（丁丁、迪西、拉拉、小波）和一个太阳娃娃组成，其故事已经被翻译成45种语言，受到全球10亿儿童的喜爱。

● V字手势

第二次世界大战期间，西欧沦陷，许多人纷纷流亡英国。当时有个名叫维克多·德拉维利的比利时人，利用电台每天从英国向比利时进行短波广播，号召同胞们奋起抗击德军。1940年末的一天晚上，他在广播里号召人们到处书写V字，以表示对最后胜利的坚定信心。几天之间，在比利时首都布鲁塞尔和其他城市的建筑物上，在大街小巷的墙壁上、树干和电线杆上、影剧院里，V字无处不在，甚至在德军重兵把守的兵营、岗楼和纳粹军官的住宅里也出现了，搅得德军心神不宁。后来，V字不胫而走，传入欧洲各沦陷国。由于它形式简单明了，很快流传开来。英国首相丘吉尔十分喜爱打这个手势，于是V字更加出名。此风传到美国，妇女们纷纷佩戴起人造宝石嵌成的V形胸针，成为一种时髦。当时一个用真钻石制成的V字胸针，售价高达5000美元。除了胜利含义外，V字在有些国家还有特定含意，如在荷兰文中V代表"自由"，在塞尔维亚语中表示"英雄气概"。

● 倒霉的13

西方人忌讳"13"，如果"13日"正赶上"星期五"则被认为更不吉利。西方人忌讳"13"源于两种传说：其一，传说耶稣受害前和弟子们共进了一次晚餐。参加晚餐的第13个人是耶稣的弟子犹大。犹大为了30块银元，把耶稣出卖。参加最后晚餐的是13个人，晚餐的日期恰逢13日，13给耶稣带来苦难和不幸。从此，13被认为是不幸的象征，13是背叛和出卖的同义词。其二，西方人忌讳13源于古代希腊。根据希腊神话，在哈弗拉宴会上，出席了12位天神。宴会当中，一位不速之客——烦恼与吵闹之神洛基忽然闯进来。这第13位来客的闯入，招致天神宠爱的柏尔特送了性命。此类传说很多、很广，特别是关于《最后的晚餐》的传说，在西方已经深入人心。因为忌讳，西方人千方百计避免和13接触。在荷兰，人们很难找到13号楼和13号的门牌，他们用12A取代了13号。在英国的剧场，找不到13排和13座。法国剧场的12排和

14 排之间通常是人行通道。此外，人们还忌讳 13 日出游，更忌讳 13 人同席就餐，13 道菜更是不能接受。

● 诺贝尔

阿尔弗雷德·伯纳德·诺贝尔是瑞典化学家、工程师、发明家、军工装备制造商和炸药的发明者，于 1833 年 10 月 21 日生于瑞典的斯德哥尔摩。他一生致力于炸药的研究，在硝化甘油的研究方面取得了重大成就。他不仅从事理论研究，而且进行工业实践，一生共获得技术发明专利 355 项，并在五大洲的 20 个国家开设了 100 家公司和工厂，积累了巨额财富。1896 年 12 月 10 日，诺贝尔在意大利逝世，逝世的前一年他留下遗嘱，设立诺贝尔奖。

● 诺贝尔奖

1900 年 6 月，瑞典政府批准设置诺贝尔基金会，并于 1901 年 12 月 10 日首次颁发诺贝尔奖。从此以后，除因战时中断外，每年的这一天分别在瑞典首都斯德哥尔摩和挪威首都奥斯陆举行隆重的授奖仪式。诺贝尔奖包括金质奖章、证书和奖金支票。诺贝尔在遗嘱中提出，将部分遗产（920 万美元）作为基金，以其利息分设物理、化学、生理或医学、文学及和平奖金，授予世界各国在这些领域对人类做出重大贡献的学者。1968 年，瑞典中央银行在建行 300 周年之际，提供资金增设诺贝尔经济奖。1990 年，诺贝尔的重侄孙克劳斯·诺贝尔提出增设诺贝尔地球奖，授予杰出的环境成就获得者。该奖于 1991 年 6 月 5 日世界环境日之际首次颁发。每次诺贝尔奖的颁奖仪式都是下午举行，这是因为诺贝尔是 1896 年 12 月 10 日下午 4：30 去世的，为了纪念他，在 1901 年第一次颁奖时人们便选择在诺贝尔逝世的时刻举行仪式。诺贝尔奖没有数学奖，流传最广的说法是因为他喜欢的女子和一个数学家在一起了。

● 普利策

美国报业巨头约瑟夫·普利策于 1847 年 4 月 10 日生于匈牙利一个犹太人家庭。1864 年到美国参加林肯的骑兵部队，一年后退伍，到圣路易城做杂工，自学法律，1867 年取得律师资格，同年 3 月入美国籍。1868 年任德文《西方邮报》记者，1869 年 12 月当选密苏里州众议员，1876

年至 1877 年任《纽约太阳报》驻华盛顿记者。1878 年购得《圣路易电讯报》，1880 年将它与《晚邮报》合并为《邮报——电讯报》，成为获利最丰厚的晚报。1883 年买下纽约《世界报》。1884 年当选国会议员，数月后即辞职，专心办报，1887 年出版《世界报晚刊》。他采用编辑写作制，即记者采写的材料由编辑润色、整理，综合成稿件见报，这种写作规则至今仍是整个新闻界的普遍原则。普利策被认为是 19 世纪 70 年代至 80 年代兴起的"新新闻事业"的创始人。1890 年普利策辞去《世界报》主编职务。晚年双目失明，1911 年 10 月 29 日逝世。

● 普利策奖

亦称"普利策新闻奖"，1917 年根据美国报业巨头普利策的遗愿设立，二十世纪七八十年代已经发展成为美国新闻界的一项最高荣誉奖，不断完善的评选制度使普利策奖成为全球性的一个奖项。普利策奖分为两类——新闻界和创作界。新闻界的获奖者可以是任何国籍，但是获奖作品必须在美国周报（或日报）中发表过，创作界获奖者必须是美国公民。唯一例外是历史奖，只要是关于美国历史的书都可获奖，作者不必是美国人。普利策奖在每年春季由哥伦比亚大学的普利策奖评选委员会的 14 名委员评定，4 月中的一天公布结果，并于 5 月由哥伦比亚大学校长正式颁发。

● 八大通讯社

在英文里，通讯社叫 news agency 或 news service。agency 在英文里有"代理机构"的意思，service 则是服务的意思。根据这两个词的意思，可以将通讯社简单定义为新闻服务机构，即向其他新闻媒介提供新闻服务的机构。世界上最早的通讯社是 1835 年在巴黎创办的哈瓦斯通讯社，当时曾用信鸽传递信息。目前最著名的通讯社包括：

（1）法国新闻社。简称法新社，西方世界四大通讯社之一。1945 年 11 月成立，总部设在巴黎。在 160 个国家有分社，在全世界雇有记者 2500 多名，总社每天收到新闻 30 万字，通过各条线路用法、英、西班牙、德、阿拉伯等多种文字编发新闻稿 60 万字。

（2）安莎通讯社。简称安莎社，意大利最大的通讯社。1945 年 1 月 13 日在罗马由 12 家日报社合作成立。意大利主要大报消息三分之一来自安莎社，有记者和通讯员340余名，用意、英、法、西班牙、葡萄牙5种文字每天播发30万字的新闻稿件。

（3）美国联合通讯社。简称美联社，美国最大的通讯社，西方四大通讯社之一。前身是美"港口新闻联合社"，1892年改为现名。由美国1200多家报刊和3400家广播公司、电视台合股组成，是美国报纸的主要消息来源，总部设在纽约，国外设有分社，工作人员万余人，给世界100多个国家发稿，使用语言达100种，每年还发行15万张照片。

（4）合众国际社。美国第二大通讯社，西方四大通讯社之一。1858年5月16日合并而成，总部在纽约。有一个世界范围的图片网，用48种文字向世界140个国家供稿，以生动活泼的片断性报道闻名。

（5）德意志新闻社。简称德新社，1949年创办，德国最大的通讯社，总部设在汉堡。领导机构是监事会，在国内外聘有两千多名自由撰稿人。

（6）路透社。英国最大的通讯社，西方世界四大通讯社之一。1850年创办于德国亚琛，1851年迁到伦敦。创办人是保罗·朱利叶斯·路透。初时为提供商情的小机构，后成为有限公司，1944年成为英报业联合组织的托拉斯。每天发稿70万字，有1500家报纸定购其新闻。

（7）塔斯社。前苏联国家通讯社，1925年7月10日创办，用5种文字昼夜向空中播发消息并向外每年发650多万张图片。有4000家报纸、电台抄收该社消息。

（8）新华通讯社。代表中华人民共和国政府，受权发布公告性新闻和外交性新闻。负责将国内、国际新闻供给全国报纸、电台、电视台。前身是红色中华新闻社，1937年改名新华社，建国后为国家通讯社，国内外均有分社。

● 《国家地理》

美国国家地理学会的官方杂志，在国家地理学会1888年创办9个月后开始发行。《国家地理》杂志是世界上最为人知的一本杂志，其封面上的亮黄色边框以及月桂纹图样已经成为象征，这些标识也是《国家地理》杂志的注册商标。杂志每年发行12次（每月一次），偶尔有特版发布则不在此限。杂志的内容为高质量的关于社会、历史、世界各地风土人情的文章，其印刷和图片之质量标准为人称道。杂志的另一特色是经常提供高质量地图。国家地理学会的地图档案曾经为美国政府所采用，以弥补美国军方地图资源的不足。2001年《国家地理》杂志发布了一套8张CD的合集，内容包括从1888年至2000年12月所有杂志的地图。1995年，《国家地理》杂志开始发行日文版，这也是第一个本地化版的《国家地理》。

目前《国家地理》杂志的当地语言版本已经在全球迅速扩展，包括日文、西班牙文、希伯来文、希腊文、法文、德文、波兰文、印度尼西亚文、韩文、葡萄牙文、繁体中文、简体中文、捷克文、罗马尼亚文、俄文、挪威文、土耳其文、荷兰文、瑞典文与克罗地亚文，该杂志在全球已有30家合作伙伴。

● 《读者文摘》

1992年创刊的美国杂志《读者文摘》（Reader's Digest），是世界上发行量最大的文摘类杂志，拥有48个版本，涉及19种语言，畅销于世界60多个国家，黄金时期发行量曾超过1700万册。所涉猎的主题有金融与政治、艺术与娱乐、商业与文化、健康保健、大众科学、体育运动、美食烹饪、旅游休闲、家居与园艺，其他固定的专栏还有笑话、谜语、测试、动画及读者来信。

2009年8月17日，《读者文摘》出版商读者文摘杂志社宣布，为进行结构重组和减轻债务负担，该杂志社计划在15天内为其美国业务申请破产保护。读者文摘杂志社将按美国《破产法》第11章申请破产保护，由于该法只适用于美国，因此该杂志社在世界其他地区的业务不会受到影响。《读者文摘》总负债达22亿美元。鉴于市场萎缩的趋势难以扭转，2009年6月，读者文摘杂志社宣布把保证发行量从800万本缩减到550万本，同时把每年的发行期数从12期减少到10期，尽管如此，仍然无法避免这家历史悠久的杂志走向破产。

● 联合国工作语言

联合国规定，其工作语言只有6种，按英文字母顺序为：阿拉伯文、中文、英文、法文、俄文和西班牙文。6种语言具有同等效力，代表们可以选用其中任何一种。秘书处日常使用的工作语言则只有两种，即英文和法文。凡是联合国的正式会议，秘书处都要负责在现场把代表们的发言用阿拉伯文、中文、英文、法文、俄文和西班牙文6种语言通过话筒进行"同声传译"。凡是联合国的正式文件，包括重要发言，都要用6种文字印出。一般工作文件则只用英文、法文。各国代表都十分重视他们使用的正式语言，因此，每一次正式会议，都必须认真安排好6种语言的翻译，若有疏漏，有关代表当即会愤然退场，以示抗议。

● 沙 龙

原为意大利语，17世纪传入法国，最初为卢浮宫画廊的名称。沙龙也是法语Salon的译音，中文意即客厅，原指法国上层人物住宅中的豪华会客厅。17世纪，巴黎的名人（多半是贵妇）常把客厅变成著名的社交场所。进出者，多为戏剧家、小说家、诗人、音乐家、画家、评论家、哲学家和政治家等。他们志趣相投，聚会一堂，一边呷着饮料，欣赏典雅的音乐，一边就共同感兴趣的各种问题促膝长谈，无拘无束。后来，人们便把这种形式的聚会叫作沙龙。沙龙风靡于欧美各国文化界，19世纪是它的鼎盛时期。举办沙龙一般都有一个美丽的女主人。沙龙的话题很广泛，很雅致，常去沙龙的人都是些名流。在欧洲电影、小说和戏剧中经常会看见富丽堂皇或典雅精致的沙龙场面。二十世纪的二三十年代，中国也曾有过一个著名沙龙，女主人就是今天人们还经常提起的林徽因，可见这种社交方式早就传到了中国。现在，人们在写文章时就常借"沙龙"一词来表述某项活动，如文学沙龙、音乐沙龙等。

● 圆桌会议

是与会者围圆桌而坐的会议，指一种平等、对话的协商会议形式。在举行国际或国内政治谈判时，为避免席次争执、表示参加各方地位平等起见，参加各方围圆桌而坐，或用方桌，但仍摆成圆形。这种会议形式来源于英国亚瑟王的传说。公元5世纪，英国国王亚瑟在与他的骑士们共商国是时，大家围坐在一张圆形的桌子周围，骑士和君主之间不排位次，圆桌会议由此得名。至今，在英国的温切斯特堡还保留着一张这样的圆桌。关于亚瑟王和圆桌骑士的传说虽然有着各种各样的版本，但圆桌会议的精神却延续下来。第一次世界大战之后，这种形式被国际会议广泛采用。圆桌会议已成为平等交流、意见开放的代名词，也是国家之间以及国家内部一种重要的协商和讨论形式。

● 和平鸽

据《旧约》记载，上古洪水之后，诺亚从方舟上放出一只鸽子，让它去探明洪水是否退尽，上帝让鸽子衔回橄榄枝，以示洪水退尽，人间尚存希望。诺亚知道洪水已开始退去，平安就要来到。果然，洪水退去后，在世间一切生灵面前呈现了长满绿色树木的山谷和开着鲜花的幽静小道。从此，人们就用鸽子和橄榄枝来象征和平。16世纪的宗教改革运动，给鸽子赋予新的使命，使之成为"圣灵"的化身。17世纪，鸽子再次充当和平使者，德意志帝国的许多城市发行了一套图案为一只口衔橄榄枝的鸽子，图案底部镌有"圣鸽保佑和平"的纪念币。到了德国的狂飙突进运动时期，该运动的杰出代表人物席勒又把鸽子从宗教意义上的和平象征引入政治，鸽子成了英勇的斗士。

真正把鸽子作为世界和平的象征，并为世人所公认，始于毕加索。1940年，德军攻占了法国首都巴黎，画家毕加索应一位老人的请求，怀着悲愤的心情画出了一只飞翔的鸽子——这就是和平鸽的雏形。1950年11月，为纪念在华沙召开的世界和平大会，毕加索又欣然挥笔画了一只衔着橄榄枝的飞鸽。当时智利的著名诗人聂鲁达把它叫作"和平鸽"，从此鸽子才被正式公认为和平的象征。

● 红十字

19世纪，撒丁与奥地利军队发生了一场战争，人道主义者杜南目睹战争惨状，提出成立一个中立的战地救护组织。1863年，日内瓦伤兵救护委员会终于成立。因其发起人和成员都是瑞典人，就把红底白十字的瑞典国旗改为白底红十字的新旗帜，作为标志。1863年10月26日至29日，欧洲16个国家的代表在日内瓦举行的首次外交会议决定，使用"白底红十字"作为在战场上从事伤员救护的医务人员、场所及其交通工具的保护标志，并将其列入大会通过的《红十字决议》之中。第二年又在《红十字公约》（即后来的《日内瓦公约》）中加以明确。此后，红十字成为中立、人道主义和救死扶伤的标志。

● 山姆大叔

山姆大叔是美国的绰号，产生于1812年美英战争时期。当时纽约州有一位肉类包装商，担任纽约州和新泽西州的军需检验员，负责在供应军队的牛肉桶和酒桶上打戳。他既诚实又能干，被人们亲切地称为"山姆大叔"。人们发现该厂的牛肉桶上都盖有 E.A.—U.S. 的标记，本来 E.A. 是一个军火承包商的名字，U.S. 是美国的缩写，碰巧山姆大叔（Uncle Sam）的缩写与美国的缩写（U.S.）相同，人们就把美国称为"山姆大叔"。

美国人把山姆大叔诚实可靠、吃苦耐劳的品性以及爱国主义精神视为自己民族的骄傲和共有的品质。1961 年，美国国会正式承认山姆大叔为美国的民族象征。山姆大叔神态各异，有的凶狠可憎，有的和蔼可亲。最常见的形象由画家詹姆斯·蒙哥马利·弗拉格创作，他在第二次世界大战期间画了很多著名的征兵招贴画，他笔下的山姆大叔的形象是：高个子，白头发，下巴上有一小撮白胡子，身着深蓝色外套，头戴一顶高帽，上有星星点缀。仔细一瞧，这模样儿就是弗拉格的自画像。

● 华尔街的"民意"

华尔街是美国纽约的一条街。17 世纪时，这里就是贸易中心和贩卖黑奴的市场，二战后，这里成了美国重要的金融中心。华尔街便是美国垄断资本的代名词，华尔街的"民意"即指美国垄断资本家的意愿。

● A 字第一号与黑名单

A 是英语的第一个字母，因而常用来表示"第一"的意思。最早出现在英国著名的劳埃德海运保险社的船只登记簿上。凡属最好的船只，都用"A1"在登记簿上做登记，已沉没的船只则登记在一个黑色封皮的簿子上。后来，人们就把最好的或一流水平的称为"A 字第一号"，而把记载不祥的消息或为进行某种迫害而开列的名单叫作"黑名单"。

● 诺亚方舟

希伯来语，又译为"挪亚方舟"。上帝对人类所犯下的罪孽十分愤怒，决定消灭人类。因为诺亚是义人，所以上帝吩咐他造舟避灾。依原说记载为方形船只，但也有许多绘画描绘为近似船形，其建造的目的是让诺亚与他的家人，以及世界上的各种陆上生物能够躲避一场上帝降下的大洪水灾难。据记载，诺亚方舟花了 120 年才建成，这段故事分别被记录在《旧约》

（包括《旧约圣经》和《希伯来圣经》）以及伊斯兰教的《古兰经》第6章至第9章。后指灾难时代的救星或危境中的避难所。

● 达摩克利斯之剑

出自希腊历史传说，用来表示时刻存在的危险。公元前4世纪，西西里东部的叙拉古王狄奥尼修斯（公元前430年—公元前367年）打击贵族势力，建立了雅典式的民主政权，遭到贵族的不满和反对，这使他感到虽然权力很大，但是地位却不牢靠。有一次，他向宠臣达摩克利斯谈了这个问题，并且用形象的办法向他表明自己的看法。为了满足一下宠臣达摩克利斯的贪欲，把宫殿交托给他，并赋予他有完全的权力来实现自己的任何欲望。达摩克利斯在大庆宴会时，抬头看到在自己的座位上方，天花板下，沉甸甸地倒悬着一把锋利的长剑，剑柄只有一根马鬃系着，眼看就要掉在头上，吓得他离席而逃。这时迪奥尼修斯便走出来说道："达摩克利斯头上这把利剑就是每分钟都在威胁国王的危险象征，至于国王的幸福和安乐，只不过是外表的现象而已。"因此，人们用"达摩克利斯之剑"借比安逸、祥和背后所存在的杀机和危险，告诫人们要经常反思潜在的风险并化解。

● 潘多拉魔盒

又称"潘多拉盒子""潘多拉匣子"，出自希腊神话。潘多拉是宙斯用来惩罚人类、给人类带来灾难的女人。普罗米修斯将天火盗往人间之后，宙斯命匠神用泥土做成一个女人，取名"潘多拉"，意为"被赋予一切优点的人"。又给她一个装满灾难、贪婪、疾病、战事、悲愁、虚无、诽谤、嫉妒、痛苦的礼盒，然后将她作为赠礼送给普罗米修斯的弟弟。潘多拉在普罗米修斯的弟弟面前突然打开盒子，于是灾难、贪婪、疾病、战事、悲愁……迅速散布到大地、天空和海洋。盒子底下只藏着唯一美好的东西：希望，但在希望未飞出之前，潘多拉就将盒子永远关闭了。后以"潘多拉魔盒"比喻带来灾难和祸害的东西，或造成灾害的根由。

● 阿喀琉斯之踵

比喻要害、致命的弱点，源自荷马史诗《伊利亚特》中的希腊神话故事。阿喀琉斯是希腊最英勇善战的骁将，他是珀琉斯国王和海神的女儿忒提斯所生的儿子。天神宙斯爱慕忒提斯，可是不敢要她，因为命运注定她所生的儿子会比父亲更厉害。最后她下嫁给凡人珀琉斯国王，生下阿喀琉斯。阿喀琉斯出生后，忒提斯倒提一只脚把他放在天火里锻烧，因此阿喀琉斯浑身刀剑不入，唯有脚后跟由于没有被天火烧到，而成为他唯一致命之处。在与敌军的战斗中，任何武器都无法伤害他的身躯，后来太阳神阿波罗把阿喀琉斯的弱点告诉了特洛伊王子帕里斯，帕里斯用暗箭射中阿喀琉斯的脚后跟，阿喀琉斯负伤而死。

● 奥吉亚斯的牛圈

奥吉亚斯是古希腊西部厄利斯的国王。他有一个极大的牛圈，里面养了2000头牛，30年来未清扫过，粪秽堆积如山，十分肮脏。因此，"奥吉亚斯的牛圈"意为肮脏的地方。除了泛指地点外，还可比喻非常的地方或长期形成的积弊、不良的制度、下流的习俗和恶劣的作风等。

● 西西弗斯的石头

西西弗斯是希腊神话中的人物。他是科林斯的建立者和国王，他绑架了死神，让世间没有了死亡。最后，西西弗斯触犯了众神，诸神为了惩罚西西弗斯，便要求他把一块巨石推上山顶，由于那巨石太重了，每每未上山顶就又滚下山去，前功尽弃，于是他就不断重复、永无止境地做这件事——诸神认为再也没有比进行这种无效又无望的劳动更为严厉的惩罚了。西西弗斯的生命就在无效又无望的劳作当中慢慢消耗殆尽。哲学家们用西西弗斯推石上山的神话在古老的寓言中诠释着生存的永恒困境，并不断寻求救赎的方式。存在主义大师加缪说，西西弗斯的命运是人类生活的隐喻，即人生的终极意义就是毫无意义。为减轻事件本身的悲剧性，加缪又提出西西弗斯的内心深处是幸福的，因为推石上山的愿望本身已经使他得到满足，不必苦苦追问生命的价值是什么，重要的是应当怎样去承受生活。

● 特洛伊木马

简称"木马（wooden horse）"，来源于希腊神话《木马屠城记》。特洛伊王子帕里斯访问希腊，诱走了王后海伦，希腊人因此远征特洛伊。

围攻9年后，到第10年，希腊将领奥德修斯献了一计，就是把一批勇士埋伏在一匹巨大的木马腹内，放在城外，然后佯作退兵。城中得知敌军已退的消息后，遂将"木马"作为奇异的战利品拖入城内，全城饮酒狂欢。到午夜时分，全城军民进入梦乡，藏于木马中的将士开秘门游绳而下，四处纵火，开启城门，城外伏兵涌入，部队里应外合，焚屠特洛伊城。后世称这只大木马为"特洛伊木马"。后人常用"特洛伊木马"这一典故，用来比喻在敌方营垒里埋下伏兵里应外合的活动。如今黑客程序借用其名，有"一经潜入，后患无穷"之意。

● 象牙塔

19世纪，法国诗人、文艺批评家圣佩韦·查理·奥古斯丁在书函《致维尔曼》中批评同时代的法国浪漫主义诗人维尼作品中的悲观消极情绪，主张作家应从庸俗的现实中超脱出来，进入一种主观幻想的艺术天地——象牙之塔。"象牙塔"一词后来被逐渐运用到社会生活的各方面，主要是指"与世隔绝的梦幻境地、逃避现实生活的世外桃源、隐居之地"。

在汉语中，象牙塔原指忽视现实社会丑恶、悲惨的生活，而自隐于其理想中美满之境以从事创作，意为超脱现实社会，远离生活之外，躲进孤独、舒适的个人小天地，凭主观幻想从事写作活动。外延含义主要是比喻脱离现实生活的文学家和艺术家的小天地，大学、研究院正是这种地方。象牙塔还表示一种幻想的待证实的科技，特别是宇宙探索的高尖端问题，科幻书籍《象牙塔里的奥秘》说的就是这点。

● 乌托邦

源出希腊文ou（无）和topos（处所），意即"乌有之乡"。1516年，英国空想社会主义者托马斯·莫尔在其《乌托邦》一书中，描述了一个他所憧憬的美好社会，即乌托邦。那里一切生产资料均归全民所有，生活用品则按需分配；人人都从事生产劳动，并有充足的时间供科学研究和娱乐；那里没有贫穷和残暴，也没有堕落和罪恶。后以"乌托邦"一词喻指根本无法实现的理想或空想的美好社会。

● 柏拉图式恋爱

柏拉图是古希腊著名的唯心主义哲学家，苏格拉底的弟子，亚里士多德的老师。他在对话体著作《会饮篇》中，阐述了自己对爱情的看法：爱神是人与神之间的中介，他用神秘的激情控制着世界，使人以一种不可遏止的欲望去追求永恒的美。这个追求是一个逐渐上升的认识过程。爱的最低级形式是热恋中的情人"专注于对方美的形体"，渴望与对方肉体的结合；爱的较高形式是从沉湎于美的形体升华到爱恋形体所表现出来的美；爱的最高形式是沉思的美，即不带感性形体的美。他由此提出了将真、善、美合为最高理想的看法。后来，人们把男女之间那种与性无涉的、理想化的相互爱慕情谊，称为柏拉图式恋爱，也叫精神恋爱。

● 骑士精神

骑士原属中世纪时欧洲封建贵族中等级最低、人数最多的一个阶层，他们通过服骑兵兵役获得国王或大领主的采邑。当时欧洲各国封建割据，领主们为保存并扩张势力，就要依靠骑射、搏击的武功。因此，无论是国君还是爵爷，实际上都是骑士，这使得骑士的地位大大提高。骑士周身披着钢甲，头上戴着有蒙面罩的兜鍪，腰间插着十字柄的直剑，手执长矛和盾牌，骑剽悍的高头大马，威风凛凛。他们经常比武，与上流社会的妇女谈情说爱，成为当时文学创作的重要题材，出现了历久不衰的"骑士传奇文学"。后来，欧洲人常把崇尚武艺、扶弱抑强、尊重女性、忠于爱情、捍卫荣誉的品质称为"骑士精神"。另外，18世纪意大利有些贵族青年效仿中世纪骑士的做法，甘愿为一些名门贵妇服役，人们嘲讽地称这些贵族青年为"侍从骑士"。由此，此语成了为贵妇人效劳并向她们献殷勤的青年男子的同义语。

● 蒙娜丽莎的微笑

喻指迷人的微笑或神秘莫测的微笑。《蒙娜丽莎》是意大利文艺复兴时代著名画家达·芬奇的肖像画作品。画中的主人公是当时的新贵乔孔多的妻子蒙娜·丽莎，完成这幅画用了4年时间。那时，蒙娜·丽莎的幼子刚刚夭折，她一直处于哀痛之中，闷闷不乐。为了让女主人高兴起来，达·芬奇在作画时请来音乐家和喜剧演员，想尽办法让蒙娜丽莎高兴起来。这幅画完成后，端庄、美丽的蒙娜·丽莎脸上那神秘的微笑使无数人为之倾倒。人们对那微笑进行了种种猜测：是温婉的微笑？是伤感的微笑？是内在快乐的标志？是处女童贞的表现？那微笑仿佛是这一切，又仿佛不是这一切。这一微笑的含义就成为几百年艺术史上的未解之谜，其诱人之处，全在于那微笑的神秘莫测和令人倾倒。

● 司芬克斯之谜

司芬克斯是希腊神话中以隐谜害人的怪物。怪物对俄狄浦斯的提问是：有一种生物，早晨用四只脚走路，中午用两只脚走路，傍晚用三只脚走路，这是什么？俄狄浦斯回答是"人"，他猜中了，司芬克斯羞愧地跳下悬崖摔死了。后来人们用"司芬克斯之谜"比喻复杂、神秘、难于了解的问题。

● 黑　马

19世纪，英国政治家本杰明·狄斯雷斯在《年轻的公爵》这部小说中描写了一个精彩的赛马场面：比赛刚开始，两匹夺冠呼声最高的良种马一路领先，眼看其中一匹胜券在握，全场为之狂呼。不料在接近终点时，忽然有一匹不起眼儿的黑马从后面奋力追赶上来，风驰电掣般把两匹良种马抛在后面，领先抵达终点，夺得了冠军。从此，"黑马"一词不胫而走，后来被广泛用在体育赛事和政治竞选中。最早被称为政坛黑马的是詹姆斯·诺克斯·波尔克，他在1844年赢得了美国民主党的总统候选人提名，并最终当选总统。

● 禁　果

出自《圣经·旧约》：亚当和夏娃住在伊甸园中，上帝允许他们食用园中的果子，唯有一棵"知善恶树"上的果子禁止吃。但狡猾的蛇引诱他们吃了禁果。结果他俩从此心明眼亮，知善恶，辨真假，懂羞耻，被上帝逐出伊甸园。蛇也受到惩罚：终生用肉躯爬行。后来比喻因被禁止而更想得到的东西。

● 犹大的亲吻

犹大是《圣经》中耶稣基督的亲信子弟十二门徒之一。耶稣传布新道虽然受到了百姓的拥护，却引起犹太教长老祭司们的仇恨。他们用30个银币收买了犹大，要他帮助辨认出耶稣。他们到客马尼园抓耶稣时，犹大假装请安，拥抱和亲吻耶稣。耶稣随即被捕，后被钉死在十字架上。后来人们用"犹大的亲吻"比喻可耻的叛变行为。

● 浮士德式人物

浮士德原名约翰·乔治·浮士德，是15、16世纪德国的一个炼金术士。传说中的浮士德学识渊博，精通魔法，努力探索。德国诗人歌德曾创作长诗剧《浮士德》。在诗人笔下，浮士德战胜了魔鬼靡非斯特千方百计的引诱，克服困难，奋斗不止，直到生命最后一刻他仍然渴望争取自由和生存。后以"浮士德"比喻学识渊博、有奇特本领及永不满足的追求者。

● 哈姆雷特的悲剧

哈姆雷特是莎士比亚同名悲剧中的主人公。他的父王被毒死，为了复仇，他以装疯为掩护。但由于过于谨慎，一再拖延报仇的时间，最后落得玉石俱焚的结局。后比喻遇事犹豫不决、疑虑重重、迟迟不采取行动而坐失良机、一事无成的人。

● 滑铁卢的拿破仑

1815年，拿破仑亲率12万大军同反法联军在比利时南部的滑铁卢作战，结果惨败。拿破仑被囚禁在大西洋中的圣赫勒拿岛上，直到1821年病故。滑铁卢战役的失败，使拿破仑一蹶不振，后来此语比喻英雄末路。

● 堂吉诃德式行为

堂吉诃德是西班牙作家塞万提斯同名小说里的主人公。他是一个上了年纪、瘦弱可笑的乡村小贵族，因看骑士小说入迷，便也想做个骑士，干一番惊天动地的事业。结果做出一系列荒唐的事情。比喻那些脱离实际，耽于幻想，因而做出错误判断，一味蛮干、荒唐可笑的人，这种人的做法就是"堂吉诃德式行为"。

● 套中人

出自俄国作家契诃夫的同名小说。小官吏别里科夫性格怪僻，他晴天出门也要穿雨鞋、棉大衣，带雨伞。他害怕变革，凡有新生事物出现，他总是摇头说："不要弄出什么事情来。"他犹如生活在套子里，隔绝于人世。因此，此语成为墨守成规、因循守旧的同义语。表示害怕一切新鲜事物、害怕变革的人。

● 超　人

出自德国哲学家尼采的《查拉图斯特拉如是说》。尼采认为，"超人"是代表统治阶级理想化的无所不能的全才人物。他说："一个人是可以使千万年的历史生色的——也就是说，一个充实的、雄厚的、伟大的、完全的人要胜过无数残缺不全、鸡毛蒜皮的人。"比喻那些自己凌驾于一切之上、自命不凡的利己主义者，也指那些能力卓异、超越常人的人，坚守某种信仰而实行自我节制、自我磨炼，拒绝物质和肉体的引诱，忍受恶劣环境压迫的人。

● 多余人

出自俄国作家屠格涅夫的小说《多余人的日记》。"多余人"是19世纪俄国贵族知识分子的一种典型，他们不愿与贵族社会同流合污，自命清高。但因他们远离人民，无法摆脱贵族立场，所以精神委靡、情绪消极，缺乏生活目的，不能有所作为。后比喻那些饱食终日、无所事事的游手好闲之徒。

● 垮掉的一代

本是二十世纪五六十年代流行于美国的一种文学流派，该派均为青年作家，他们以虚无主义态度否定一切，要求摆脱一切传统束缚，拒绝承担任何社会和家庭义务，追求所谓"绝对自由"的生活：吸毒、酗酒、偷窃、同性恋等。在艺术上则主张抛弃传统手法，提倡随意发挥。其作品形式大多支离破碎，内容消极颓废，但在一定程度上反映了对美国社会的反叛。后指对现实不满而又无所作为甚至沾有恶习的颓废青年人。

● 马太效应

指好的愈好、坏的愈坏，多的愈多、少的愈少的一种现象，出自《圣经·马太福音》中一则寓言。《马太福音》第25章中说："凡有的，还要加给他叫他多余；没有的，连他所有的也要夺过来。"1968年，美国科学史研究者罗伯特·莫顿正式提出该术语，用以概括一种社会心理现象。他将马太效应归纳为：任何个体、群体或地区，一旦在某一个方面（如金钱、名誉、地位等）获得成功和进步，就会产生一种积累优势，就会有更多的机会取得更大的成功和进步。该术语后为经济学界所借用，反映贫者愈贫、富者愈富、赢家通吃的经济学中收入分配不公的现象。社会心理学上也经常借用这一名词。

● 多米诺骨牌效应

多米诺骨牌是一种用木制、骨制或塑料制成的长方形骨牌。玩儿时将骨牌按一定间距排列成行，轻轻碰倒第一张骨牌，其余的骨牌就会产生连锁反应，依次倒下。

大不列颠哥伦比亚大学物理学家怀特海德曾经制作一组骨牌，共13张。第一张最小，长9.53毫米，宽4.76毫米，厚1.19毫米，还不如小手指甲大。以后每张体积扩大1.5倍，这个数据是按照一张骨牌倒下时能推倒一张1.5倍体积的骨牌而选定的。最大的第13张长61毫米，宽30.5毫米，厚7.6毫米，牌面大小接近于扑克牌，厚度相当于扑克牌的20倍。把这套骨牌按适当间距排好，轻轻推倒第一张，必然会波及第13张。第13张骨牌倒下时释放的能量比第一张牌倒下时要扩大二十多亿倍。多米诺骨牌效应的能量是按几何级数增长的，若推倒第一张骨牌要用0.024微焦，倒下的第13张骨牌释放的能量达到51焦。

从多米诺骨牌引申开来，在一个相互联系的系统中，一种很小的初始能量就可能产生一连串的连锁反应，人们称之为"多米诺骨牌效应"或"多米诺效应"。多米诺骨牌效应告诉人们，一种很微小的力量能够引起的或许只是察觉不到的渐变，但是它所引发的却可能是翻天覆地的变化。

宗　教

　　每种已知的文化中都包含了或多或少的宗教信仰，它们或明了或令人疑惑地试图完美解释这个世界。当某些行为典范在特定的一种文化中得到确立时，它就将在这种文化中打下深深的历史烙印。

　　　　　　　　　　　　　　　　　　　　——《宗教百科全书》

● 原始宗教

　　原始氏族社会的宗教，是精确意义的宗教的最初形态。与阶级社会所形成的一神教对比，其特征为万物有灵——多神崇拜，故又名多神教。它开始出现于公元前3万年至公元前1万年的中石器时代。考古发掘和对近存原始社会的考察都表明，对超自然体的信仰和崇拜，是从这时才出现的。根据考古所发现的原始宗教，又被称为"史前宗教"。与之相应，"原始宗教"一词有时又仅指近存原始社会的宗教。此外，有些民族（如中国西南某些少数民族）虽然早已超越原始社会阶段，但是宗教风习尚保有不少原始形态，常被称为原始宗教残余。其基本特点包括对食物、繁殖、祖先、死亡、自然万物以及社会群体的神秘观念和祈求敬拜，并由此发展出对超自然体之神灵的信仰及崇拜。史前宗教的存在通过发掘、研究石器时代以来各种原始文化遗址（如原始村落、洞穴岩画、墓葬遗物、祭坛雕像等）而依稀可辨，其范围是这些遗址上发现的各种宗教现象，包括中国、印度、阿拉伯、非洲、美洲和大洋洲及南太平洋诸岛屿的史前宗教，以及欧洲的芬兰—乌戈尔人宗教、斯堪的纳维亚宗教、波罗的宗教、斯拉夫宗教、爱琴宗教、伊特鲁里亚宗教、克尔特宗教等。

● 古代宗教

　　产生并流传于阶级已经产生、国家已经出现，并进入文字历史时期的宗教，一般专指今已不再存在的古代宗教，不包括虽开始于古代，却继续流传至今的历史宗教。

古代宗教有三个系列，一是东方的中国古代宗教以及雅利安人进入印度本土前古代印度河谷文化的宗教（公元前20世纪之前）和波斯帝国建立前的古代波斯宗教（公元前6世纪之前）。前者可见之于出土的商代卜辞和商周钟鼎文祀典记事，后两者有关资料可间接见之于琐罗亚斯德教和婆罗门教的经籍书文。二是北美洲南部和中美洲北部印第安人古代宗教，包括阿兹特克宗教、玛雅宗教和印加宗教。三是具有最早文献典籍的美索不达米亚宗教和埃及宗教，以及略迟于二者并受二者影响的西亚迦南宗教、腓尼基宗教、赫梯宗教、小亚细亚宗教等，直至较晚出现的希腊宗教和罗马宗教。

● 历史宗教

一般指产生于古代，经历史各阶段而流传至今的宗教，有时也指某些不符合上述标准，但在宗教演化史中具有一定历史意义的宗教。从宗教演化过程的角度划分，历史宗教分为三种类型：一是起源较早的琐罗亚斯德教、婆罗门教、神道教、犹太教等；二是起源于古代后期的佛教、耆那教、基督教、道教、伊斯兰教等；三是产生于古代后期的摩尼教以及产生于中世纪后期的锡克教等。

● 世界宗教

突破地域和国家疆界限制的世界性宗教，是宗教发展史上最高的历史形态。一般指现代世界三大宗教，即佛教、基督教和伊斯兰教。其他宗教则主要为民族性宗教或地域性宗教。目前也流行世界七大宗教或十大宗教之说，大体包括基督教、伊斯兰教、佛教、道教、犹太教、印度教（及其前身婆罗门教）、神道教、摩尼教（基于琐罗亚斯德教）、锡克教等，西方人还将中国人传统信仰的"儒教"也当作一大宗教。这些宗教都是由民族宗教或古代宗教发展演变而来，与它们各自的文化进程和历史命运息息相关。

● 自然崇拜

把自然物和自然力视为具有生命、意志和伟大能力的对象而加以崇拜，是最原始的宗教形式，出现于新石器时代。崇拜范围包括天、地、日、月、星、山、石、海、湖、河、水、火、风、雨、雷、雪、云、虹等天体万物及自然变迁现象，形成天体之神、万物之神、四季之神、气象之神等。此外，还有对动物和植物的崇拜，如婆罗门教以一种称为苏摩的蔓草为酒神。原始人认为这些自然存在现象表现出生命、意志、情感、灵性和奇特能力，会对人的生存及命运产生各种影响，因此对之敬拜和求告，希望获其消灾降福和佑护。人类原始部落群体因其生活环境不同而具有不同的自然崇拜对象及活动形式，一般都崇拜对本部落及其生存地区的社会生产与生活影响最大或危害最大的自然物和自然力，并且具有近山者拜山、靠水者敬水等地域及气候特色，反映出人们祈求风调雨顺、人畜平安、丰产富足的实际需要。

● 图腾崇拜

图腾崇拜是一种最原始的宗教形式。"图腾"一词来源于印第安语"totem"，意思为"它的亲属""它的标记"。在原始人的信仰中，认为本氏族人都源于某种特定的物种，大多数情况下，被认为与某种动物具有亲缘关系，于是，图腾信仰便与祖先崇拜发生了关系：在许多图腾神话中，认为自己的祖先就来源于某种动物或植物，或与某种动物或植物发生过亲缘关系，于是某种动物或植物便成为这个民族最古老的祖先。美洲和大洋洲大陆的先住民族，大多数都以动植物作为氏族图腾，其中动物图腾特别多。如奥季布瓦部族有23个氏族，全以动物名之，如狼氏、鹤氏、鲇氏等。又如有人在大洋洲东南部收集到的五百多个图腾中，非动植物的图腾（云、雨、雷、电、风、日、月、星等）只有四十个左右，绝大多数是动植物图腾。

图腾崇拜首先要敬重图腾，禁杀、禁捕，甚至禁止触摸、注视，不准提图腾的名字。图腾死了要说睡着了，并且要按照葬人的方式安葬。尼泊尔崇拜牛，以之为国兽，禁杀、禁捕，禁止穿用牛皮制品，因国兽泛滥，不得不定时将其"礼送"出国。其次要定时祭祀图腾。一般来说对图腾要敬重，禁止伤害，但有时却有极其相反的情况。有的部落猎取图腾兽吃，甚至以图腾为牺牲。之所以猎吃图腾兽，是因为图腾太完美了，吃了它，它的智慧、力量、勇气就会转移到自己身上来。但吃图腾兽与吃别的东西不同，要举行隆重的仪式，请求祖先不要怪罪自己。

● 拜物教

原始社会中最早的宗教信仰形式之一。在神灵观念尚未产生以前，一些原始部族把某些特定的物体当做具有超自然能力的活物而加以崇拜。该词源于葡萄牙文，原意为手工制品。15世纪下半叶，葡萄牙人航海到达非洲西部时，用以指当地原始部族所相信并崇拜的具有魔力的符咒或护符。通常认为，法国历史学家、语言学家德布罗斯于1760年在《论物神崇拜》中首次将"拜物教"一词用于比较宗教学。法国哲学家孔德认为一般原始宗教的特点均为拜物教，也就是将非人的物体赋予人的精神特性。拜物教崇拜的对象通常包括人体、物体、神像和护身符等四大类。其中有自然物，如石块、树枝、木片、尸体等，也有人造物，如布片、旧衣服、弓箭之类的武器以及工具等。这些物体常因原始人认为其有灵性和神秘的超自然力量而成为崇拜对象，借以辟邪求福，但若崇拜者感到不灵验时，又常将其舍弃或毁坏。拜物教在古埃及人、希腊人、罗马人中曾广泛流行，至今在某些尚未完全脱离原始状态的居民群落中依然存在。

● 多神教

相信并崇拜多位神灵的宗教。相信有众多神灵存在，但各神的地位、神通、威力不尽相同，所受的崇拜亦不相等，信者可根据自己的需要随意选择特定的神灵加以崇拜。进入阶级社会后，多神教中亦出现了天阶体系，通常有一位至高主神居于天阶体系的顶端，作为众神之首。多神教崇拜的神灵，有的是自然体、自然力的人格化，如瑞（埃及宗教中的太阳神），乌拉诺斯（希腊宗教中的苍天神）；或是拟人的动物、植物，如玛雅宗教中的东方神库库勒坎为一条有羽毛的蛇；或是将社会现象和力量人格化，如马尔斯（罗马宗教的战神）、阿芙洛狄忒（希腊宗教的爱神）、阿胡拉·玛兹达（琐罗亚斯德教的光明神）。多神教一般都有一些具有特定职司的神灵，如行业神、民族或地区的守护神等。有时统治者被神化，作为崇拜的对象，如埃及法老、罗马皇帝。多神教主要有希腊宗教、罗马宗教，日耳曼、斯堪的那维亚、克尔特及斯拉夫宗教，埃及和中东宗教，早期印度、伊朗雅利安人的宗教、印度教，以及道教、神道教、阿兹特克宗教、玛雅宗教、印加宗教等。

● 一神教

一神教是相对于多神信仰而言的，就是相信、承认宇宙中只有一个至上神或主神，这个唯一神创造了世界和宇宙万物，他既不生育，也不被生，创造万物而又超绝万物之上。

一般认为当今世界有三大一神教。一是犹太教。认为上帝派摩西来拯救以色列民族，不许信仰其他的神，上帝是自然力的创造者，上帝本身不受自然力循环规律的制约，用任何定义都不能概括上帝，他无所不在，无处不在。二是基督教。公元1世纪兴起于罗马帝国统治下的犹太民族居住的巴勒斯坦地区，继承了犹太教的"上帝"概念，认为耶稣是上帝之子，传布上帝授予的使命，宣扬上帝要在人间建立天国的福音。三是伊斯兰教。认为宇宙中只有一位神即"安拉"，他前无始后无终，无方位，无定所。"安拉"派遣穆罕默德传播伊斯兰教，要求人们放弃多神崇拜，相信"万物非主，唯有安拉"，"安拉"至高无上，权能无比，是宇宙中的唯一神。

● 佛　教

佛教是世界三大宗教之一（其他两大宗教为基督教和伊斯兰教），由公元前6世纪至公元前5世纪古印度的迦毗罗卫国（今尼泊尔境内）王子所创，广泛流传于亚洲的许多国家，东汉时传入中国。

佛教和世界上的其他宗教有着明显的不同，根据一些专门研究佛教的学者的观点，佛教具有以下特点：佛教不承认有创造万物的神；佛是人，而不是神；佛不是生而知之者；佛是真平等者；佛教不承认有顽劣不可教化的人；佛不是独一无二的，人人皆可成佛；佛法是因材施教、因地制宜的；佛法是入世的；佛教没有排他性；佛教是民主和自由的。

● 基督教

基督教是以信仰耶稣基督为救世主的宗教。发源于公元1世纪巴勒斯坦（旧称迦南地）耶路撒冷地区的犹太人社会，现在全球共有15—21亿的人信仰基督教，占世界总人口的25%—30%。最早的基督教只有一个派别，但在基督教的历史进程中却分化为许多派别，主要有天主教（也译为公教、罗马公教）、东正教、新教（即基督教）三大派别，以及其他一些影响较小的派别。十字架是基督教的标志。

● 伊斯兰教

伊斯兰系阿拉伯语音译，原意为"顺从""和平"，7世纪初兴起于阿拉伯半岛，由麦加人穆罕默德复兴。2009年，信奉伊斯兰教的总人数达15.7亿，分布在二百多个国家和地区，占全世界人口的23%。

● 释迦牟尼

释迦牟尼（公元前1027年—公元前949年）本是古印度迦毗罗卫国（今尼泊尔境内）的太子，属刹帝利种姓。父亲是净饭王，母亲是摩耶夫人，释迦牟尼为太子时名叫"乔达摩·悉达多"，意为"一切义成就者"。因父亲为释迦族，成道后被尊称为释迦牟尼，意即"释迦族的圣人"。据佛经记载，释迦牟尼19岁时，有感于人世生、老、病、死等诸多苦恼，遂舍弃王族生活，出家修行。35岁在菩提树下悟道，遂开启佛教，弘法45年，80岁时在拘尸那迦城涅槃。另一说为30岁成佛，弘法49年。

● 耶　稣

耶稣出生在犹太的伯利恒，母亲名叫玛丽亚，父亲叫约瑟。据称，他是上帝的独生子，为圣灵感孕童贞女玛丽亚而降生。他曾有过很多"神迹"：让瞎子复明，跛子行走，死人复活……但是犹太公会不满耶稣基督自称为上帝的独生子、唯一的救赎主，遂把他交给罗马统治者，钉死在十字架上。死后第3天复活，显现于诸位门徒，复活第40天升天，还会于世界末日再度降临人间，拯救人类，审判世界。耶稣是被12个门徒中的犹大出卖的，受难日为星期五，最后的晚餐连耶稣有13人，所以在西方，13是人们忌讳的数字，并且与星期五一起视为凶日。耶稣是基督教的核心人物，在基督教里被认为是犹太旧约里所指的救世主（弥赛亚）。大部分基督教教派相信他是神子和神的转世。伊斯兰教则认为，耶稣是先知以及救世主。不过，犹太教则拒绝以上任何说法。

● 《圣经》

本意为莎草纸，中文亦称《耶经》或音译《白㲄经》，可以指犹太教和基督教（包括天主教、东正教和基督新教）的宗教经典。犹太教的宗教经典是指《塔纳赫》（或称《希伯来圣经》），基督教的宗教经典指《旧约》和《新约》两部分。基督教的《旧约》跟犹太教的《塔纳赫》几乎一样，《旧约》只是被用来证实《新约》的，用来证明《新约》的神就是《塔纳赫》预言的救世主。《塔纳赫》记载的是从上帝创造世界、人类犯罪、犹太人的历史及关于世界的预言。《新约》记载耶稣基督和其门徒的言行与早期基督教的事件、为人类洗罪、使徒书信及关于世界末日的预言。

● 极乐世界

印度佛教用语，又译"安乐国""安养国""佛国""净国""净土"等，俗称"西天"，极乐世界是"无有众苦，但受诸乐"的地方。

● 苦行僧

印度一些宗教中以"苦行"为修行手段的僧人。"苦行"一词，梵文原意为"热"，因为印度气候炎热，宗教徒便把受热作为苦行的主要手段。

● 十字架

将人钉死在十字架上是古罗马帝国的一种酷刑，被判处这种刑罚的囚犯，要背着十字架走向刑场。基督教《圣经》称：耶稣被钉死在十字架上。后来基督教便以此作为信仰的标记，称为"苦难像"。西方文学作品也用十字架比喻苦难。基督教的十字架崇拜来自古巴比伦和古埃及。在君士坦丁大帝信仰基督教以前，基督教从未有十字架的符号。直到公元3世纪，基督教神甫们都反对把异教符号十字架作为崇拜对象。公元5世纪，十字架第一次出现在基督教艺术形象中，而且是四四方方的东正教十字架，并没有画上耶稣的尸体。耶稣出现在十字架上始于公元7世纪，并且是T形十字架，源自某宗教崇拜的太阳神儋木兹名字的第一个字母。

● 基督教礼拜

根据《新约》的记载，耶稣于安息日前一天（今星期五）被钉十字架受难，第三天（今星期日）复活。为纪念耶稣受难和复活，基督教就将星期日定为"礼拜日"。礼拜日又称"主日"和"复活日"，意思就是"主的日子"，是基督徒以庆祝耶稣的复活为中心进行崇拜的日子，也是基督教最普遍、最重要的节期。礼拜的程序大致如下：（1）序乐：目的是使会场肃静下来，准备开始礼拜；（2）入堂式：请唱诗班、主礼人、牧师等人入场；（3）宣召；（4）唱诗；（5）祷告：一般是先祝福并歌颂"主"；（6）宣信；（7）启应经文；（8）本堂诗班献唱；（9）读经：读《圣经》；（10）证道：宣讲教义内容，讲述《圣经》以及《新约》《旧约》等内容，这是主要内容，持续时间最长，一般都在40分钟以上；（11）奉献：指为堂内捐钱；（12）唱诗班献唱；（13）祷告：为决志归主者与有病者祷告；（14）堂务报告；（15）唱诗：众人起立同唱；（16）主祷文：众信徒共同朗诵；（17）祝福：公众共同祝福主耶稣；（18）阿门颂：众人起立同唱；（19）退堂式：请唱诗班、主礼人、牧师等人退场。

● 伊甸园

至善、至美、至福之地。出自《旧约》：上帝在东方的一片富饶的平原上开辟了一个园子——伊甸园。园子里生长着美丽的结着甜果的树木，也有各式各样的飞禽走兽。上帝派亚当看守园子，为排除亚当的孤寂，上帝从他的身上取出一根肋骨，造成一个女人——夏娃来陪伴他。他们吃着甜果，漫步林间草地，过着无忧无虑、和谐美满的生活。后来亚当和夏娃经不起蛇的诱惑，偷吃了智慧树上的禁果，遂被上帝逐出了乐园。

● 十 诫

出自《旧约·出埃及记》：上帝在西乃山的雷鸣中降临，对以色列人的先知摩西说："我将你们从埃及的为奴之家领出来，你们得听从我的指示，必须遵守以下各点：（1）除耶和华外，不可信别的神；（2）不可为自己雕刻偶像，也不可跪拜任何偶像；（3）不可妄称上帝耶和华的名字；（4）纪念安息日，守为圣日，六日劳动，七日休息；（5）孝敬父母；（6）不可杀人；（7）不可奸淫；（8）不可偷盗；（9）不可作假见证陷害人；（10）不可贪念人家的房屋、妻子、仆婢、牛羊等。"摩西于是成为以色列人最早的立法者，"十诫"成为以色列人神圣的律法。

● 洗　礼

出自《圣经》：人类的始祖亚当和夏娃因听了蛇的话偷吃禁果，犯下了罪，这个罪过从此代代相传，叫作"原罪"；违背上帝旨意也会犯罪，称为"本罪"。所以，凡笃信上帝的人，必须经过洗礼，洗刷原罪和本罪。洗礼时，主洗者口诵经文，受洗者注水额上或头上，也有全身浸入水中的，故洗礼也称"浸洗"。

文　学

优秀的作品无论你怎样去探测它，都是探不到底的。

——歌德

● 希腊神话

希腊最早的文学形式，又是欧洲文学的源头。它源于民间口头文学，古希腊人认为有一种超自然的神力在支配一切，他们把自然现象拟人化、个性化，这样便产生了神话。希腊神话包括神的故事和英雄传说两部分内容，具有神人同形、同性的特点。希腊神话发展得比较完善，具有不朽的魅力。

● 荷马史诗

世界文学史上最早出现的文学巨著，古希腊最早的史诗，包括《伊里亚特》和《奥德赛》，一般认为是吟诵诗人荷马所作，故称荷马史诗。

《伊里亚特》写的是希腊人围攻特洛伊最后50天的战况，《奥德赛》写希腊英雄奥德修斯从特洛伊得胜回国漂流海上的经历。荷马史诗反映了社会和人生。《伊里亚特》展现了古希腊的军事、政治图景，还描写了古希腊人的宗教信仰和生产、生活，风格雄健、悲壮。《奥德赛》写的是人对自然力的抗争，歌颂人的智慧，还描写了当时的家庭生活和道德观念，风格绮丽、温和。史诗的情节贯穿人和神两条线索，神话的因素在史诗情节中具有制造或解决冲突、推进情节变化和发展的作用。

《荷马史诗》并非一时一人之作，而是保留在全体希腊人记忆中的历史。特洛伊战争结束以后，一些希腊城邦的民间歌手和民间艺人就将希腊人在战争中的英雄事迹和胜利的经过编成歌词，在公众集会的场合吟唱。这些故事由民间歌手口耳相传，历经几个世纪，经过不断增益和修改，到了荷马手里被删订为两大部分，成为定型作品。大约在公元前6世纪中叶，当皮西特拉图在雅典执政时，它才被最后用文字固定下来。我们今天所看到的荷马史诗，是公元前3世纪至公元前2世纪由学者们编订过的作品。

● 赫西奥德

公元前8世纪末、7世纪初出现的叙事诗人，赫西奥德的教诲诗《工作与时日》，是流传下来最早的长诗。另一作品为长诗《神谱》，收集了古代神话传说，现今流传下来的古希腊神话、宇宙起源、神的谱系等，多出自这首长诗。

● 萨　福

古希腊抒情女诗人，以写作爱情抒情诗为主。

萨福的诗体被后世诗人模仿，称为"萨福体"。萨福是古希腊最杰出的抒情诗人，曾开办学校，教少女学习音乐和诗歌。她的诗歌感情真挚、热烈，语言朴素、自然，风格清新，有很强的感染力。柏拉图称之为九位缪斯女神之外的"第十位文艺女神"。

● 阿尔凯奥斯

公元前7世纪至公元前6世纪古希腊抒情诗人，独唱诗歌最突出的代表。

阿尔凯奥斯的作品有琴歌、颂歌、饮酒歌、情歌等。亚历山大城的学者曾根据主题把他的作品编为10卷，但传到今天的只有残篇片段。他在一个残篇中，隐隐约约地承认对女诗人萨福的爱情。古代评论家认为阿尔凯奥斯的诗豪壮有力，简洁和谐。他写诗使用各种各样的格律，"阿尔凯奥斯诗体"就是其中之一。这种诗体曾被罗马诗人采用，对后来欧洲诗歌创作有一定影响。

● 品　达

古希腊抒情诗人。

品达的诗充满爱国热情和道德教训，诗风庄重，辞藻华丽。品达是抒情诗歌最重要的代表，17世纪古典主义时期的诗人把他的诗看作"崇高的颂歌"的典范，弥尔顿、歌德等人都曾模仿他的风格。品达的45首合唱歌曲或欢庆胜利的竞技凯歌得以保存下来，这些歌曲是为奥林匹亚、特尔斐、尼米亚和伊斯米亚的冠军运动员而作的。

● 《伊索寓言》

原书名为《埃索波斯故事集成》，其故事流传于民间，相传由奴隶伊索所作，到公元前3世纪才成书。

据历史学家希罗多德记载，伊索原是萨摩斯岛雅德蒙家的奴隶，后来被德尔斐人杀害。伊索是公元前6世纪的希腊寓言家，弗里吉亚人。伊索童年时是一个哑巴，而且长得很丑，但他的母亲非常爱他，时常讲故事给他听。母亲去世后，伊索跟着曾照料过他的老人，离家到各地去漫游，因此学到了许多有关鸟类、昆虫和动物的故事。伊索并没有写下他的寓言，他完全凭记忆口述。《伊索寓言》主要反映的是下层平民与奴隶的思想感情和哲学观点。作者在保留寓言中动物本性特征的同时，赋予它们以人的语言和思想，几乎每则寓言都要阐明一种道理或观点，发人深省。其形式短小精悍，比喻生动恰当，对后来的寓言作家拉·封丹、克雷洛夫都产生了很大影响。早在明代，《伊索寓言》就传入我国。

● 《罗摩衍那》

古印度史诗，"罗摩衍那" 是梵语，意思是 "罗摩的旅行" 或 "罗摩传""罗摩的历险经历"。罗摩是印度古代传说中的人物。全书是诗体，主要讲述阿逾陀国王子罗摩和妻子悉多的故事。

《罗摩衍那》和另一部更长的史诗《摩诃婆罗多》并列为印度两大史诗，是印度文化的基础。《罗摩衍那》在印度文学史上被称作 "最初的诗"，它不仅在印度文学史上占据崇高的地位，而且对整个南亚地区和宗教都产生过广泛而深远的影响，对印度文学、宗教的发展有相当大的作用，中国文学作品中的《西游记》也受到它的影响。罗摩在印度文化中的地位甚至相当于耶稣在基督教世界文化中的地位。

● 《一千零一夜》

古代阿拉伯民间故事集，旧译《天方夜谭》。
"天方" 是我国自明朝起对阿拉伯国家的称呼，"夜谭" 指夜间讲的故事。书中所讲故事内容丰富多彩，有寓言、童话、历史故事、冒险故事和恋爱故事等，涉及上至帝王将相，下至农民渔夫各种人物。故事背景有时在埃及，有时在巴格达，有时还涉及中国。全书充满神奇的幻想，又洋溢着生活气息；题材多样，艺术手法不拘一格；结构特点是故事套故事，既相对独立，又有联系；记叙中还插有诗歌，想象丰富，有着浓厚的浪漫主义色彩。它生动地反映了古代阿拉伯国家的社会制度和风土人情。

● 《源氏物语》

日本古典文学名著，被誉为日本古典文学的高峰，作者为女作家紫式部。

"源氏"是小说前半部男主人公的姓；"物语"意为"讲述"，是日本古典文学中的一种体裁，类似于我国唐代的"传奇"和宋代的"话本"。《源氏物语》是世界上最早的长篇写实小说，小说描写了日本平安时代（公元794年至公元1192年）的社会风貌和宫廷斗争，深刻地揭露了人性，反映了当时妇女的无权地位和苦难生活，被称为日本的"国宝"。

《源氏物语》共五十四回，近百万字。故事涉及四代天皇，历经七十多年，所涉及的人物达四百多位。全书以源氏家族为中心，上半部写源氏公子与众妃的种种爱情生活；后半部以源氏公子之子熏君为主人公，描写了纷繁复杂的男女纠葛事件。书中引用白居易的诗句有九十多处，还引用了《礼记》《战国策》《史记》《汉书》等中国古籍中的史实和典故，并巧妙地隐伏在故事情节中，具有浓郁的中国古典文学的气氛。本书展示的场景是日本的贵族阶层，但对爱情生活的着墨、点染与中国的《红楼梦》有异曲同工之妙，比《红楼梦》早了七百多年，因此，被认为是日本的《红楼梦》。

《源氏物语》在日本开启了"物哀"的时代。从此以后，日本的小说中明显带有一种淡淡的悲伤。"物哀"也成为日本一种全国性的民族意识，随着一代又一代的诗人、散文家、物语作者流传下来。

● 古希腊悲剧

起源于祭祀酒神狄俄尼索斯的民间歌舞，史诗和抒情诗促进了其形成和发展。荷马史诗为希腊悲剧提供了素材来源，表现形式对其也有借鉴作用。史诗中采用大段对话，为悲剧对话提供了典范。古希腊悲剧绝大多数内容取材于希腊神话，由于作家在处理这些素材时熔铸了自己的思想观点，具有强烈的现实性，反映了当时社会生活一系列重大问题。古希腊悲剧最主要的冲突是人物和命运的冲突，主人公由于某个错误判断导致苦难和厄运。古希腊的悲剧创作非常发达，有三位作家的成就最为突出，他们是埃斯库罗斯、索福克勒斯、欧里庇得斯。

● 古希腊喜剧

喜剧是一种用诙谐、戏谑、挪揄、机智的大众化通俗语言制造笑料的表演形式，题材取自现实生活，具有强烈的社会倾向性和讽刺性。公元前5世纪，雅典产生了三大喜剧诗人：第一个是克拉提诺斯，第二个是欧波利斯，第三个是阿里斯托芬。三人中只有阿里斯托芬传下一些完整的作品，写有44部喜剧，被誉为"喜剧之父"。阿里斯托芬及在他之前的喜剧被称为旧喜剧，后起的则被称为中喜剧和新喜剧。

● 埃斯库罗斯

古希腊悲剧诗人，有"悲剧之父"的美誉。

埃斯库罗斯出生于一个古老的贵族家庭，很早就开始喜欢戏剧和诗，传说狄俄尼索斯在梦中亲自向他传授诗的艺术。埃斯库罗斯对希腊悲剧艺术做出了重大贡献，把演员从一个增加到两个，加强了对话部分，在演出技巧上也做了不少改革。其作品的悲剧矛盾冲突激烈，风格庄严崇高，抒情气氛浓厚。他一共留下了90部剧作，代表作为《被缚的普罗米修斯》。

● 《被缚的普罗米修斯》

古希腊悲剧，埃斯库罗斯的代表作。

普罗米修斯将使用火的秘密泄露给凡人，从而招致宙斯的惩罚，被绑在高加索的高山上，并且普罗米修斯（意为"预见"）知晓谁将会推翻宙斯这一秘密。他的朋友俄刻阿诺斯赶来安慰他，劝阻他不要宣扬有关宙斯被推翻的预言，以免招致宙斯更进一步的愤恨。后来宙斯的情人伊娥也来拜访，普罗米修斯将她的未来如数相告，称她的一个子嗣将要来解救自己的苦难。最后，愤怒的宙斯差遣信使赫耳墨斯前来质询有关将要威胁宙斯地位的人物的信息，但普罗米修斯拒绝了，于是被激怒的宙斯用雷霆将他打入深渊。

《被缚的普罗米修斯》在很长时间内都未得到重视，直到19世纪早期，当时的浪漫主义作家认同普罗米修斯的桀骜不驯。拜伦在孩童时期就深深地被这部剧所吸引，称它影响了他所有的创作；雪莱在诗歌《解放了的普罗米修斯》中借用了该剧的材料来表达自己的思想；歌德也以此主题写过一首诗。

● 索福克勒斯

古希腊三大悲剧作家之一。

索福克勒斯出生于雅典，曾因貌美和音乐天赋而被选为朗诵队领队少年，后来进入政界。他的一生基本是平静而成功的。阿里斯托芬曾说他"生前完满，身后无憾"。他善于写悲剧，一共写过123部，但现存完整的剧本只有7部，其中《安提戈涅》《俄狄浦斯王》最具代表性。

● 《俄狄浦斯王》

古希腊悲剧，索福克勒斯的代表作，取材于希腊神话中俄狄浦斯弑父娶母的故事。

拉伊奥斯年轻时曾经劫走国王佩洛普斯的儿子，因此遭到诅咒，他的儿子俄狄浦斯出生时，神谕表示他会被儿子杀死。为了逃避命运，拉伊奥斯刺穿了新生儿的脚踝，并将他丢弃在野外等死（"俄狄浦斯"在希腊文中的意思即为"肿胀的脚"）。然而奉命执行的牧人心生怜悯，偷偷将婴儿转送给科林斯的国王波吕波斯。俄狄浦斯长大后，得知神谕说他会弑父娶母，为了逃避命运，他便离开科林斯并发誓永不回来。俄狄浦斯流浪到忒拜城附近时，在一个岔路上与一群陌生人发生冲突，失手杀了人，其中就有他的亲生父亲。当时的忒拜城被狮身人面兽司芬克斯所困，它会抓住每个路过的人，如果对方无法解答它出的谜题，便将对方撕裂吞食。忒拜城为了脱困，便宣布，谁能解开谜题，从司芬克斯口中拯救城邦，便可获得王位并娶国王的遗孀约卡斯塔为妻。后来正是由俄狄浦斯解开了司芬克斯的谜题，解救了忒拜。他也继承了王位，并娶了自己的亲生母亲为妻，生了两个女儿和两个儿子，终于应验了他弑父娶母的不幸命运。真相大白后，约卡斯塔羞愧难当，上吊自杀，俄狄浦斯则刺瞎了自己的双眼，离开忒拜城行乞涤罪。

《俄狄浦斯王》是索福克勒斯的剧作中最具震撼力的一部，是一曲人与命运做殊死斗争的悲歌，表现了个人意志与命运的冲突。剧作结构复杂而严谨，亚里士多德认为它是希腊悲剧的典范。

● 欧里庇得斯

古希腊三大悲剧作家之一。

欧里庇得斯出身于贵族家庭，对各种艺术有过全面、系统的学习，尤其醉心于诗和哲学，并用年轻时得到的一笔遗产在家里建了一个收藏丰富的私人藏书室。除非必要，欧里庇得斯很少出席公众场合的社交活动。他淡泊名利，拒绝了大部分希腊当局派给他的职务。他一生共创作了90多部作品，保留至今的有18部，代表作有《美狄亚》等。他的悲剧不再围绕着旧式的英雄主题，而是取材于日常生活，剧中出现了平民、奴隶、农民等人物形象，剧中所采用的语言也平民化了，通俗易懂，十分自然，明白晓畅。有人说欧里庇得斯的悲剧最大的不足就是他让他的剧中人在舞台上论述了太多哲学，使整个剧情变得乏味。但从另一视角来看，这些哲学式的台词赋予其悲剧更多深刻的含义，而且丝毫不损害悲剧中的诗意。

● 《美狄亚》

古希腊悲剧，欧里庇得斯创作的震撼人心的悲剧。

美狄亚是科奇斯岛会施法术的公主，她与来到岛上寻找金羊毛的伊阿宋王子一见钟情。为了帮助伊阿宋取得金羊毛，美狄亚用自己的法术帮助伊阿宋完成了他父亲定下的无法完成的任务，条件是伊阿宋要和她结婚。取得金羊毛后，美狄亚和伊阿宋一起踏上返回希腊的旅程。美狄亚的父亲听到她逃走的消息，派她的弟弟去追她。美狄亚杀死了自己的弟弟，并将弟弟的尸体切开，分割成碎段，抛在山上各处，让父亲和追赶的差役忙于收尸，以此拖延时间，便于和伊阿宋离开。

伊阿宋回国后，美狄亚用计杀死了篡夺王位的伊阿宋的叔叔，伊阿宋夺回王位，但也开始恐惧美狄亚的法术和残忍。后来伊阿宋移情别恋，美狄亚由爱生恨，将自己亲生的两个孩子杀害，并用下了毒的衣服杀死了伊阿宋的新欢，然后逃离伊阿宋，伊阿宋抑郁而亡。

美狄亚逃到了雅典，后又被逐出雅典，逃回故乡。此时她父亲的王位已被篡夺，美狄亚跟父亲取得了谅解，用魔法帮助父亲重新登上了王位。

欧里庇得斯是一个关注妇女低下地位的作者。在他所作的《美狄亚》中，女主人公虽然贵为公主，但是逃脱不了最后被抛弃的命运。在欧里庇得斯的笔下，美狄亚虽然勇敢地追求爱情，但是必须付出为父兄不容、遭世人遗弃的代价。而最后被深爱并为之付出一切的伊阿宋抛弃，更是将这种悲剧升华到高潮。妇女哪怕有神赐的魔力，绝世的美貌，显赫的家世，勇敢的性格，却最终无法避免被人抛弃、一无所有的悲惨结局。

● 阿里斯托芬

古希腊早期喜剧代表作家，相传写有44部喜剧，现存11部，有"喜剧之父"之称。

阿里斯托芬一生大部分时间在雅典度过，同哲学家苏格拉底、柏拉图有交往。他的喜剧尖锐、深刻，属政治讽刺剧，触及重大的社会政治问题。在阿里斯托芬之前的喜剧作家不胜枚举，但他现存的11个剧本，却是现存于世最早的希腊喜剧，主要作品有《阿卡奈人》《鸟》等。他的喜剧手法夸张，妙趣横生，在嬉笑怒骂中表达了严肃的主题。海涅曾说，阿里斯托芬的喜剧"像童话里的一棵树，上面有思想的奇花开放，有夜莺歌唱，也有猢狲爬行"。阿里斯托芬去世后，柏拉图为他写了墓志铭："美乐女神寻找一座不朽的宫殿，她们终于发现了阿里斯托芬的灵府。"1960年，一颗小行星以阿里斯托芬命名。

● 米南德

古希腊新喜剧代表作家。

米南德出身贵族，写过一百多部喜剧，却只传下《恨世者》和一些残篇。《恨世者》和残篇《评判》等剧的主题都在于劝善改过，提倡宽大仁慈，以调和社会矛盾。米南德强调性格的重要性，他认为人们的幸运或不幸取决于自己的性格。其剧本结构紧凑，语言接近口语，适合人物的性格、身份和年龄。米南德的剧本，通过罗马剧作家的改编，对后世欧洲喜剧尤其是风俗喜剧产生了影响。

● 普劳图斯

古罗马第一个有完整作品传世的喜剧作家。

普劳图斯出生于意大利中北部，早年到罗马，在剧场工作。后来他经商失败，在磨坊做工，并写剧本。他也是罗马最重要的一位戏剧作家。普劳图斯的喜剧大部分是根据希腊新喜剧尤其是米南德的喜剧改编的，但是无论在思想内容还是在表现方法上，都有自己的独创。他的喜剧大大减少了希腊新喜剧的严肃气氛，加强了滑稽搞笑和计谋成分。他的作品风格粗犷有力，语言丰富多彩，人物性格鲜明生动。他的创作使欧洲的喜剧艺术向前发展了一大步，对后世作家产生了很大影响。

普劳图斯一共写了130部喜剧，流传下来的有20部，著名的有《孪生兄弟》《一坛黄金》和《撒谎者》。《一坛黄金》写的是一个老人偶尔得到了一坛黄金，终日惴惴不安，结果金罐还是被别人偷走了。后来老人找回了金罐，又将它送给女儿作为嫁妆以后，他的心才得到安宁。剧本对老人的心理做了细腻而深刻的描绘，莫里哀的《悭吝人》就是根据这个剧本改编的。

● 泰伦提乌斯

古罗马喜剧作家。

泰伦提乌斯出生于北非的迦太基，幼年来到罗马，沦为奴隶。主人很欣赏他的才智，让他受到良好的教育，解除了他的奴籍。此后，他同许多贵族青年来往密切，特别是同崇尚希腊文化的小斯齐皮奥等人友情甚笃。他的喜剧创作反映了斯齐皮奥文化集团的思想倾向。30岁那年，他离开罗马，前往希腊旅行，次年在旅途中逝世。

泰伦提乌斯共写有6部剧本，它们是《安德罗斯女子》《自责者》《阉奴》《福尔弥昂》《两兄弟》《婆母》，全部保存下来。他的喜剧都是依据希腊新喜剧改编，其中4部取材于米南德的作品。他改编时比较忠实于原作，在内容方面保持了希腊新喜剧常见的主要情节，如恋爱、嫉妒、猜疑、弃婴等，在思想倾向和艺术风格方面同米南德比较接近。代表作为《婆母》。

● 卡图卢斯

古罗马诗人。

卡图卢斯出生于意大利北部的维罗那，青年时期赴罗马，殷实的家境使他在罗马过着闲适的生活，并很快以诗才出名。卡图卢斯传下116首诗，包括神话诗、爱情诗、时评短诗和各种幽默小诗。这些诗歌有许多表达了对一个叫作"蕾丝比亚"的女子的炽热爱情。真正使诗人在罗马享有盛誉并留名后世的，是他的爱情诗。卡图卢斯的抒情诗不仅影响到其后罗马抒情诗的发展，而且对后代欧洲抒情诗的发展产生过相当大的影响。

● 维吉尔

古罗马最伟大的诗人，但并非罗马生人。

维吉尔出生于意大利北部曼图亚附近安第斯一个小村的农庄里，父亲是个富足的农民，使维吉尔受到良好的教育。维吉尔17岁时去罗马和南意大利，攻读哲学及数学、医学。26岁回到故乡，一边务农，一边从事诗歌创作。作品有诗集《牧歌》《农事诗》，最重要的作品是史诗《埃涅阿斯纪》（一译《伊尼德》）。维吉尔41岁开始写此诗，逝世前完成初稿，逝世后由友人发表。全诗12卷，一万余行，叙述英雄埃涅阿斯在特洛伊城被希腊军队攻陷后离开故土，历尽艰辛，到达意大利，建立新的邦国的故事（其后代建立了罗马），以当地部落首领图尔努斯与埃涅阿斯决斗被杀结束。史诗借用神话传说歌颂罗马国家，全诗情节生动，故事性强，语言凝练。《埃涅阿斯纪》是欧洲文学史上第一部个人创作的史诗，自问世到现在，一直受到极高评价。

维吉尔是诗人但丁最崇拜的作家，在《神曲》中，但丁称他为"老师"，虚构他解救了迷路的自己，并邀请自己去游览地狱和天国。

● 塞内加

古罗马剧作家。

塞内加出生于西班牙，受过很好的修辞学教育，对哲学也颇有兴趣。他官至元老，37岁时被流放科西嘉岛，45岁被召回，成为皇储尼禄的老师，尼禄即位后辅佐朝政，58岁退出政界，61岁因涉嫌反尼禄阴谋受命自杀。

塞内加一生撰写过不少伦理哲学著作，写有一篇讽刺散文和《疯狂的赫拉克勒斯》《特洛伊妇女》《美狄亚》等9部悲剧。他的所有悲剧都取材于希腊神话，用以反映现实，抒发自己对人生的看法。剧中人物富有激情，通过长篇独白或明快、犀利的简短对白来表达，对后代西欧悲剧创作很有影响。

● 中世纪文学

中世纪是15世纪人文主义者首次提出的历史概念。它是指欧洲古典文化（希腊文化、罗马文化）时期与古典文化"复兴"时期之间的历史阶段，大约是5世纪至15世纪，即始于公元476年西罗马帝国灭亡，止于1453年拜占庭帝国倾覆。

中世纪文学是从希腊、罗马古典文学到文艺复兴文学之间的桥梁和纽带。中世纪文学非常丰富，它所取得的成就为文艺复兴文学的产生提供了充分、必要的条件。中世纪欧洲文学包括教会文学、英雄史诗、骑士文学和城市文学。

● 教会文学

中世纪欧洲盛行的正统文学，取材于《圣经》，体裁有圣经故事、圣徒传、祷告文、赞美诗、宗教剧、奇迹剧等，主要作者是教会僧侣，亦称"僧侣文学"。主要内容是赞美上帝的权威和歌颂圣徒的德行，宣扬禁欲主义和来世主义思想，手法以梦幻、寓意和象征为主。

● 英雄史诗

分前期和后期。前期英雄史诗形成于中世纪初期，具有较浓的神魔色彩和巫术气氛，著名的有《贝奥武甫》《埃达》等，歌颂部落英雄的光荣事迹。后期英雄史诗形成于封建国家逐渐形成的中世纪中期，主题是爱国主义和英雄主义。主要作品有法国的《罗兰之歌》、西班牙的《熙德之歌》、德国的《尼伯龙根之歌》、俄国的《伊戈尔远征记》。

● 骑士文学

是西欧封建骑士制度的产物，以描写骑士爱情和冒险故事为基本内容，包括骑士抒情诗和骑士叙事诗两种。抒情诗产生于法国南部的普罗旺斯，有《破晓歌》《牧歌》《怨歌》等。叙事诗又称骑士传奇，主要作品有《特里斯丹和伊瑟》等。

● 城市文学

反映中世纪城市和新兴市民阶层思想愿望的文学，取材于现实生活，揭露封建主和僧侣的暴虐、愚昧和虚伪，赞颂市民的才智。主要创作手法是讽刺，体裁有韵文故事、讽刺故事诗、抒情诗和市民戏剧等。代表作有法国的《列那狐传奇》，通过动物间的斗争反映城市内部各阶层间的矛盾冲突。

● 流浪汉小说

产生于16世纪中叶，受中世纪市民文学的影响，以城市下层人物的活动为中心，以人物流浪史的形式、幽默俏皮的风格、简洁流畅的语言，广泛反映当时的社会生活。小说一般采用第一人称，描写主人公的所见所闻，对欧洲近代长篇小说产生了深远影响。代表作为西班牙的《小癞子》。

● 但 丁

阿利盖利·但丁（1265—1321），欧洲文艺复兴前夜最伟大的诗人，文艺复兴时代的开拓者之一，被恩格斯誉为 "中世纪的最后一位诗人，同时也是新时代的最初一位诗人"。以长诗《神曲》留名后世。除《神曲》外，他还有《新生》《论俗语》《飨宴》及《诗集》等著作。

但丁出生在意大利佛罗伦萨一个没落的贵族家庭，5岁时母亲去世。但丁的生平记录很少，有许多资料并不可靠。他可能并没有受过正式教育，年轻时可能做过骑士，参加过几次战争，20岁时结婚，妻子为他生了六个孩子，有三子一女存活。但丁36岁时被政治上的敌对势力没收全部家产，判处终身流放，一旦他回城，任何佛罗伦萨士兵都可以烧死他，从此但丁再也没能回到家乡。他在被放逐时，以写作排遣乡愁，并将一生中的恩人和仇人都写入他的名作《神曲》中。

但丁56岁那年，孤独地死于流亡中。

● 《神曲》

但丁的著名长诗，是但丁流放期间历时14年完成的长篇诗作。

全诗分为3部，每部33篇，诗句三行一段，连锁押韵，象征圣父、圣子、圣灵三位一体。前加1篇序诗，共100篇，表示"完全中的完全"。《神曲》由《地狱》《炼狱》和《天堂》三部分构成，各篇长短大致相等，每部也基本相等，每部都以"群星"一词结束。它是但丁幻游三界的神奇描述——地狱里阴风怒号，恶浪翻涌。居住于此地的，都是生前犯有重罪之人。他们的灵魂依罪孽之轻重，被安排在九个不同层面中受永罚。从地狱穿过地球中心，就来到炼狱。炼狱是大海中的一座孤山，也分九层。这里是有罪的灵魂洗涤罪孽之地，待罪恶炼净后，仍有望进入天堂。悔悟晚了的罪人不得入内，只能在山门外长期苦等。天堂里共有九重天，即月球天、水星天、金星天、太阳天、火星天、木星天、土星天、恒星天和水晶天，天使们就住在这里，能入天堂者都是生前的义人，只有英明的君主、学界的圣徒和虔诚的教士，才能在此享受永恒的幸福。天堂气象宏伟、庄严，流光溢彩，充满仁爱和欢乐。

在《神曲》中，但丁精心安排了两个人物作为自己的导师，一个是象征理性、知识的维吉尔，另一个是象征信仰、虔敬的贝特丽丝（但丁一生精神上的恋人）。《神曲》的主题，意在探索诗人自身、意大利民族乃至人类的未来命运，但丁的结论是：意大利民族和整个人类只有在信仰的启示下，以理性规范行为，进行道德完善和精神境界的不断超越，才能与最高真理合一，获得光明的前途。

《神曲》在艺术上取得了极高的成就，是中世纪文学哺育出的瑰宝，把以梦幻、寓意、象征为特点的中世纪文学艺术推向了巅峰。

● 文艺复兴文坛三杰

意大利是人文主义文学的发源地，但丁、彼特拉克、薄伽丘是文艺复兴的先驱者，被称为"文艺复兴三颗巨星"，也称为"文艺复兴文坛三杰"。

● 彼特拉克

弗朗西斯克·彼特拉克（1304—1374），意大利学者、诗人，意大利人文主义文学的先驱，文艺复兴"文坛三杰"之一。

彼特拉克的父亲是佛罗伦萨的律师，与但丁同时被流放，彼特拉克自幼随父亲流亡法国。少年时就喜爱文学、修辞，对古典作品尤其感兴趣，但父亲却要他成为一个法学家。因此，彼特拉克先后在法国和意大利学习法律。父亲逝世后他专心从事文学创作，并周游欧洲各国。他还当过神甫，有机会出入教会、宫廷，观察生活，追求知识，提出以"人的思想"代替"神的思想"，被称为"人文主义之父"。代表作有《歌集》《阿非利加》《名人列传》等。

● 薄伽丘

乔万尼·薄伽丘（1313—1375），一译"卜伽丘"，意大利文艺复兴运动的杰出代表，人文主义者，与但丁、彼特拉克合称"文坛三杰"。代表作有《十日谈》《菲洛美塔的哀歌》《菲洛柯洛》《菲埃索拉的女神》等。

薄伽丘是一个佛罗伦萨商人和一个法国女人的私生子，幼年时生母去世，随父亲来到佛罗伦萨。不久，父亲再婚，他在严父和后母的冷酷中度过了童年。后被送到父亲入股的一家商社学习经商，毫无收获。父亲又让他改学法律和宗教法规，但这些都不能引发他的兴趣。他自幼喜爱文学，便开始自学诗学，阅读经典作家的作品。这段生活使他亲身体验到市民和商人的生活以及思想情感，融入他日后写成的《十日谈》中。

这段时间，薄伽丘有机会出入罗伯特国王的宫廷。在这里，他被压抑的个性和才智得以充分施展。他同许多人文主义诗人、学者、神学家、法学家广泛交游，并接触到贵族骑士的生活。这丰富了他的生活阅历，扩大了文化艺术视野，进一步焕发了他对古典文化和文学的兴趣。他在宫廷里认识了罗伯特国王的私生女玛丽娅，对她产生了爱情。这一段富于浪漫情调的经历，也在他的文学创作中留下了很深的印迹，他日后在文学作品中塑造的一些女性形象，可以看到玛丽娅的影子。

后来薄伽丘父亲的商业活动受到挫折，经济状况恶化，一蹶不振。薄伽丘无法维持原先悠闲自在的生活，便回到佛罗伦萨。1350年，薄伽丘和彼特拉克相识。第二年，他受委托去邀请被放逐的彼特拉克回佛罗伦萨主持学术讨论。从此，薄伽丘和彼特拉克这两位卓越的人文主义者建立了亲密无间的友谊。

薄伽丘潜心研究古典文学，成为博学的人文主义者。他翻译了荷马的作品，在搜集、翻译和注释古代典籍上做出了重要贡献。晚年，他致力于《神曲》的诠释和讲解，曾主持佛罗伦萨大学《神曲》的讨论。

1373年10月23日，薄伽丘抱病在佛罗伦萨大学《神曲》讨论会上做了最后一次演讲。第二年，挚友彼特拉克的逝世，给他精神上很大的打击。1375年12月21日，薄伽丘在契塔尔多逝世。

● 《十日谈》

薄伽丘最著名的作品，欧洲文学史上第一部现实主义文学巨著。

1348年，意大利的佛罗伦萨发生了一场可怕的瘟疫。每天，甚至每小时，都有大批尸体运到城外。从3月到7月，病死的人达10万以上，昔日美丽、繁华的佛罗伦萨，变得尸骨遍野，惨不忍睹。这件事给薄伽丘以深刻影响。

为了记下人类这场灾难，薄伽丘以这场瘟疫为背景，写下了著名的短篇小说集《十日谈》。当时，《十日谈》被称为"人曲"，是和但丁的《神曲》齐名的文学作品，也被称为《神曲》的姊妹篇。《十日谈》主张"幸福在人间"，被视为文艺复兴的宣言。

《十日谈》叙述1348年佛罗伦萨黑死病肆虐时，10名男女青年到乡村避难，借欢宴歌舞和讲故事消遣时光。10天里每人讲一个故事，一共100个故事。人文主义思想像一根红线贯穿于这部故事集的始终。作者把抨击的矛头直指宗教神学和教会，揭露教规是僧侣们奸诈、伪善的恶因，毫不留情地揭开教会神圣的面纱，辛辣地嘲讽教廷的驻地罗马是"容纳一切罪恶的大洪炉"。

爱情故事在《十日谈》中占有重要的地位。薄伽丘在许多故事里以巨大的热情赞美青年男女冲破封建等级观念，蔑视金钱和权势，争取幸福的斗争。《十日谈》还批评封建特权，维护社会平等和男女平等，不少故事叙述了卑贱者以智慧和毅力战胜高贵者。薄伽丘还宣扬全面发展的人的理想，强调人应当既健康、俊美，又聪明、勇敢，多才多艺，应全面、和谐地发展。

薄伽丘以丰富的生活知识和巨大的艺术力量，刻画了数百个不同阶层、三教九流、具有鲜明个性的人物形象，展示出意大利广阔的社会生活画面，抒发了文艺复兴初期的自由思想。

薄伽丘采用框形结构，把100个故事巧妙串连起来，使之成为一部思想上、艺术上都异常完整的作品。这些故事吸取了民间口语的特点，语言既精练、流畅，又俏皮、生动，开创了欧洲短篇小说这一独特的艺术形式。《十日谈》对欧洲文学产生了深远的影响。英国、法国、西班牙和德国不少作家的作品都模仿《十日谈》，或从它的故事中吸取创作素材。

● 拉伯雷

弗朗索瓦·拉伯雷（1494—1553），文艺复兴时期法国作家，以长篇巨作《巨人传》名传后世，被人们誉为"伟大的笑匠"。

拉伯雷的父亲是个有钱的法官，他在父亲的庄园里度过了自由自在而快乐幸福的童年。十几岁后，他被迫接受死气沉沉、枯燥无味的宗教教育，26岁时进修道院当了修士。当时，修道院反对学习古代文化，认为是追求异端邪说，搜走了拉伯雷的所有书籍。拉伯雷一怒之下换了修道院。在新的修道院里，他幸运地遇上一个也喜欢古代文化的主持人德斯狄沙克，终于得以自由地研究古代文化。1523年至1527年，拉伯雷随德斯狄沙克在布瓦杜教会巡视，这次巡视，令他大开眼界，广泛地接触到社会的各个阶层，结识了宗教界、司法界和知识界的许多知名人物，同时看到了底层人民群众的贫困状况。1527年，为了进一步开阔视野、丰富知识，他离开布瓦杜地区，开始游历全国，特别是一些学府聚集的城市，最后来到巴黎。这两次漫游，都为他日后的创作奠定了生活基础，也使他更看清楚了法国所处的愚昧状态。在一封信里，他曾引用柏拉图的话慨叹道："各行各业中多的是蠢才和庸才，满腔热情而又有真才实学的人物微乎其微。"此后拉伯雷还跟随大主教出使罗马，游览文艺复兴运动的发祥地意大利，访问了许多名人和古迹，学习了宗教、哲学、数学、音韵、法律、考古、天文等许多知识，终于成为一个博学的人。拉伯雷36岁时进入大学攻读医学，用仅仅两个月的时间，就获得了学士学位，当上了医师。后到巴黎学医，不久获得了硕士学位和博士学位。

拉伯雷最为世人称道的是他的长篇巨作《巨人传》。1532年，《巨人传》第一部出版，一年后又出版了第二部，署名是以原名的16个字母打乱后重新排列而成的化名。该书出版后，受到了热烈欢迎，但也受到教会和贵族的极端仇视而遭禁。拉伯雷后半生经济拮据，有好几次为躲避风险不得不隐居，甚至被投入监狱。他的一位朋友也因再版他遭禁的作品而惨遭极刑，陈尸示众。尽管身遭厄运，却未能磨灭拉伯雷的斗志、消损他的勇气，他仍然孜孜不倦地继续创作《巨人传》的后三部。

1545年，在国王的特许发行证的保护下，拉伯雷以真实姓名出版了《巨人传》第三部。但国王不久死去，《巨人传》又被列为禁书，出版商被烧死，拉伯雷被迫外逃，直至1550年才获准回到法国。回国后，他担任了宗教职务，业余时间为穷人治病，后又去学校教书。在学校教书期间，他完成了《巨人传》的第四部和第五部。这部巨著的创作前后经历了20年的时间。

拉伯雷晚年的生活极度贫困，59岁在巴黎去世。临终时他笑着说："拉幕吧，戏演完了。"

● 《巨人传》

拉伯雷的代表作，法国长篇小说的发端。《巨人传》出版后风靡一时，两个月内的销售数额超过《圣经》9年销售数的总和。几百年来，它用各种文字出了二百多个版本。

小说总共分为五部。第一部写高康大的出生、受教育、抵御外敌侵略和建立特莱美修道院的故事；第二部写庞大固埃的出生、巴黎求学、与巴奴日结识的经过；第三部就巴奴日是否应该结婚的问题引出了各种奇谈妙论；第四部、第五部描写为了探求婚姻问题的答案，庞大固埃和巴奴日、约翰修士一起出外寻找"神瓶"的经历。

这部长篇巨著以神话般的人物形象、荒诞不经的故事情节、妙趣横生而有时不免流于油滑流俗的独特风格，表现了反封建、反教会的严肃主题，歌颂了新兴资产阶级"巨人"般的力量，描绘了人文主义的乌托邦理想，具有鲜明的时代特点和丰富的思想内容。

《巨人传》是一部百科全书式的作品。拉伯雷在小说中穿插了大量诸如天文、地理、气象、航海、生物、人体生理、医药、法律、哲学、语言等自然科学与社会科学知识，显示了作者学识的渊博，更显示了作品的思想——"使人的灵魂充满真理、知识和学问"。拉伯雷对当时的教育制度进行了批判，对当时流行的经院式哲学进行了嘲讽，认为人的各方面才能都应得到培养，个性应得到多方面的发展。拉伯雷还描写了当时腐败的封建司法制度，他认为统治者的法律不过是一张蜘蛛网，网住的只是那些小虫，却任凭大牛虻逍遥法外。

《巨人传》是拉伯雷在一本名为《伟大而高大的巨人高康大的伟大而珍贵的大事记》的民间故事的启发下写出来的。拉伯雷凭借他本身所具有的深厚的生活功底和渊博的科学知识，再加上丰富的想象力，使《巨人传》这部小说色彩斑斓，变幻无穷。小说全面反映了16世纪上半叶的法国社会，传达了新时代的气息。

● 塞万提斯

塞万提斯（1547—1616），文艺复兴时期西班牙小说家、剧作家、诗人，以小说《堂吉诃德》传名于世，被誉为西班牙文学世界里最伟大的作家。

塞万提斯一生的经历，是典型的西班牙人的冒险经历。他出生于一个贫困之家，父亲是跑江湖的外科医生。因为生活艰难，塞万提斯和他的七个兄弟姊妹跟随父亲到处东奔西跑，直到19岁时才定居马德里。颠沛流离的童年生活，使他仅受过中学教育。

23岁时塞万提斯来到意大利，当了红衣主教胡利奥的家臣，一年后参加了西班牙驻意大利的军队，曾在激战中负了三处伤，被截去左手，此后有"勒班多的独臂人"之称。

经过4年出生入死的军旅生涯，塞万提斯带着基督教联军统帅胡安与西西里总督给西班牙国王的推荐信踏上归国之途。不幸的是途中遭遇土耳其海盗船，他被掳到阿尔及利亚。由于这两封推荐信的关系，土耳其人把他当成重要人物，准备勒索巨额赎金。做了奴隶的塞万提斯组织了一次又一次的逃跑，均以失败告终，但其勇气和胆识却让人佩服，受到俘虏们的拥戴，就连奴役他们的土耳其人也为塞万提斯不屈不挠的精神所折服。1580年，亲友们终于筹资把塞万提斯赎回，此时他已34岁。

以一个英雄的身份回国的塞万提斯，并没有得到国王的重视，一贫如洗的他终日为生活奔忙。他一边在政府里当小职员，一边著书，不止一次被捕下狱，原因是不能缴上该收的税款，有时却是遭受无妄之灾。他那不朽的《堂吉诃德》有一部分就是在监狱里构思和写作的。

1616年，69岁的塞万提斯在贫病交加中去世。

● 《堂吉诃德》

塞万提斯的代表作。

小说描写一个瘦弱的没落贵族堂吉诃德因迷恋古代骑士小说，竟像古代骑士那样用破甲驽马装扮起来，以丑陋的牧猪女作为貌美如花的贵妇，再以矮胖的农民桑丘作为侍从，三次周游全国，去开创扶弱锄强的骑士业绩。结果闹出不少笑话，到处碰壁受辱，被打成重伤或被当做疯子遣送回家。

小说中出现的人物近七百个，描绘的场景从宫廷到乡野，遍布全国。揭露了16世纪末到17世纪初正在走向衰落的西班牙王国的各种矛盾，鞭挞了贵族阶级的荒淫腐朽，展现了人民的痛苦和斗争，触及政治、经济、道德、文化和风俗等诸方面的问题。

小说塑造了可笑、可敬、可悲的堂吉诃德和既求实胆小又聪明公正的农民桑丘这两个世界文学中的著名典型人物，将现实主义和浪漫主义有机地结合起来。既有朴实无华的生活真实，又有滑稽、夸张的虚构情节，在反映现实的深度、广度上，在塑造人物的典型性上，都迈上了一个新的台阶。

1605年，《堂吉诃德》第一部出版，立即风行全国，一年之内竟再版6次。这部小说虽然未能使塞万提斯摆脱贫困，却为他赢得了不朽的荣誉。但书中对时弊的讽刺与无情嘲笑遭到封建贵族与天主教会的不满与憎恨。1614年，有人出版了一部伪造的续篇，站在教会与贵族的立场上，肆意歪曲、丑化小说主人公的形象，并对塞万提斯本人进行了恶毒的诽谤与攻击。塞万提斯为了抵制伪书的恶劣影响，赶写了《堂吉诃德》第二部，并于1615年推出。

《堂吉诃德》被译成各种文字，广泛流传于世，老少皆宜，寓意深刻，欧洲一些著名文学评论家说它是"人类历史上最伟大的作品"。

● 乔 叟

杰弗雷·乔叟(1343—1400)，英国中世纪著名作家。

乔叟的个人生活是相当丰富的：14岁做宫廷侍童；16岁参加对法作战时被俘，翌年由国王赎回；18岁至24岁在内殿法学协会受训；23岁与王后寝宫的女官结婚，此后多次代表爱德华三世出使欧洲大陆，到过比利时、法国、意大利等国，有机会遇见薄伽丘与彼特拉克，这对他的文学创作产生了很大的影响。乔叟先后任关税管理员、治安法官、王室建筑工程主事、王室森林副主管。乔叟在其庇护者失宠期间，被剥夺了官位和年金，经济拮据。他曾写过打油诗《致空囊》给刚登基的亨利四世，申诉自己的贫穷。1400年乔叟逝世，安葬在伦敦威斯敏斯特教堂的"诗人之角"。

乔叟最杰出的作品是《坎特伯雷故事集》。他首创的英雄双韵体为以后的英国诗人所广泛采用，他被誉为"英国诗歌之父"。

● 《坎特伯雷故事集》

乔叟最杰出的作品。

作品描写一群香客聚集在伦敦一家小旅店里，准备去坎特伯雷城朝圣。店主人建议香客们在往返途中各讲两个故事，看谁讲得最好。故事集包括24个故事，其中最精彩的故事有：骑士讲的爱情悲剧故事，一位妇人讲的骑士故事，卖赎罪券者讲的劝世寓言故事，教士讲的动物寓言故事，商人讲的家庭纠纷故事，农民讲的感人的爱情故事和慷慨义气行为的故事。

《坎特伯雷故事集》的艺术成就很高，远远超过了以前及同时代的英国文学作品，是英国文学史上现实主义的第一部典范作品。作品将幽默和讽刺结合，喜剧色彩浓厚，其中大多数故事用双韵诗体写成，对后来的英国文学产生了影响。人物形象鲜明，语言生动活泼。乔叟用富有生命力的伦敦方言进行创作，也为英国文学语言奠定了基础。

● 莎士比亚

威廉·莎士比亚（1564—1616），英国文艺复兴时期伟大的剧作家、诗人、欧洲文艺复兴时期人文主义文学的集大成者。

莎士比亚出生于英国中部一个富裕的市民家庭，父亲是杂货商，后被选为镇长。莎士比亚少年时代曾在当地的一所主要讲授拉丁文的"文学学校"学习，掌握了写作的基本技巧和丰富的知识，但因他的父亲破产，未能毕业就走上独自谋生之路。他当过肉店学徒，也曾在乡村学校教过书。20岁后到伦敦，先在剧院当马夫、杂役，后入剧团，做过演员、导演、编剧，并成为剧院股东。24岁前后开始写作，先是改编前人的剧作，不久即开始独立创作。起初被嘲笑为"粗俗的平民""暴发户式的乌鸦"，后来被誉为"英国戏剧之父""时代的灵魂""人类最伟大的天才之一""人类文学奥林匹斯山上的宙斯"。一生共创作37部剧本、两首长诗、154首十四行诗。

莎士比亚的创作大致可分为三个时期：第一时期：历史剧、喜剧时期。历史剧表现了他的人文主义政治理想，拥护中央集权，反对封建割据；主张民族统一，拥护贤明君主，谴责封建暴君。喜剧的基本主题则是歌颂爱情和友谊。第二时期：悲剧时期。这是莎士比亚创作的全盛时期，著名的四大悲剧都是这一时期创作的。作品的基本主题是表现野心、贪欲的邪恶性。第三时期：传奇剧时期。这是莎士比亚创作的晚期，最重要的思想特征是宽恕、容忍、妥协、和解。

● 莎士比亚四大悲剧

莎士比亚最著名的四大悲剧是《哈姆雷特》《奥赛罗》《李尔王》《麦克白》。

● 莎士比亚四大喜剧

莎士比亚最著名的四大喜剧是《威尼斯商人》《仲夏夜之梦》《皆大欢喜》《第十二夜》。

● 《哈姆雷特》

又译为《王子复仇记》，莎士比亚最负盛名的剧本。

作品情节如下：丹麦王驾崩，守夜卫兵看见老王幽魂出现，告知王子哈姆雷特。而叔父克劳迪斯服丧未满，即娶其嫂继承王位。王子与幽魂对话，获知叔父谋害父王之真相。为证实真相，哈姆雷特装疯卖傻，导演了一出老王被毒杀的短剧，请新王与新后观赏。新王克劳迪斯十分惊恐，装作身体不适的样子，匆匆离开了剧场。王后派人叫哈姆雷特去后宫谈话。在谈话期间，哈姆雷特错杀了躲在帷幕后面偷听的御前大臣波洛涅斯（以为是叔父躲在那里）。国王以此为借口，遣送哈姆雷特前往英国，并暗中写信给英国国王，要求处死哈姆雷特。哈姆雷特早就察觉到了阴谋，奇迹般地活下来，并顺利回到了丹麦。

哈姆雷特的情人——波洛涅斯的女儿奥菲莉娅，自从父亲死后，精神错乱，最终失足落水而死。哈姆雷特回到丹麦时，波洛涅斯的儿子雷欧提斯正在为奥菲莉娅举行葬礼。处于感情煎熬中的哈姆雷特不顾一切地跳进了奥菲莉娅的坟坑，雷欧提斯认出这便是他全家的仇人哈姆雷特，于是就冲上前去，死命地掐住哈姆雷特的脖子，众人赶紧上前才把他们拉开。

克劳迪斯唆使雷欧提斯假装言归于好，向哈姆雷特提出貌似友好的比剑挑战，并让他使用一把涂了致命毒药的开刃尖头剑。哈姆雷特不幸被雷欧提斯的毒剑刺中，在激烈的打斗中，哈姆雷特终于夺过那把毒剑并用它回敬了雷欧提斯一下。这时，王后误喝了奸王给哈姆雷特准备的有毒的饮料，倒地身亡。垂死的雷欧提斯说出了一切，哈姆雷特用残存的力量猛地向国王扑去，把毒剑插进了奸王的胸膛。

● 巴洛克文学

"巴洛克"一词原意是一种形状不规则的珍珠，引申为畸形、矫饰的意思，曾用其作为绘画、雕塑、建筑等方面的一种艺术风格的标志，后借用到文学上。巴洛克文学在思想内容上具有彷徨、悲观、颓丧的特点，带有宗教的神秘色彩，追求虚无、混乱的思想感情。艺术上则借鉴中古文学象征、寓意、梦幻的手法，语言雕琢，追求艰涩的辞藻和隐晦的诗风，表现出华丽、纤巧的风格，成为欧洲盛行一时的表现贵族阶级思想情趣的文学流派。巴洛克文学在各国文学中都有反映，如意大利的"马里诺诗派"、西班牙的"冈果拉诗派"等。

● 班 扬

约翰·班扬（1628—1688），英国著名作家。

班扬生于英国，父亲是补锅匠，按当时的社会标准，这是一份卑贱的职业。通常补锅匠们会带上年幼的孩子做帮手。约翰·班扬的父亲却是个例外，他没有让孩子做帮手，而是把他留在村子里上学，一直到小学毕业。

班扬在自传中写道，在9岁或10岁那年，他做过好几个有警示意味的梦，有关于他自己生命的终结，有关于未来审判，还有关于地狱的骇人的景象和有关永恒的启示。成年以后，他依然记忆犹新。

由于宗教迫害，班扬一生中共有13年是在监狱里度过的。他疾病缠身，饱受折磨审讯之苦，又不得不忍受与家人的骨肉分离，但他以顽强的毅力在这13年里撰写了著名的《天路历程》。这本书问世后，流传之广，翻译的文字之多，仅次于《圣经》。

● 弥尔顿

约翰·弥尔顿（1608—1674），英国诗人、政论家。

弥尔顿出生于伦敦一个富裕的清教徒家庭，父亲爱好文学，弥尔顿受其影响，从小喜欢读书，尤其喜爱文学。16岁时入剑桥大学，并开始写诗，24岁获硕士学位，放弃了当教会牧师的念头，闭门攻读文学6年，一心想写出能传世的伟大诗篇。

1638年，弥尔顿为增长见闻，到当时欧洲文化中心意大利旅行，拜会了当地的仁人志士，其中有被天主教会囚禁的伽利略。弥尔顿深为伽利略在逆境中坚持真理的精神所感动。第二年，听说英国革命即将爆发，便中止旅行，仓促回国，投身革命运动。他在一年多的时间里发表了5本有关宗教自由的小册子，1644年又为争取言论自由而写了《论出版自由》。

1649年，革命阵营中的独立派将国王推上断头台，成立共和国。弥尔顿参加了革命政府工作，担任拉丁文秘书一职。1652年，44岁的弥尔顿因劳累过度，双目失明。

1660年，王朝复辟，弥尔顿受到迫害，被捕入狱，著作被焚毁，生活极其贫困。被释放后，从此他专心写诗，为实现伟大的文学抱负而艰苦努力，在亲友的协助下，口述完成长诗《失乐园》《复乐园》和《力士参孙》。1674年11月8日，卒于伦敦。

● 《失乐园》

弥尔顿最著名的诗作。

全诗长约一万行，故事取自《圣经·旧约》。夏娃和亚当因受撒旦引诱，偷吃善恶树上的禁果，违背了上帝命令，被逐出乐园。

撒旦原是大天使，但他非常骄横，纠结一部分天使，和上帝作战，于是被打到地狱里遭受苦难。他这时已无力反攻天堂，就想出间接报复的办法，企图毁灭上帝创造的人类。上帝知道撒旦的阴谋，但为考验人类对他的信仰，便不阻挠撒旦。撒旦冲过混沌，潜入人世，来到亚当居住的乐园。上帝派遣拉法尔天使告诉亚当面临的危险，同时把上帝创造世界和人类的经过告诉他。但是亚当和夏娃意志不坚，受了撒旦的引诱，吃了禁果。上帝决定惩罚他们，命迈克尔天使把他们逐出乐园，在放逐前，迈克尔把人类将要遭遇的灾难告诉了他们。

弥尔顿写这首诗的目的，在于说明人类不幸的根源。他认为，人类由于理性不强，意志薄弱，经不起外界的影响和诱惑，因而感情冲动，走错道路，丧失了乐园。夏娃的堕落是由于盲目求知，妄想成神；亚当的堕落是由于溺爱妻子，感情用事；撒旦的堕落是由于野心勃勃，骄傲自满。诗人通过他们的遭遇，暗示英国资产阶级革命也是因为道德堕落、骄奢淫逸而惨遭失败。

弥尔顿继承了16世纪的人文主义思想，接受了17世纪新科学的成就，同时对它们采取批判的态度。他肯定人生，但否定无限制享乐；他肯定人的进取心、自豪感，但否定由此演变出来的野心和骄傲；他肯定科学，但认为科学并不是一切，有科学而没有正义和理想，人类不会得到和平与幸福。

● 古典主义

古典主义文学是17世纪欧洲的主要文学思潮。它在创作实践和理论上都以古希腊、古罗马为典范，故得名。其作品多从古希腊、古罗马的神话、历史和传说中汲取创作素材，主要特征是：拥护王权，维护国家、民族的利益；崇尚理性，要求克制个人情感和欲望；题材和形式上模仿古人，重视规则；语言准确、精练、华丽、典雅，表现出较多的宫廷风格。

● 三一律

法国古典主义文学的创作规则，它规定戏剧的情节、时间、地点必须保持一致，即在一时间内在一个地点发生一件事，是谓"三个整一"。三一律可以使戏剧的情节高度集中，结构紧凑，矛盾突出，但是后来却成为束缚戏剧创作的清规戒律，终于被浪漫主义赶下历史舞台。

● 古典主义戏剧三大师

古典主义文学以法国的成就为最大，代表作家有三位：悲剧大师高乃依、拉辛，喜剧大师莫里哀。

● 高乃依

皮埃尔·高乃依（1606—1684），法国古典主义悲剧创始人，有法国"悲剧之父"之称。

高乃依的作品多以贵族的责任、荣誉战胜个人的情感为主题，称为"英雄悲剧"。这样的主题往往要求严肃、重大的题材，所以他常常写有关君王、统帅、圣人、英雄的故事，其风格最突出的特色是庄严、崇高。高乃依写过三十多个剧本，较重要的有《熙德》《贺拉斯》《西拿》《波里厄克特》。代表作是《熙德》，这其实是一出悲喜剧，不是严格意义上的悲剧。戏中的男女主角的个人感情和贵族家庭的荣誉发生尖锐的冲突，他们共同的选择是荣誉高于感情。作品通过人物的这种选择，表现了依靠理智控制感情的意志力量。这是古典主义第一部典范作品和奠基之作。

● 拉 辛

让·拉辛（1639—1699），法国剧作家、诗人，他把法国古典主义悲剧推至顶峰。

拉辛的戏剧简洁、凝练，故事情节高度浓缩，矛盾冲突高度集中，戏剧运动高度紧张，人物性格高度清晰。他的代表作有《安德洛玛克》《费德尔》《爱丝苔尔》《阿塔莉》等。《阿塔莉》是涉及国王宗教政策的悲剧，宣扬反抗暴政的思想。为此，路易十四禁止拉辛进入宫廷。

● 莫里哀

莫里哀（1622—1673），法国喜剧作家、演员、戏剧活动家，法国芭蕾舞喜剧的创始人。本名为让—巴蒂斯特·波克兰，"莫里哀"是他的艺名。

莫里哀是法国17世纪古典主义文学最重要的作家，古典主义喜剧的创建者，在欧洲戏剧史上占有十分重要的地位。他曾享受贵族教育，但不久就宣布放弃世袭权力，从事戏剧事业。他创立"光耀剧团"，惨淡经营，曾因负债而被指控入狱。后来，他不顾当时蔑视演戏的社会风气和家庭的反对，毅然离家出走，在外漂泊了十多年。由于他积累了丰富的生活素材，编写、演出了一系列很有影响的喜剧。最后，莫里哀作为剧团的领导人重返巴黎，此后，他一直在巴黎进行创作演出。代表作有《伪君子》《恨世者》《悭吝人》等。

● 拉·封丹

拉·封丹（1621—1695），法国古典文学的代表作家之一，著名寓言诗人。

拉·封丹出生于一个小官吏家庭，从小生长在农村，熟悉大自然和农民的生活。19岁到巴黎学神学，一年半之后又改学法律，毕业后获得巴黎最高法院律师头衔。他了解到法院黑暗、腐败的内幕，对这种职业十分厌弃，不久就回乡下去过安逸的乡绅生活。但他不善于管理家业，被迫出卖土地，到巴黎去投靠当时的财政总监富凯。富凯给他年金，让他写诗剧。1661年富凯被捕，拉·封丹写诗向国王请愿，得罪了朝廷，不得不逃亡到里摩日，从此他对封建朝廷甚为不满。1663年末，他返回巴黎，常常出入沙龙（文艺俱乐部），对上流社会和权贵有了更多的接触和观察的机会，也使他结识了莫里哀、拉辛等一些诗人和戏剧家。

1668年，拉·封丹出版了《寓言诗》第一集，引起很大反响，到1694年，共出版了12卷。此外，还出版了5卷《故事诗》。他常用民间寓言，通过动物形象讽刺当时法国上层社会的丑行和罪恶，嘲笑教会的黑暗和经院哲学的腐朽。他对后来欧洲寓言作家有很大影响。拉·封丹的经典名言是：要工作，要勤劳——劳作是最可靠的财富。

● 启蒙文学

启蒙运动是18世纪席卷全欧洲的思想运动，是文艺复兴反封建、反教会斗争的继续和发展，并带有明确的政治革命的性质。启蒙主义者崇尚理性，以理性作为批判旧制度的武器，描绘未来的理想社会，过分强调思想意识的力量和少数天才人物的作用。他们认为，通过提倡科学和文化教育，就可以破除迷信和偏见，使人们接受启蒙学者的思想，实现理想的社会。在文学上的表现是宣传自由、平等、博爱和"天赋人权"的思想，带有鲜明的哲学性和政治倾向性。启蒙文学家还创造了一些新的文学形式，如哲理小说、正剧、书信体小说、教育小说等。启蒙文学是对文艺复兴时期现实主义传统的继承和发展，又是19世纪批判现实主义的先驱，代表作家有伏尔泰、狄德罗、卢梭等。

● 伏尔泰

伏尔泰（1694—1778），法国启蒙思想家、文学家、哲学家。原名弗朗索瓦—马利·阿鲁埃，"伏尔泰"是他的笔名。

伏尔泰被公认为启蒙运动的精神领袖，被誉为"法兰西思想之王""法兰西最优秀的诗人""欧洲的良心"。《老实人》是他哲理小说中最优秀的一部。小说描写了一个神话般的理想世界——黄金国，表达了作者对人类美好未来的幻想。结尾提出"种我们的园地要紧"这一名言，表现了新兴资产阶级的进取、求实精神。

● 狄德罗

狄德罗（1713—1784），18世纪法国启蒙思想家中最杰出的代表，哲学家、美学家、文学家、教育理论家，法国《百科全书》的组织者兼主编。

1732年，狄德罗19岁，就获巴黎大学文科硕士学位。文学方面的成就主要是三部哲理小说：《修女》《拉摩的侄儿》《宿命论者雅克》。《拉摩的侄儿》是一部对话体哲理小说。主人公是一个"怪人"，是"高傲和卑鄙，才智和愚蠢的混合物"，是具有才能却自甘堕落的时代畸形儿的典型。马克思称这部小说为"无与伦比的作品"，恩格斯称之为"辩证法的杰作"。

● 感伤主义文学

18世纪60年代至80年代末出现于英国的一股文学潮流，由斯泰恩的小说《感伤旅行》而得名。此派作家夸大感情的作用，细致地描写人物的心情和不幸遭遇，表现了对社会现实的不满和对劳动人民的怜悯之心，具有资产阶级人道主义思想，反映了新兴资产阶级的愿望和要求。他们常以生、死、黑夜、孤独为题材，抒发自己的哀思和失意，格调悲哀，语言晦涩，充满悲观、失望的情绪。喜用哀歌、旅行日记、回忆录、书简等文学体裁。感伤主义文学后来流传到法国、德国和俄国，影响了一批作家的创作风格，其中最著名的感伤主义作家有英国的劳伦斯·斯泰恩和詹姆斯·汤姆生、法国的卢梭、德国的歌德、俄国的卡拉姆辛等。

感伤主义文学潮流在文学形式方面将欧洲带入一个新的阶段，它不仅是19世纪初欧洲声势浩大的浪漫主义文学运动的先声，而且是现代派文学的源头。它开辟了一种以心理感觉为载体，掺和外部现实世界的投影的叙述方式，反映了中小资产阶级的情绪，同情下层人民的处境，注意描写平民形象。

● 笛 福

丹尼尔·笛福（1660—1731），英国现实主义小说奠基人，一个温和的启蒙作家，有"现代新闻报道之父"的美誉。

笛福的代表作《鲁滨逊漂流记》是一曲原始积累时期资产者的颂歌。主人公鲁滨逊是笛福时代英国商业资产者的典型，本书通过这一形象歌颂了资产阶级的积极进取精神。鲁滨逊这一形象是欧洲小说史上的一个创举，是欧洲文学史上第一个资产阶级的正面形象。《鲁滨孙漂流记》标志着英国现实主义小说的诞生。笛福对长篇小说这一文体有创造性发展，因此被誉为"小说之父"。

● 斯威夫特

乔纳·斯威夫特（1667—1745），英国讽刺作家、政治家、诗人，以讽刺作品传名于世。

斯威夫特是一位牧师，一位政治撰稿人，一位才子。他出生于爱尔兰首府都柏林一个贫困家庭，由叔父抚养成人。代表作是讽刺小说《格列佛游记》，它不是单纯的少儿读物，而是饱含讽刺和批判的文学杰作。在此书中，斯威夫特的叙事技巧和讽刺才能得到了充分的反映。他通过幻想的环境、虚构的情节、夸张的手法，对英国的政治、法律、议会、党争和哲学进行了淋漓尽致的揭露和辛辣的讽刺、抨击。斯威夫特开创了英国文学中的讽刺传统，对后世影响极大。

● 菲尔丁

亨利·菲尔丁（1707—1754），英国戏剧家和杰出的小说家，英国现代小说的重要奠基人之一，18世纪英国现实主义小说的最高代表。

菲尔丁的代表作《弃儿汤姆·琼斯的历史》是欧洲文学中的一流小说，代表18世纪英国现实主义小说的最高成就，被誉为18世纪英国社会的散文史诗。小说围绕一对青年男女的身世和恋爱波折，广泛描写了18世纪英国城乡社会生活的真实画面，批判了贵族资产阶级的放荡、贪婪与虚伪。菲尔丁把英国和欧洲小说推至一个新的发展阶段，为19世纪批判现实主义文学的形成做了充分准备。

● 卢　梭

让—雅克·卢梭（1712—1778），法国著名启蒙思想家、哲学家、教育家、文学家，18世纪法国大革命的思想先驱，启蒙运动最卓越的代表人物之一，被誉为"浪漫主义之父"。

卢梭的思想不仅影响了法国新一代作家，而且直接影响了德国的"狂飙突进运动"。19世纪，欧美年轻一代作家进一步把他所开创的新倾向发展为汹涌澎湃的浪漫主义文学运动。小说《新爱洛伊丝》是卢梭最重要的文学作品，主要作品还有《社会契约论》《爱弥儿》（卢梭因此书而横遭迫害）、《忏悔录》及《一个孤独漫步者的遐想》。

《爱弥儿》是一本关于儿童教育的经典论著，但这本天真无邪、充满灵感和独具创见的教育学著作，却被视为异端邪说，还被法国法庭列为禁书。最高法院判决将《爱弥儿》焚毁，欲将卢梭逮捕入狱。卢梭只好离开法国，去了瑞士，不久这个国家也命令他在一天之内离开瑞士领土，卢梭只好搬到普鲁士、英国等国居住。在《爱弥儿》一书中，他说："处理儿童应因其年龄之不同而不同。"又说："在万物中，人类有人类的地位，在人生中，儿童期有儿童期的地位。所以必须把人当人看待，把儿童当儿童看待。"《爱弥儿》对后来的教育学说产生了深远的影响。

● 狂飙突进运动

18世纪70年代至80年代德国发生的第一次全德性质的文学运动，因青年剧作家克林格尔的同名剧本而得名。这一运动在政治上追求自由，反对专制暴政；在文学上崇尚感情，反对古典主义，歌颂自然。狂飙突进运动具有强烈的反叛激情，但是由于德国资产阶级的软弱和局限，到18世纪80年代便衰落了。狂飙突进运动时期出现的许多作家中，青年时代的歌德和席勒是最主要的代表。歌德的《少年维特之烦恼》、席勒的《阴谋与爱情》就是这一运动中出现的最杰出的作品。

● 魏玛古典主义时期

18世纪末、19世纪初，德国文学达到高峰，史称"魏玛古典主义时期"。这一时期德国文学的代表人物是晚年的席勒和歌德。

席勒和歌德被邀到魏玛公国，两人合作了10年，形成了德国文学的"古典主义时期"。以古希腊、古罗马文学为典范，并继承启蒙运动的优良传统来实现"人道主义"这一最崇高的理想。在政治上反对法国大革命的激进，主张通过审美教育来陶冶性情，培养完整、和谐的个性；在艺术上以古希腊艺术为典范，把"高贵的单纯、宁静的伟大"视为最高理想，追求庄严、肃穆、完整、和谐。歌德和席勒的一系列作品和论著，促成了德国文学的繁荣，形成了18世纪欧洲文学的高峰。

● 歌　德

约翰·沃尔夫冈·冯·歌德（1749—1832），18世纪中叶到19世纪初德国和欧洲最重要的剧作家、诗人、思想家。除了诗歌、戏剧、小说之外，他在文艺理论、哲学、历史学、造型设计等方面，都取得了卓越的成就。

歌德出生于法兰克福镇一个富裕的市民家庭，曾在大学学习法律，也曾短时期当过律师。他年轻时曾经梦想成为画家，在绘画的同时他开始了文学创作。但是在看到意大利著名画家的作品时，他觉得自己无论如何努力都不可能与那些大师比肩，于是专注于文学创作。歌德是德国狂飙突进运动的主将。他的作品充满了狂飙突进运动的反叛精神，在诗歌、戏剧、散文等方面都有较高的成就，在此期间主要作品有剧本《葛兹·冯·伯里欣根》、中篇小说《少年维特之烦恼》、未完成的诗剧《普罗米修斯》和诗剧《浮士德》的雏形《原〈浮士德〉》，还写了许多抒情诗和评论文章。歌德晚年的创作极其丰富，重要的如自传性作品《诗与真》《意大利游记》、长篇小说《亲和力》和《威廉·麦斯特的漫游时代》、抒情诗集《西方和东方的合集》。逝世前不久，又完成了《浮士德》第二部。这些作品表现了歌德重视实践、肯定为人类幸福而劳动的思想，说明其思想中的积极因素比前一时期有所增长。《浮士德》第二部的完成尤其突出表现了歌德晚年思想上和艺术上的新发展。

歌德是德国民族文学最杰出的代表，他的创作把德国文学提高到全欧的先进水平，并对欧洲文学的发展做出了巨大的贡献。

● 《浮士德》

歌德的一部重要代表作，他写这部巨著，前后用了60年时间。《浮士德》的第一部完成于1808年法军入侵的时候，第二部完成于1831年8月31日，此时他已83岁高龄。这部不朽的诗剧，以德国民间传说为题材，以文艺复兴以来的德国和欧洲社会为背景，写一个新兴资产阶级先进知识分子不满现实，永不满足，不断追求，竭力探索人生意义和社会理想的生活道路，是一部现实主义和浪漫主义结合得十分完好的诗剧。

● 席 勒

约翰·克里斯托弗·弗雷德里 希·冯·席勒（1759—1805），德国18世纪著名诗人、哲学家、历史学家和剧作家，被公认为德国文学史上地位仅次于歌德的伟大作家。

席勒出生于德国小城马尔赫尔的一个贫穷市民家庭，父亲是军医，母亲是面包师的女儿。席勒童年时代就对诗歌、戏剧有浓厚的兴趣，9岁入拉丁语学校学习，14岁被公爵强制选入他所创办的军事学校，接受严格的军事教育。

在军事学校上学期间，席勒结识了心理学教师阿尔贝，并在他的影响下接触到莎士比亚、卢梭、歌德等人的作品，这促使席勒坚定地走上文学创作的道路。从1776年开始，席勒就在杂志上发表一些抒情诗。在军校读书期间，席勒逐渐形成了自己的反专制思想。1781年他完成了剧本《强盗》的创作，次年1月上演，引起巨大反响，席勒被评论家称为"德国的莎士比亚"。

席勒最著名的作品是《阴谋与爱情》，是席勒青年时代创作的高峰，它与歌德的《少年维特之烦恼》同是狂飙突进运动最杰出的成果。此剧揭露上层统治阶级的腐败生活与宫廷中尔虞我诈的行径。作者勇敢地把当时德国的黑暗现实搬上了戏剧舞台，通过斐迪南与露易丝的爱情悲剧，写出了第三等级的平民与特权贵族的矛盾和冲突，作者公开站在平民一边，维护平民尊严，谴责达官贵人。《阴谋与爱情》无论在结构上还是题材上都是德国市民悲剧的典范。

● 格林兄弟

雅各布·格林（1785—1863）和威廉·格林（1786—1859），是我国小读者最喜爱的《格林童话》的编纂者。

格林兄弟出生于德国一个律师家庭，兄弟俩均曾在马尔堡大学学法律，又同在卡塞尔图书馆工作和任格廷根大学教授，1841年同时成为皇家科学院院士，是德国的两位博学多识的学者——民间文学研究家、语言学家、历史学家。他们关注民间文学，以45年的时间搜集民间童话，亲自记录，加以整理，完成了《儿童和家庭童话集》（即著名的《格林童话》）。其中有许多幻想丰富的神奇故事，表达出人民的愿望和是非感：贪婪的富有者得不到好下场；被压迫、被歧视的劳动者和儿童经过重重灾难，最后取得胜利；农民和手工业者在受人轻视或凌辱时显示出惊人的智慧；暴君、地主自以为有权有势，实际上却愚蠢无知，在人前丢丑；忠诚老实、被"聪明人"嘲笑的"傻瓜"总是得到同情和赞扬。

《格林童话》中的代表性作品如《青蛙王子》《灰姑娘》《白雪公主》《小红帽》等均脍炙人口。因为这些童话源自民间故事，作为学者的格林兄弟又力图保持它们的原貌，所以其中篇章大多显得比较粗糙。

● 浪漫主义文学

浪漫主义是文学艺术的基本创作方法之一，与现实主义同为文学艺术上的两大主要思潮。作为创作方法，它侧重于从主观内心世界出发，抒发对理想世界的热烈追求，常用热情奔放的语言、瑰丽的想象和夸张的手法来塑造形象。

浪漫主义文学于18世纪末在德、英、法等国兴起，很快便传播到欧洲其他国家，形成全欧性的文学思潮，在许多国家发展成声势浩大的浪漫主义文学运动。一般说来，浪漫主义文学是反对古典主义的，着重表现作家的主观理想，抒发强烈的个人感情，这种主观性是浪漫主义文学的本质特征；浪漫主义文学将大自然和资本主义文明对立，着力于歌颂大自然；重视民间文学；浪漫主义作家喜欢用夸张、对比的手法，追求强烈的艺术效果。

● 夏多布里昂

夏多布里昂（1768—1848），法国著名的浪漫主义作家。

夏多布里昂出生于一个没落的贵族家庭，是10个孩子中的最后一个。童年在一个荒凉的中世纪古堡度过，从小个性突出，自卑和自满都达到极限，深深地感到孤独和忧郁。他的文笔激情澎湃，惊心动魄。代表作主要有《阿达拉》《勒内》《墓中回忆录》等。雨果青年时期的志向是："成为夏多布里昂，此外别无他志。"

● 缪　塞

阿尔弗莱·德·缪塞（1810—1857），法国著名的浪漫主义作家，是一位富于魅力、潇洒自如、才思敏捷的诗人。

缪塞出生于巴黎一个资产阶级知识分子家庭，父母都受到启蒙主义的熏陶，使缪塞起点颇高，特别喜爱莫里哀、拉·封丹等人的作品。缪塞以优异的成绩毕业于亨利四世中学，然后学法律、医学，还擅长音乐与绘画，以风雅和才智受到关注。

《世纪儿的忏悔录》是一部以他的恋爱故事为中心的自传体小说，主人公患的是整个时代的病：每个人都感到"生存的空虚和双手的平庸"，没有信仰，也不相信爱情。主要作品还有长诗《罗拉》、抒情诗《四夜》《露西》等。

● 雨　果

维克多·雨果（1802—1885），法国浪漫主义作家的杰出代表。

雨果出生于贝桑松，父亲是拿破仑手下的一位将军，儿时的雨果随父在西班牙驻军，他天资聪颖，9岁开始写诗，10岁回巴黎上学，中学毕业后入法学院学习，但他的兴趣在于写作。他15岁时在法兰西学院的诗歌竞赛会上得奖，17岁时在"百花诗赛"中得了第一名，20岁时出版了诗集《颂诗集》。1827年，雨果发表剧本《克伦威尔》，该书的序言被认为是法国浪漫主义的宣言，成为文学史上划时代的文献。贯穿雨果一生活动和创作的主导思想是人道主义——反对暴力，以爱制"恶"。

雨果几乎经历了19世纪法国的所有重大事变，创作历程超过60年，其作品包括26卷诗歌、20卷小说、12卷剧本、21卷哲理论著，合计达79卷之多，给法国文学和人类文化宝库增添了一份十分辉煌的文化遗产。代表作有长篇小说《巴黎圣母院》《悲惨世界》《海上劳工》《笑面人》《九三年》，诗集《光与影》，短篇小说《"诺曼底"号遇难记》等。

● 《悲惨世界》

雨果的著名代表作。

本书情节如下：农民出身的贫穷工人冉阿让有一次看见姐姐的几个孩子饿得直哭，于是去偷面包，不幸被人抓住，判了5年徒刑。他几次越狱，被抓回来又加判了14年，结果为了一块面包坐了19年的牢。出狱之后，冉阿让到处受人白眼，没有工作，没有饭吃，他发誓一定要向社会复仇。这时，一个叫米里哀的主教感化了他，他决心行善积德，做一个好人。

冉阿让隐姓埋名，在一个城市办了一家工厂，成为富翁。他为贫穷的人提供就业机会，给他们饭吃，给他们房子。他处处助人，被市民们选为市长。这时，市里来了一个叫芳汀的姑娘，她原是农村姑娘，到城里做工，被人诱骗生下一个女儿。她把女儿珂赛特寄养在一个旅店老板家中，老板是个恶棍，趁机敲诈她，芳汀被迫卖掉美丽的头发、漂亮的牙齿，又卖身当了妓女，最后贫困交加，病得奄奄一息。冉阿让听说后立即去照顾她，答应在她死后抚养她的女儿珂赛特。这时，警察沙威正追捕失踪多年的苦役犯冉阿让，抓住了一个贫穷的工人，认为他就是冉阿让，要把他送进监狱。为了救这个无辜的工人，冉阿让挺身而出，主动承认了自己的身份。他又落入警察手中，去监狱的路上，他设法逃脱了。

冉阿让马上找到珂赛特，带着她躲到一个偏僻的修道院里。多年过去了，珂赛特长成一个美丽的少女，与一个共和党人马吕斯相爱了。1832年，巴黎爆发共和党领导的起义，遭到七月王朝的血腥镇压，马吕斯身负重伤，冉阿让冒着生命危险，通过下水道把他救了出来。这时，沙威混进起义者队伍进行侦察，被抓住后判处死刑，由冉阿让去执行命令，枪毙沙威，但冉阿让却把沙威放了。沙威在冉阿让的高尚人格前羞愧难当，投河自尽。

珂赛特和马吕斯结婚了，年轻人非常幸福。冉阿让一个人过着孤寂、冷清的日子，最后悲惨地死去。

《悲惨世界》揭露了社会的尖锐矛盾和贫富悬殊，描写了下层人民的痛苦命运，提出了当时社会的三个迫切问题——"贫穷使男子潦倒，饥饿使妇女堕落，黑暗使儿童羸弱"，猛烈抨击了法律的虚伪，全面反映了当时法国的社会和政治面貌。

● 乔治·桑

乔治·桑（1804—1876），原名露西·奥罗尔·杜邦，法国女作家，恩格斯评价其为"妇女权利的勇敢捍卫者"。

乔治·桑出生于巴黎一个贵族家庭，父亲是拿破仑手下的高级军官，母亲是平民。乔治·桑4岁丧父，因为身为元帅之女、金融家遗孀的祖母与母亲关系紧张，所以她从小由祖母以贵族方式抚养。祖母为了把她培养成一个淑女，煞费苦心，乔治·桑没有令祖母失望，小小年纪便已显露出卓尔不群的才华。13岁进入巴黎的修道院，16岁出来时成为全面发展的女才子，吟诗、作文、弹琴、唱歌、画画、跳舞、骑马、打猎，无不精通。祖母去世后，年仅17岁的乔治·桑继承了大笔财产，并担负起管理庄园的重任。

最终改变乔治·桑命运的是她那不幸的婚姻。在未经慎重考虑的情况下，18岁时她与一个男人结了婚，因为情趣不同，深感苦闷。3年后她带一子一女离开丈夫，去巴黎独立生活，想以创作来取得人身和精神的自由。第二年，她以乔治·桑为笔名发表了《印第安娜》，一举成名。主要作品还有《木工小史》《康素爱罗》《安吉堡的磨工》《魔沼》《弃儿弗朗索瓦》《小法岱特》等。

● 大仲马

亚历山大·仲马（1802—1870）（文学史上称之为"大仲马"，其子也是作家，称为"小仲马"），法国积极浪漫主义作家。

大仲马的父亲是拿破仑麾下的将领，在大仲马刚刚4岁时英年早逝。大仲马只上过几年小学，10岁后进私立学校学习了4年，他主要靠自学，一生创作小说150部、戏剧88部。

大仲马的小说大都以真实的历史做背景，以主人公的奇遇为内容，情节曲折、生动，处处出人意料，堪称历史惊险小说。异乎寻常的理想英雄，急剧发展的故事情节，紧张的打斗动作，清晰、明朗的完整结构，生动、有力的语言，灵活、机智的对话，构成了大仲马小说的特色。最著名的作品是《三个火枪手》（又译为《三剑客》）、《基督山伯爵》。大仲马被别林斯基称为"一名天才的小说家"，也是马克思"最喜欢"的作家之一。

● 湖畔派三诗人

湖畔派是英国文学中最早出现的浪漫主义诗派，包括华兹华斯、柯勒律治、骚塞。他们都喜欢歌颂大自然，描写淳朴的乡村生活，厌恶城市的工业文明和冷酷的金钱关系。他们的诗歌一扫18世纪矫揉造作的诗风，采用新题材、新韵律、新语言，具有清新、明朗、恬静、深邃的风格。他们曾经隐居远离城市的昆布兰湖区，因此人称"湖畔派三诗人"。

● 拜　伦

乔治·戈登·拜伦（1788—1824），英国浪漫主义文学的杰出代表。

拜伦出生于伦敦一间被租用的简陋房子里——一个没落贵族家庭。他天生跛了一足，并对此很敏感。10岁时，拜伦家族的世袭爵位及产业落到他身上，他成为拜伦第六世勋爵。他从哈罗公学毕业后，在剑桥大学学习文学及历史。他是个不刻苦的学生，很少听课，却广泛阅读了欧洲和英国的文学、哲学和历史著作。从剑桥大学毕业后，曾任上议院议员。代表作有《恰尔德·哈罗德游记》《东方叙事诗》《唐璜》，他被评论家称为"满腔热情地、辛辣地讽刺现实社会的诗人"。诗体小说《唐璜》被歌德称赞为"绝顶天才之作"。

拜伦不仅是一位伟大的诗人，而且是一个为理想战斗一生的勇士。他积极而勇敢地投身革命，参加了希腊民族解放运动，并成为领导人之一。在忙于战备工作时遇雨受寒，一病不起，不幸逝世。拜伦只活了36岁，他的死使希腊人民深感悲痛，为此全国志哀21天。

● 拜伦式英雄

拜伦在《东方叙事诗》中，塑造了一批侠骨柔肠的硬汉形象，他们孤傲、狂热、浪漫、倔强，不满现实，与罪恶的社会势不两立，誓与命运抗争，但同时又显得忧郁、孤独、悲观，傲世独立，我行我素，好走极端，始终找不到正确的出路，最后总是以失败告终。

拜伦通过他们的斗争表现出对社会不妥协的反抗精神，同时反映出自己的忧郁、孤独、苦闷、彷徨。因为这些形象具有作者本人的思想性格特征，所以被称作"拜伦式英雄"。

● 雪 莱

珀西·比希·雪莱（1792—1822），英国文学史上最有才华的抒情诗人之一，更被誉为"诗人中的诗人"。

雪莱在短暂的一生中，写下了大量歌唱自然、歌唱人生、歌唱理想、歌唱爱情的诗歌，格调清新，意境优美，表现出对光明、自由、幸福和美的热烈追求。雪莱著名的长诗有《麦布女王》《伊斯兰起义》，代表作是诗剧《解放了的普罗米修斯》，抒情诗《云》《致云雀》《西风颂》。

雪莱最早的一首长诗是他在21岁时自费印发的《麦布女王》：仙后请少女伊昂珊和她驾车出游，对人间事物进行评论。此诗全面反映了青年雪莱的世界观。他在26岁时完成了诗剧《解放了的普罗米修斯》：英雄在悬崖上三千年，每天有老鹰来啄食他的心。除恶之神乘时辰之车向宙斯的宝座驶去，宙斯劫数已到，沉入地狱，英雄得到解放，世界成为平等的大同世界。

● 济 慈

约翰·济慈（1795—1821），英国杰出的抒情诗人。

济慈出生于英国伦敦，8岁丧父，14岁丧母，15岁跟一个外科药剂师当学徒，从20岁开始，作为医科大学的学生在伦敦各家医院巡回实习。但由于热爱文学，不久弃医从文，可是作品遭到诽谤，华兹华斯嘲笑他，刊物的编辑告诫他"做一个挨饿的药剂师要比做一个挨饿的诗人强一些，也更明智一些"，劝他"还是回去守着自己的药罐吧"。

后来，济慈的弟弟患严重的肺结核，济慈由于看护弟弟而染病。弟弟死后，济慈搬到一个朋友的房子居住。在那里，他爱上了邻居——比自己小5岁的姑娘范妮。最初几个月里很幸福，济慈写下了一生中最美丽的诗篇，如《海披里昂》《夜莺颂》。接下来的几年，疾病与经济上的问题一直困扰着济慈，但他却写出了大量优秀作品，其中包括《圣艾格尼丝之夜》《秋颂》和《致秋天》等名作，表现出诗人对大自然的强烈感受和热爱，为他赢得了巨大声誉。

济慈因患肺病，于1820年前往意大利休养，1821年死于迅速恶化的肺结核，葬于罗马。

济慈诗才横溢，与雪莱、拜伦齐名。虽然他只活了25岁，但是他留下的诗篇一直誉满人间，被认为完美地体现了西方浪漫主义诗歌的特色，并被推崇为欧洲浪漫主义运动的杰出代表。

济慈主张"美即是真，真即是美"，擅长描绘自然景色和事物外貌，表现景物的色彩感和立体感，重视写作技巧，语言追求华美，对后世抒情诗的创作影响极大。

● 普希金

亚历山大·谢尔盖耶维奇·普希金（1799—1837），俄国著名诗人、小说家。

普希金是19世纪俄国浪漫主义文学的主要代表，也是现实主义文学的奠基人，现代标准俄语的创始人，被誉为"俄国文学之父""俄国诗歌的太阳"。

普希金在文学上诸体皆长，创立了俄国民族文学和文学语言，在诗歌、小说、戏剧乃至童话等各个领域都给俄罗斯文学提供了典范，被高尔基誉为"一切开端的开端"。

普希金出生于莫斯科一个家道中落的贵族地主家庭，童年开始写诗，后在沙皇政府专为培养贵族子弟而设立的皇村高等学校学习，一生与黑暗专制进行不屈不挠的斗争，不少诗作抨击专制制度，歌颂自由与进步。因此，在创作活动上备受沙皇政府迫害，两度被流放，始终不肯屈服，最终在沙皇政府的阴谋策划下与人决斗而死，年仅38岁。

普希金的代表作主要有长篇小说《上尉的女儿》、诗体小说《叶甫盖尼·奥涅金》等。《叶甫盖尼·奥涅金》是普希金最重要的一部作品，是俄国第一部现实主义的诗体小说，是俄国现实主义文学的奠基石。

美　术

　　美术指占据一定空间、具有可视形象，以供欣赏的艺术，一般指除了建筑艺术之外的造型艺术的通称。"美术"这一名词始见于17世纪的欧洲。

● 油　画

　　西洋画的主要画种，起源于欧洲，具有丰富的表现力，是世界上沟通人类情感的一种重要的艺术语言。它是用透明的植物油调和颜色，然后在制作过底子的木板、布、纸和墙壁上作画。油画的前身叫蛋彩画。15世纪以后，凡·艾克兄弟首先用亚麻油、核桃油做调笔剂溶解颜料，使绘画时运笔流畅，颜料在画面上干燥的时间适中；作画过程中易于多次覆盖和修改，形成丰富的色彩层和光泽度；干透后颜料附着力强，不易剥落和褪色，奠定了近现代油画的基础。18世纪至19世纪，油画逐渐在英、法、美、俄等国发展起来，从而成为一种极普遍、流行的世界性画种。清朝末年，油画传入中国。油画可分古典和现代两大流派，古典派以写实为主；现代派则崇尚抽象、变形。

● 版　画

　　用刀、笔或化学药品在木版、石版、麻胶版、锌版、铜版等各种材料制成的版面上进行刻画，涂上油墨或颜色，再拓印出来的绘画作品。在西方，"版画"一词有广义和狭义两种含义：广义上指架上油画和壁画等大幅绘画以外的一切绘画，如水彩画、水粉画、粉笔画、素描、速写、插图、宣传画、连环画等；狭义上专指经过刻版和印刷而成的图画。中国通用的"版画"一词多属狭义。

● 水彩画

用水调和透明颜料作画的一种绘画方法，简称"水彩"。水彩画的画法通常分干画法和湿画法两种，干画法是在前面的画基本干后再画，一般可以画出很多层次；湿画法则是一气呵成，因此不同笔触的墨彩相互渗透。水彩画清爽俊逸，浓淡相宜，有着潇洒、风雅的格调。

● 水粉画

水粉画是以水作为媒介，这一点与水彩画相同，所以水粉画也可以画出水彩画一样酣畅淋漓的效果。但是，它没有水彩画透明。它和油画也有相同点，就是它有一定的覆盖能力。与油画不同的是：油画是以油来做媒介，颜色的干湿几乎没有变化；水粉画则不然，由于水粉画是以水加粉的形式进行创作，干湿变化很大，所以其表现力介于油画和水彩画之间。水彩画的特点是颜色透明，通过深色对浅色的叠加来表现对象；水粉画的表现特点是处在不透明和半透明之间。

● 壁　画

以绘制、雕塑或其他造型手段在天然或人工壁面上制作的画，是人类历史上最早的绘画形式之一。现存史前绘画多为洞窟和摩崖壁画，最早的距今约两万年。它们表现的内容皆以动物为主，手法写实且生动。西方最突出的代表是法国的拉斯科洞窟壁画和西班牙的阿尔塔米拉洞窟壁画。

● 雕　塑

雕、刻、塑三种创制方法的总称，指用各种可塑材料（如石膏、树脂等）或可雕、可刻的硬质材料（如木材、石头、金属、玉块、玛瑙等），创造出具有一定空间的可视、可触的艺术形象，借以反映社会生活，表达艺术家的审美感受、审美情感、审美理想的艺术。基本形式有圆雕、浮雕和透雕（镂空雕）。在同一环境里用一组圆雕或浮雕共同表达一个主题内容，叫组雕。雕塑是一种相对永久性的艺术，古代许多事物经过历史长河的冲刷已荡然无存，历代的雕塑遗产在一定意义上成为人类形象的历史。

● 浮世绘

日本的风俗画、版画。浮世绘的艺术，初期为肉笔浮世绘，即画家们用笔墨色彩所作的绘画，而非木刻印制的绘画。浮世绘在内容上有着浓郁的本土气息，有四季风景、各地名胜，尤其善于表现女性美，有很高的写实技巧。由于经济的增长，市民文化迅速发展，肉笔浮世绘进入版画浮世绘阶段。浮世绘版画的印刷技巧，初为单纯的墨折本，以后出现丹绘和漆绘，又发展到用彩笔添入的真正的套色版画，使浮世绘的印刷技术达到一个高潮，如锦绣万花，绚烂多彩，代表了日本民族在艺术上的高度成就。浮世绘的题材极为广泛，有社会时事、民间传说、历史掌故、戏曲场景和古典名著图绘，有些画家还专门描绘妇女生活，记录战争事件或抒写山川景物，几乎是江户时代人民生活的百科全书。

● 中世纪绘画

从公元476年西罗马帝国灭亡到14世纪末文艺复兴开始的这段时期，史称中世纪。欧洲中世纪绘画实际上是基督教的绘画，它不重视对客观世界的真实描绘，摒弃作品的人性情绪和形象，在庄严、肃穆、神秘的气氛中完善宗教神性的抽象精神。其绘画样式主要有镶嵌画、壁画和插图画。

● 文艺复兴艺坛三杰

16世纪意大利文艺复兴时期绘画雕刻艺术臻于成熟，最杰出的三位代表人物是列奥纳多·达·芬奇、米开朗基罗和拉斐尔，被誉为"艺坛三杰"，或称"艺术三杰"。

● 威尼斯画派

威尼斯画派是文艺复兴艺术的一朵奇葩。从15世纪中叶起，许多宗教题材的美术作品出现了浓郁的世俗化色彩，画面上追求欢快、激情和狂热的调子。威尼斯画家笔下的圣母和天使，往往是一些穿着华丽、肌肤圆润的上层社会妇女形象。这种追求享乐的思想，在艺术上表现得相当突出，从而形成了这一地区特有的绘画风格：色彩华丽，造型生动，世俗享乐的基调明显，并且善于把诗意的自然风景和人物形象结合起来，形成华丽、优美的艺术效果。这一画派中杰出的代表有乔凡尼·贝利尼、提香、乔尔乔内、丁托列托、保罗·委罗内塞等。

● 巴洛克风格

指自17世纪初直至18世纪上半叶流行于欧洲的主要艺术风格。该词来源于葡萄牙语barroco，意思是一种不规则的珍珠。文艺复兴时期的人文主义作家用这个词来批评那些不按古典规范创作的艺术作品。巴洛克风格抛弃了单纯、和谐、稳重的古典风范，追求一种繁复夸饰、富丽堂皇、气势宏大、富于动感的艺术境界，绚丽华美，刺激感官，极富装饰性。巴洛克风格在绘画方面的最重要代表是鲁本斯和委拉斯开兹。

● 罗可可风格

"罗可可"本意是指那种贝壳似的装饰图案。这种偏好艳丽色彩与优雅装饰的风气取代了巴洛克时代奔放的趣味，表现出一种活泼的风格。它在法国路易十五宫廷形成后流行开来，波及德、奥和其他国家，最终形成了18世纪在欧洲占统治地位的"罗可可"风格的艺术形式。它以一种纤细、轻巧、华丽和烦琐的程式为特征，以上流社会男女的享乐生活为对象，以法国式的轻快、优雅使绘画完全摆脱了宗教题材。它的主要代表是华多、布歇和弗拉贡纳尔。

● 荷兰画派

17世纪前期，荷兰经济繁荣、文化昌盛，在那里有比较广泛的言论自由与信仰自由，其他国家被迫害的异教徒纷纷逃到荷兰避难，许多学者到荷兰著书立说。截至1645年，荷兰已有6所著名的大学，在荷兰最早出现了定期刊物，报纸也逐渐普及，科学技术十分发达。新的文化气氛培养了杰出的思想家、科学家、艺术家，在这样的社会条件下产生了荷兰画派。

荷兰画派继承了15世纪、16世纪尼德兰民族艺术传统，以写实、淳朴为其特点，很少受到当时流行于欧洲的巴洛克风格的影响。因为荷兰人是通过英勇顽强的斗争而获得胜利的，他们能够充分认识到自身的能力与价值，所以如何表现人的自尊心、自信心，如何反映人的现实生活、人的情感与愿望，就成为荷兰画派多数艺术家关心的主要问题。他们把自己的目光投向多彩的现实世界，用画笔描绘周围的日常生活、他们熟悉的各阶层人物以及美丽的自然景色，把现实生活作为艺术创作的源泉，肖像画、风俗画均获得了极大发展，风景画、静物画也成为独立的绘画科目。

荷兰画派最重要的代表人物是伦勃朗，另一位代表人物是维米尔，此外还有风景画家霍贝玛、雷斯达尔。

● 古典主义画派

古典主义画派是17世纪和18世纪前半期流行于欧洲的一种艺术流派。以古希腊、古罗马时代的艺术为典范，从中提取绘画题材和绘画技巧，推崇理性主义，追求崇高、永恒、和谐的创作原则。代表人物有洛兰、普桑等。

● 新古典主义画派

新古典主义画派是相对于17世纪的古典主义画派而言的。这一时期的法国美术既不是古希腊和古罗马美术的再现，又不是17世纪法国古典主义的重复，它是适应资产阶级革命形势需要，在美术上出现的一场借古开今的潮流。因为这场新古典主义美术运动与法国大革命紧密相关，所以也有人称之为"革命的古典主义"。

新古典主义画家选择严峻的重大题材（古代历史和现实的重大事件），在艺术形式上强调理性而非感性的表现，在构图上强调完整性，在造型上重视素描和轮廓，注重雕塑般的人物形象，而对色彩不够重视。法国新古典主义美术以达维特和安格尔最为著名，取得了最优秀的成就。

● 浪漫主义画派

浪漫主义画派是19世纪初叶资产阶级民主革命时期兴起于法国画坛的一个艺术流派。偏重发挥艺术家自己的想象和创造，创作题材取自现实生活、中世纪传说和文学名著（如莎士比亚、但丁、歌德、拜伦的作品等），画面色彩热烈，笔触奔放，富有动感。法国浪漫主义绘画的主要代表是席里柯和德拉克罗瓦。浪漫主义画派以肯定、颂扬人的精神价值，争取个性解放和人权为思想原则。在绘画上主张有个性、有特点的描绘和情感的表达。构图变化丰富，色彩对比强烈，笔触奔放流畅，使画面具有强烈的感情色彩和激动人心的艺术魅力。德国哲学家黑格尔说，浪漫主义所要表现的对象是"自由的具体的心灵生活"。

● 现实主义画派

现实主义是19世纪产生的艺术思潮，又称为"写实主义"。现实主义艺术家赞美自然，歌颂劳动，深刻而全面地展现了现实生活的广阔画面，尤其描绘了普通劳动者的生活和斗争。此时劳动者真正成为绘画中的主体形象，大自然也作为独立的题材受到现实主义画家的青睐。法国现实主义画家中，库尔贝是最杰出的代表，米勒是另一位重要画家。

● 巡回展览派

19世纪俄国最重要的画派，其组织者和思想领袖是克拉姆斯柯依，而代表这一画派现实主义艺术最高成就的则是列宾。此画派是以现实主义为创作目标的美术家组织，他们在创作思想上遵循车尔尼雪夫斯基的美学原则——"美是生活"，"艺术家的使命不在于追求那些不存在的美，也不在于去美化生活，而在于真实地再现生活"。他们的绘画揭露和讽刺了俄国统治阶级，表现城乡贫民的苦难生活，还创造了一批为争取新生活而斗争的革命者形象。他们的作品定期在全国各地巡回展览，把艺术介绍给人民大众。从1871年至1923年，在巡回展览派活动的50年间，共举办过48次展览，受到广大人民的欢迎。

● 印象派

19世纪后半期形成于法国的绘画运动，包括1867年至1886年一批持有相近观点和采用相近技巧的画家的活动。这些画家提倡通过画家自己的观察和直接感受，去描绘阳光下色彩的微妙变化。代表人物有马奈、莫奈、雷诺阿。之后，法国出现了以修拉为代表的新印象主义和以塞尚、高更、凡·高、劳特累克为代表的后印象主义。自此，人类艺术走向"以丑为美"的下坡路，灿烂、辉煌的正统文化成为历史。

● 乔 托

乔托·迪·邦多纳（Giotto Di Bondone，1267—1337），意大利文艺

复兴时期杰出的雕刻家、画家和建筑师，文艺复兴的开创者，被誉为"欧洲绘画之父"。

乔托出生于佛罗伦萨附近韦斯皮亚诺的农村，父亲是贫苦的农民。乔托从小就上山放羊，他一边牧羊，一边用石头或小木棍儿在地上画些自然景物和由他放牧的那些小山羊。有一天，画家契马布埃路过此地，见他正蹲在地上画画，发觉他天赋不凡，便让他到佛罗伦萨跟着学画。乔托进步很快，他不仅从古今名画家的优秀作品中汲取养分，而且突破了中世纪绘画缺乏艺术生命力的缺陷，创作了许多具有生活气息的宗教画。他不喜欢僵硬的绘画风格，认为宗教人物如圣母和耶稣，也是有血有肉的人，是人间的慈母和娇儿。因此，他特别加强了人物画中的肌理和阴影感，以纯真、朴素的艺术表现，彰显着宗教对人之心灵的亲切安慰，也将过去平板的金色或蓝色背景改为透视画法的一般风景。这一突破获得宗教界的赞赏，使他大受欢迎。

乔托曾在佛罗伦萨、罗马、巴多瓦、那不勒斯、米兰、比萨等地创作壁画。从1305年至1308年，乔托在巴多瓦阿累那教堂创作了一组壁画，在教堂的左、中、右三面墙上一共绘有38幅连环画，其内容是描绘圣母及基督的生平事迹。这些壁画被誉为"14世纪意大利艺术的重要纪念碑"。所有壁画至今保存完好，参观者络绎不绝，这座教堂成为世界重要的艺术宝库之一。在阿累那教堂众多的壁画中，最著名的四幅是《金门之会》《逃亡埃及》《犹大之吻》和《哀悼基督》，后两幅是乔托最有名的杰作。1334年6月，乔托设计了佛罗伦萨大教堂的钟楼，并为此楼设计了部分浮雕。当年，佛罗伦萨共和国政府授予他"艺术大师"称号。

乔托的绘画影响意大利长达一个世纪之久。乔托在他的艺术中创造了质朴、清新、庄严、厚重的审美境界。现代美术史家贝朗逊曾这样评价："绘画之有热情的流露，生命的自白，与神明的皈依者，自乔托始。"

● 马萨乔

马萨乔（Masaccio，1401—1428），意大利文艺复兴时代画家，原名托马索·迪乔瓦尼·迪西莫内·圭迪，马萨乔是其绰号，有"傻瓜"之意（意为"不高明的画家"），因为他作风懒散，除了艺术，对什么都漠不关心，性格放荡不羁，所以得此雅号，但他在艺术上很受同行们的器重。

马萨乔5岁那年父亲去世，不久母亲改嫁，马萨乔和弟弟乔瓦尼（后来也成为画家）坚持住在自己家里。他出身贫寒，艺术师承不明，但在21岁时已获准加入画师行会。马萨乔早期作品注重写实，画中人物具有明显的雕塑感，代表作是圣焦韦纳莱教堂祭坛画《圣母子与诸圣徒》。此画表现圣母朴实、粗壮有如农妇，婴儿耶稣做吮吸手指的天真情态，与当时流行的宗教画完全不同，说明马萨乔注重写实。1428年，马萨乔离开佛罗伦萨，前往罗马，不久就不幸去世，年仅27岁。马萨乔是意大利文艺复兴的先驱，其短暂的一生带来了一场绘画革命，他是最早在画面上自由地运用远近法（透视法）来处理三度空间关系的优秀画家，他的绘画技法成为西欧美术发展的基础。

马萨乔的代表作是佛罗伦萨卡尔米内教堂的布兰卡奇礼拜堂壁画、圣玛丽亚诺韦拉教堂的《三位一体》祭坛画，以及为比萨的卡尔米内教堂作的一组多屏祭坛画。这些壁画人物坚定沉着、朴实无华，洋溢着巨大的内心力量，充满了感情。

● 波提切利

桑德罗·波提切利（Sandro Botticelli，1445—1510），15世纪末佛罗伦萨的著名画家，原名亚里山德罗·菲力佩皮，"波提切利"是他的绰号、艺名，意为"小桶"。

波提切利出生于意大利佛罗伦萨一个手工业者的中产阶级家庭。1470年，他自立门户，开设个人绘画工作室，很快就受到美第奇家族的赏识。与强大的美第奇家族保持着良好的关系，使波提切利获得了政治上的保护，并享有很好的绘画条件，同时得以接触到佛罗伦萨上流社会和文艺界名流，开阔了视野，并为他的艺术烙下精雕细琢、富丽堂皇的贵族印记。1477年，波提切利为美第奇家的别墅创作了著名的《春》。这幅画已经和《维纳斯的诞生》一起，成为波提切利一生中最著名的两幅画作。另一幅为世人所熟知的画作是他的《三博士来朝》。这幅画为他在整个欧洲赢得了声誉，并因此于1481年7月被教皇召至罗马，为西斯廷礼拜堂做壁画。波提切利的后半生声名下滑，晚年贫困潦倒，只能靠救济度日。在生命的最后几年，他不问世事，孤苦伶仃。1510年，波提切利死于贫困和孤寂之中。

在15世纪80年代和90年代，波提切利是佛罗伦萨最出名的艺术家。其作品宗教人文主义思想明显，充满世俗精神。波提切利的艺术成就集中体现在典雅飘逸的风格、明丽灿烂的色彩、流畅轻灵的线条以及细润而恬淡的诗意风格上，这种风格影响了数代艺术家，至今仍散发着迷人的光辉。

● 达·芬奇

列奥纳多·达·芬奇（Leonardo Di Ser Piero Da Vinci，1452—1519），意大利文艺复兴三杰之一，也是整个欧洲文艺复兴时期最完美的代表。

达·芬奇是一位学识渊博、多才多艺的画家、雕塑家、发明家、哲学家、音乐家、医学家、生物学家、地理学家、建筑工程师和军事工程师。

达·芬奇是一位天才，对于他的祖国意大利来说，他更是一个国家文化的象征。在意大利，红酒、家具、餐厅、酒店、机场等以达·芬奇的名字命名的事物数不胜数。意大利著名品牌 Leonardo Di Gasun（中译"老人头"）就是以他的自画像作为商标的。

达·芬奇出生于意大利佛罗伦萨附近的海滨小镇——芬奇镇的一个名为安奇亚诺的小村庄，父亲是佛罗伦萨有名的公证人。父亲确信儿子有绘画天赋，便在达·芬奇14岁时把他送往佛罗伦萨，师从著名的艺术家韦罗基奥，开始系统地学习造型艺术。经过不懈的努力，终于取得了辉煌的成就。壁画《最后的晚餐》《安吉里之战》和肖像画《蒙娜丽莎》是他一生的三大杰作。这三幅作品是达·芬奇为世界艺术宝库留下的珍品中的珍品，是欧洲艺术的拱顶之石。

1519年，67岁的达·芬奇病逝。达·芬奇最钟爱的学生梅尔兹说："造物主无力再造出一个像他这样的天才了。"

传记作家瓦萨里对达·芬奇也发出由衷的赞美："上天有时将美丽、优雅、才能赋予一人之身，令他之所为无不超群绝伦，显出他的天才来自上苍而非人间之力。列奥纳多正是如此。他的优雅与优美无与伦比，他的才智之高可使一切难题迎刃而解。"

● 米开朗基罗

米开朗基罗·博那罗蒂（Michelangelo Buonarroti，1475—1564），意

大利文艺复兴时期伟大的绘画家、雕塑家、建筑师和诗人。

米开朗基罗出生于佛罗伦萨附近的卡普莱斯，父亲是当地的一名法官，脾气暴烈，但是惧怕上帝，母亲在米开朗基罗6岁时去世。他13岁进入佛罗伦萨画家基尔兰达约的工作室，后跟随多纳太罗的学生贝托多学习了一年雕塑，主要以自学为主。后转入圣马可修道院的美第奇学院做学徒，在那里他接触到了经典作品和一大批哲人、学者，并产生了崇古思想。为了完全、彻底地掌握人体结构，他曾亲自解剖尸体进行研究。

米开朗基罗的绘画代表作有《创造亚当》《最后的审判》和《圣家族》等，雕塑代表作有《酒神巴库斯》《哀悼基督》《大卫》《垂死的奴隶》《被缚的奴隶》《摩西》等，其最伟大的作品是圣洛伦佐教堂里的美第奇家族陵墓群雕。

米开朗基罗代表了欧洲文艺复兴时期雕塑艺术的最高峰，他创作的人物雕像雄伟健壮，气魄宏大，充满了无穷的力量。他的大量作品显示了写实基础上非同寻常的理想加工，成为整个时代的典型象征。他的艺术创作受到很深的人文主义思想和宗教改革运动的影响，常常以现实主义的手法和浪漫主义的幻想，表现当时市民阶层的爱国主义和为自由而斗争的精神面貌。

米开朗基罗的艺术不同于达·芬奇充满科学的精神和哲理的思考，而是在艺术作品中倾注了自己满腔悲剧性的激情。这种悲剧性是以宏伟、壮丽的形式表现出来的，他所塑造的英雄既是理想的象征，又是现实的反映。这些都使他的艺术创作成为西方美术史上一座难以逾越的高峰。

● 拉斐尔

拉斐尔（Raphael Sanzio，1483—1520），意大利杰出的画家，与达·芬奇、米开朗基罗并称文艺复兴时期"艺坛三杰"，他是三杰中最年轻的一位。

拉斐尔的艺术以优雅、飘逸、和谐、高度的完美为标志，代表了当时人们最崇尚的审美趣味，成为后世古典主义者不可企及的典范。其代表作有油画《西斯廷圣母》、壁画《雅典学院》等。

拉斐尔的父亲是宫廷的二级画师，所以他从小就随父学画。11岁时，父亲去世，16岁时，拉斐尔离开家乡来到北意大利的佩鲁吉亚城，师从于佩鲁基诺。在佩鲁基诺的引导下，拉斐尔19岁时进入佛罗伦萨的艺术世界。他潜心研究各画派大师的艺术特点，并认真领悟，博采众长，尤其是达·芬奇的构图技法和米开朗基罗的人体表现及雄性风格，最后形成了独具古典精神的秀美、圆润、柔和的风格。

● 贝利尼

乔凡尼·贝利尼（Giovanni Bellini，1427—1516），威尼斯画派的创立人，并使威尼斯成为文艺复兴后期的中心。

贝利尼创作了许多新的题材，在绘画形式和配色上带给大众新的感受，将文艺复兴的写实主义提升到一个新的境界。在贝利尼的早期画作中，他使用蛋彩画法，将朴素、死板风格的宗教感情和温和的人性进行深度的结合。在风景画方面，贝利尼将细部描绘和意大利式画风相结合，这是以前从来没有艺术家做到过的。《在花园里苦恼》是威尼斯风景画派中的第一幅画。此外，他创作了一系列描绘圣徒环绕圣母的祭坛饰品，这些重要的历史文物同样具有开创先例的深远意义。在这些作品中，无论是人物、空间、光、架构还是风景的描绘，贝利尼似乎都能轻而易举地将复杂而和谐、安详而庄严的宗教特质完美地融为一体，达到平衡。

贝利尼一直活到目睹他所创立的画派在艺术界占有一席之地之时。德国画家丢勒曾说："他虽已老，但他仍是最好的画家。"他把威尼斯的绘画由乡村落后的风格带到文艺复兴的前线，成为西方艺术的主流。贝利尼深深地影响了他的学生，其中乔尔乔内和提香甚至比他更有名气。1516年，89岁的贝利尼在威尼斯逝世。

● 乔尔乔内

乔尔乔内（Giorgione，1477—1510），著名的意大利威尼斯画派画家。原名乔尔乔·巴巴雷里·达·卡斯特佛兰克，乔尔乔内是他的乳名，含有"明朗""幽雅"的意思。

乔尔乔内出生于威尼斯附近的卡斯特佛兰克镇，最初师从威尼斯名画家乔凡尼·贝利尼。威尼斯的另一位大师提香也和乔尔乔内同师学艺，后来由于两人的过失，老师一气之下把他们都赶出了画室。乔尔乔内以后之所以能与提香长期合作，可能与年少时结下深情厚谊有关，年龄较小的提香也把这位师兄奉为师长。卢浮宫现在收藏的一幅《田园合奏》（又名《乡村音乐会》），是乔尔乔内一生作品中较有影响的名画，也是他和提香合作的最后一幅杰作。

乔尔乔内32岁时逝世，但他对于16世纪的威尼斯画派却有深远影响，当时的人文主义学者已把他和达·芬奇、米开朗基罗、拉斐尔并列为最伟大的画家。

乔尔乔内的作品能公认为是真迹者只有《卡斯特佛兰克的圣母》《暴风雨》《三圣贤》《国王之礼敬基督》等有限的几幅，虽然数量少，但是均为稀世珍品，其中洋溢着一种神秘的难以琢磨的特色，后世称他为"神秘画家"。乔尔乔内的人物画代表作有《劳拉像》《尤迪丝像》，最著名的人物造型是《沉睡的维纳斯》。

● 提　香

提香（Tiziano Vecellio，1477—1576），意大利文艺复兴鼎盛期威尼斯画派的杰出代表，著名的色彩大师。

提香出生于阿尔卑斯高原的托卡勒城一个退职的将军家庭，早年曾赴威尼斯学艺，是乔凡尼·贝利尼的学生，与著名画家乔尔乔内是师兄弟。青年时代在人文主义思想的主导下，继承和发展了威尼斯画派的绘画艺术，把油画的色彩、造型和笔触的运用推向新的阶段，画中所含的情感饱满而深刻，他曾作为乔尔乔内的助手画了《沉睡的维纳斯》后面的风景。提香的主要作品有宗教画《纳税银》和《圣母升天》，还有《爱神节》《酒神与阿丽亚德尼公主》等神话题材的作品，洋溢着欢欣的情调和旺盛的生命力。其代表作还有《天上的爱与人间的爱》《圣母升天》《基督下葬》《酒神祭》等。

● 丁托列托

丁托列托（Jacopo Tintoretto，1518—1594），生于威尼斯一个丝绸染织家庭，1594年5月31日卒于同地。原名雅各布·罗布斯蒂，"丁托列托"是其绰号，意为"染匠之子"。

丁托列托师从提香。在长达四十多年的创作生涯中，主要活动在威尼斯。作品继承了提香的风格，又有创新，在叙事传情方面突出强烈的运动感，色彩富丽奇幻，在威尼斯画派中独树一帜。代表作有《圣保罗的魄衣》《圣母参拜神庙》《基督受刑》《最后的晚餐》等。丁托列托还有一幅名画《天堂》，是世界上最大的油画。此画于1509年完成，高10米，宽25米，画中有七百多个人物，篇幅巨大，构思精巧，在世界美术史上占有重要地位。

● 扬·凡·艾克

扬·凡·艾克（Jan Van Eyck，1386—1441），欧洲文艺复兴时期尼德兰市民美术的奠基人。

扬·凡·艾克开始是细密画家，"尽我所能"是其艺术格言；观察入微，描绘细致，重视对人物性格的刻画，注意空间构成的处理和光、色的表现，是其艺术特点。扬·凡·艾克和哥哥胡伯特·凡·艾克是15世纪尼德兰的重要画家，他们的重要贡献在于对油画颜料的改革，使过去必须一次完成的蛋彩画彻底改变为近代油画。采用改革后的颜料可以多次敷色，用笔流畅、自如，使作品在光影、体积、空间、质感的塑造上，在色彩的饱和度、鲜艳度、刻画的精确度、真实程度和深入程度上都大大超越以往，使人类艺术宝库中的油画作品得以流传至今。

● 博　斯

博斯（Bosch Hieronymus，1450—1516），尼德兰画家。

博斯出生于北布拉班特的斯海尔托亨博斯镇，卒于同地，祖父、父亲都是画家。博斯自幼受到家庭影响，擅长用细密笔法，描绘充满民间趣味的作品。他还受到民间艺术的培育，成年后即加入圣母兄弟会，并为这个会的礼拜堂绘制壁画。博斯1506年完成《最后的审判》。作品还有祭坛画《干草车》《世上欢乐之园》《圣安东尼的诱惑》等。博斯被认为是超现实主义画的创始人。其作品注重写实，带有明显的象征性、暗喻性，反映了当时群众要求社会和宗教改革的情绪。

● 勃鲁盖尔

彼得·勃鲁盖尔（Bruegel Pieter，1525—1569），16世纪尼德兰最伟大的画家。

勃鲁盖尔一生以农村生活作为艺术创作题材，他对农民的生活怀有深切的同情，在欧洲画史上，他是最早的一位自觉的农民画家，人称"农民的勃鲁盖尔"。他善于思考，天生幽默，喜爱夸张的艺术造型，因此人们又赠给他一个外号——"滑稽的勃鲁盖尔"。他继承了博斯的艺术风格，又被誉为"新博斯"。

勃鲁盖尔是欧洲美术史上第一位"农民画家"，主要作品有《洗礼者约翰布道》《巴别塔》《农民婚礼》《农民舞蹈》《雪中猎人》《暗日》《牧归》《盲人》《绞刑架下的舞蹈》等。

● 丢勒

阿尔布雷特·丢勒（Albrecht Durer，1471—1528），德国画家、版画家及木版画设计家，被誉为"自画像之父"。

丢勒出生于纽伦堡，少年时曾追随父亲学画，他对绘画表现出特殊的才能，13岁时就用银针刻了第一幅自画像，19岁时为父亲所画的肖像已充分显示其成熟的素描功力。23岁时，丢勒成为有影响的艺术家。丢勒的主要作品有油彩画《基督大难》《小受难》《男人浴室》《海怪》《浪荡子》《伟大的命运》《亚当与夏娃》等，铜版画有《骑士、死亡与恶魔》等，代表作是《启示录》木刻组画，《伊司马斯·范·鹿特丹》是丢勒艺术成就最高的一幅人物画。

● 荷尔拜因

荷尔拜因（Holbein Hans，1497/1498—1543），德国画家。

荷尔拜因出生于奥格斯堡，自幼随父学画。1514年，前往瑞士的巴塞尔，结识人文主义学者伊拉斯谟，受到新思想的熏陶，画艺也大有长进，两年后为新当选的巴塞尔市长夫妇画人物肖像，一举成名。在许多肖像画中最成功的是三幅《伊拉斯谟像》。画中的这位学界泰斗，全神贯注，姿态和表情与背景陈设均饱含安详、冷静与文雅的气氛，画面构图繁而不乱，设色恰到好处，在德国、瑞士画坛独树一帜，成为西方最有名的肖像画之一。

1532年，荷尔拜因定居英国，主要为王室和宫廷画人物肖像，其中虽有佳作，但表现的气氛已较矜持、呆板，然而在写实方面又达到了新的高度。荷尔拜因的宗教画、版画和书籍插图，均成就卓著。宗教画《索洛图恩的圣母》《达姆施塔特的圣母》都以所藏城市命名。木刻插图线条流畅，风格洒脱。

● 鲁本斯

彼得·保罗·鲁本斯（Peter Paul Rubens，1577—1640），佛兰德斯最伟大的画家，亦是17世纪巴洛克绘画风格在整个西欧的代表。

鲁本斯出生于德国茨根小城的一个律师家庭，9岁时随父母移居佛兰德斯。父亲去世后，母亲送他进一所拉丁文学校学习，他能阅读古希腊、古罗马的书籍原著。14岁时被送到一位贵夫人家里当侍童。鲁本斯最初师从于风景画家维尔哈希特和多才多艺的画家阿达姆·凡·诺尔特，在他们的门下学习了4年，打下了坚实的绘画基础。不久又成为从罗马归来的维尼乌斯的弟子，使鲁本斯受益匪浅，也使他对意大利，特别是对罗马充满美好的向往。鲁本斯21岁时成为安特卫普画家公会的会员，两年之后实现了去意大利留学的梦想。他的创作，主要是宗教神话题材。鲁本斯善于运用健康丰满、生机勃勃的形象，洋溢着乐观与激情的性格，去表现自己的审美理想与趣味。作品多具有宏大的场面，强烈的动感，雄健的造型，富有想象力和戏剧性的情节，对比鲜明、饱满的色彩，流动的线条，激动人心的画面效果，给人以一种富丽堂皇、欢腾鼓舞的艺术感受。

鲁本斯以炉火纯青的技法、渊博的学识、旺盛的创造力以及惊人的作品数量，被誉为"画家之王"。法国美术史家丹纳说："佛兰德斯只有一个鲁本斯，正如英国只有一个莎士比亚，其余的画家无论如何伟大，总缺少一部分天才。"

● 委拉斯开兹

委拉斯开兹（Diego Rodriguez de Silvay Velazquez，1599—1660），西班牙最伟大的肖像画大师。

委拉斯开兹出生于西班牙商业中心和艺术中心维塞利亚，少年时在西班牙著名的美术教育家帕切柯的门下学画。帕切柯对委拉斯开兹的才能非常赏识，并介绍他结识维塞利亚著名的诗人、作家、哲学家、画家。在他的培养下，委拉斯开兹19岁时就已经成为一位著名画家了。委拉斯开兹反对追求外表的虚饰，主张真实地描写现实，善于表现人物的性格特征，笔触自然、色彩明丽。

委拉斯开兹的绘画反映社会生活时既不颂扬，也不谴责。在许多描绘社会底层大众的画面上，既不赞美贫穷的圣洁，也不对贫穷鄙视。他的画对社会的启示意义很少，他认为自己是艺术家，而不是政治家和革命家。他是只限于再现现实的艺术家，他所理解的现实主义是：只把自己看到的如实地描绘在画布上。

委拉斯开兹的代表作有《教皇英诺森十世肖像》《纺织女》《宫娥》等。

● 华 多

让·安东尼·华多（Jean Antoine Watteau，1684—1721），法国18世纪罗可可时期最重要、最有影响力的画家。

华多出生于法国和比利时交界的瓦兰希恩村，15岁时开始学画。他先后画过三幅同一题为《舟发西苔岛》的作品，并以此画被授予法国皇家学院美术院士。其作品的题材大多是纨绔子弟们风花雪月的生活，色调轻柔，形象妩媚，被人称作"香艳体"。他的画作显现出他特别擅长描绘罗可可时期那种轻松、愉快又不失忧郁色彩的梦幻世界的特殊才华。华多是一个非常独立的艺术家，他不屈从赞助人或官方的意志，作品有创意且清新。

由于过度操劳，华多的健康大受损害，患上肺病。1721年，终因肺病复发，咯血不止，在自己的画室中逝世，年仅37岁。

● 布 歇

弗朗索瓦·布歇（Francois Boucher，1703—1770），法国画家、版画家和设计师，是一位将罗可可风格发挥到极致的画家。

布歇出生于巴黎，父亲是图案画家。他少年时代受父亲的教育，17岁时师从画家勒穆瓦纳。20岁时就获得美术院展览会的一等奖。后在意大利留学四年多，技艺越发高超。回到巴黎后，声誉大振，尤其被王公贵族赏识。62岁时，他的声望日隆，直至巅峰，当上了美术院院长、皇家首席画师。

布歇在西方美术史上是位有争议的画家，狄德罗曾极其尖锐地抨击布歇的艺术："他的作品中趣味、色彩、构图、人物性格、表现力和线描的堕落紧紧伴随着他人品的堕落。"狄德罗的过激评论是基于对当时封建贵族的腐朽生活和艺术的深恶痛绝。

在法国绘画史中，对布歇的评价是："人们对布歇的作品不屑一顾，这可能是因为在他之前有华多，在他之后有弗拉贡纳尔，并且显然他没有前者的深刻，又没有后者的才智和强烈的欢乐气息。可是，他是这条链子上承上启下的、必不可少的一环。他作为色彩家和表现光的画家，位于最伟大的大师之列。"

● 弗拉贡纳尔

让·奥诺雷·弗拉贡纳尔（Jean Honoré Fragonard，1732—1806），法国画家。

弗拉贡纳尔出生于法国南部格拉塞的一个商人家庭，6岁时随父亲移居巴黎，15岁到一位律师家当学徒。他无意于当律师，于是入夏尔丹画室学画，然而这位浮躁的青年对夏尔丹平静与朴实的绘画题材不感兴趣，夏尔丹也觉得这个学生整天在巴黎闹市厮混，没什么出息，是不可救药的浪子，于是他离开了夏尔丹画室，这时只有16岁。他投到布歇门下修业4年，20岁自立门户。他在24岁时获得皇家奖学金，赴罗马法兰西学院深造两年，而后考察意大利艺术遗迹，仔细地研究过一些大师的成就，29岁返回巴黎，不久即被选为皇家美术学院院士。

弗拉贡纳尔的艺术不仅受到布歇和意大利艺术的影响，而且受到鲁本斯的色彩和伦勃朗的明暗法影响，这使他能立足于广博的艺术精华基础之上，最后形成自己独特的风格。

● 伦勃朗

伦勃朗（Rembrandt，1606—1669），荷兰17世纪著名画家。

伦勃朗出生于荷兰文化名城莱顿的一个磨坊主家庭，家境贫寒。先在莱顿大学读书，同年学画，先后师从两位在意大利学过画的画家。1625年开始独立创作，主要是肖像画，并很快出名。1631年迁居经济中心阿姆斯特丹，次年以作品《杜普教授的解剖学课》誉满画坛。他一生留下了五百多幅油画，把荷兰的肖像画、历史画和风景画发展到了极致，为油画的发展做出了极大贡献。

伦勃朗是以妻子为模特儿绘制出不朽之作的画家，主要作品有《夜巡》《达娜厄》《画家和他的妻子》《莎斯基亚扮做的花神》《浪子回头》

《100荷币版画》《浴女》等。

● 维米尔

约翰内斯·维米尔（Johannes Vermeer，1632—1675），荷兰最伟大的画家之一，但是被人遗忘了长达两个世纪之久。

维米尔的作品大多是风俗题材的绘画，基本上取材于市民平常的生活。他的画整个画面温馨、舒适、宁静，给人以庄重的感觉，充分表现出荷兰市民那种对洁净环境和优雅、舒适气氛的喜爱。他在艺术风格上也独具特色，绘画形体结实、结构精致，色彩明朗、和谐，善于表现室内光线和空间感。他的画光线并不是太多，却给人以明亮的感觉，虽然缺乏深刻的社会内容，但是画中这种平实的情感起到了净化人类心灵的作用。普鲁斯特曾说，维米尔是"他那个时代和他那个国家最完美的象征之一"，称他为"歌颂宁静生活的诗人""描绘光色变化的大师"。

维米尔的主要作品有《德尔夫特》《包头帕的少女》《读信的蓝衣女子》《用珍珠项链打扮自己的少妇》《做花边的女子》《小巷》等。

● 霍贝玛

梅因德尔特·霍贝玛（Meindert Hobbema，1638—1709），荷兰画家。

霍贝玛早年师从雷斯达尔学习风景画。作品多描绘乡村道路、农舍、池畔等，真实地表现了自然界多变的景象，其精确的透视为人称道，画面明朗、素朴，洋溢着欢快的气氛。霍贝玛的画就像一首牧歌，有淡雅的泥土气息，乡间的宁静别有情趣，令人陶醉。代表作有《林间小道》《磨坊》等。

● 雷斯达尔

雅各布·凡·雷斯达尔（Jacob van Ruisdael，1628—1682），17世纪荷兰最著名的风景画家之一，荷兰古典主义风景画的先驱。

雷斯达尔出生于哈勒姆一个小有名气的画家家庭。他的作品多描绘海洋、平原和农村，早期创作以凝重见长，写实功底深厚，代表作《林中小屋》表明他是17世纪前期荷兰风景画写实传统的继承者。此后，其画风越来越洒脱，对自然的深刻理解，使他将对形态、空间和运动的敏锐感受，融于绘画之中。《犹太人公墓》《田野风光》等，表达了其豪迈的气势，是最具戏剧性和诗意的佳作，预示着19世纪西方浪漫主义风景画的产生。

雷斯达尔一生共创作了五百多幅风景画，但终生贫困，默默无闻，最后于1682年3月14日死于救济医院。

● 普　桑

尼古拉斯·普桑（Nicolas Poussin，1594—1665），17世纪法国巴洛克时期的重要画家，17世纪法国古典主义绘画的奠基人。《阿尔卡迪亚的牧人》为其重要代表作。

普桑出生于法国西部诺曼底的莱桑德利一个退役军人经营小土地的家庭，家境贫寒。父亲希望自己的独生子能当上律师，可是儿子却迷上了绘画，后来主要在罗马从事艺术创作活动，完成了很多情感高雅的宗教、神话故事和文学题材的画作。普桑46岁时收到路易十三和首相黎世留的邀请信，以宫廷首席画家和高薪请他回巴黎为王族服务。回国后受到热情接待，住进宫里的豪华宅邸，但是失去了艺术上无拘无束的创作自由，他自己说"像绞索一样套在自己的脖子上"。宫廷的礼节、专横的制度和命令，同行的嫉妒和阴谋等，割断了艺术的翅膀，这使他十分后悔回国。他说："如果我在这个国家留下来，我就会变成一个拙劣的画家。"一直忍受到1642年首相黎世留去世，他才乘机请假回罗马，借故看望有病的妻子，这一去决不再回巴黎，与妻为伴，不求名利，潜心作画，又过起闲云野鹤般的自由生活。

1665年11月19日，71岁的普桑逝世于罗马。

● 洛　兰

克洛德·洛兰（Claude Lorrain，1600—1682），法国画家。

洛兰幼年家贫，做过牧羊工、洗碗工，13岁流浪到意大利，开始对古典艺术产生了兴趣。他悉心钻研希腊、罗马的绘画，画艺进步很快，颇受上层社会人士重视。作品多为风景画，且富有诗意，还常常点缀一些神话或宗教人物在景物之中，庄严、柔和，光线也十分微妙，奠定了古典主义风景画的特色，晚年的作品由金黄色的暖色调转变为银灰色的冷色调。有趣的是，洛兰虽然在绘画方面具有极高的天赋，文化水平却极低，甚至连自己的名字也签得非常拙劣，但是这并没有影响到他在美术方面的成就。自他开始，法国才有了真正的风景画。

洛兰的主要作品有《乌尔苏拉登船远航》《欧罗巴被劫》《中午》《帕里斯的评判》《有舞者的风景》等。

● 达维特

杰克·路易斯·达维特（Jacques Louis David，1748—1825），法国大革命时期的杰出画家，新古典主义的代表人物，也是一位重要的美术教育家。

达维特出生于巴黎一个中产阶级家庭，最初的绘画老师是他的亲戚——著名的罗可可画家布歇。10岁时父亲去世，由其叔父和建筑师德麦戎抚养。雅各宾派执政期间，达维特成为共和政府的文化与教育委员。他以充沛的感情创作了《网球厅宣誓》《马拉之死》《列弗列蒂埃》《少年巴拉》等一系列讴歌法国大革命的优秀作品。雅各宾派失败后，他一度消沉，直到拿破仑执政，他又成为拿破仑的首席画师，以宏大的形式创作了《皇帝的加冕礼》《皇后的加冕礼》《拿破仑越过圣贝尔纳山》等歌颂拿破仑的作品，极受恩宠。1816年，拿破仑失败，达维特流亡比利时的布鲁塞尔，作有《萨宾妇女》《疲倦的战神马尔斯》等，流露出对战争的厌倦。1825年，77岁的达维特客死异乡。

达维特的主要作品有《马拉之死》《巴利斯和海伦的爱》《被维纳斯解除武装的战神马尔斯》《荷拉斯兄弟的宣誓》《描绘美女康贝士贝的阿贝勒士》《拿破仑越过圣贝尔纳山》《萨宾妇女》《苏格拉底之死》等。

● 安格尔

让—奥古斯特·多米尼克·安格尔（Jean—Auguste Dominique Ingres，1780—1867），法国新古典主义的另一位代表人物。

安格尔出生于蒙托邦，父亲是蒙托邦皇家美术院院士，母亲是皇宫假发师的女儿。11岁时安格尔被父亲送到图卢兹美术学院学习，17岁时到巴黎，投到达维特的门下。安格尔愿意把自己称为历史画家，但是，从美术史的角度来看，安格尔最出色的是肖像画和人体画。安格尔善于把握古典艺术的造型美，把这种古典美融化在自然之中。他从古典美中得到一种简练而单纯的风格，始终以"静穆的伟大，崇高的单纯"作为自己的原则，画作构图严谨，色彩单纯，形象典雅。

安格尔的主要作品有《泉》《土耳其浴室》《朱庇特与海神》《阿伽门农的使者》等。

● 席里柯

泰奥多尔·席里柯（Gericault，1791—1824），法国浪漫主义绘画大师。

席里柯出生于法国北部诺曼底卢昂的一个律师家庭，少年时就热爱绘画，后全家移居巴黎，与比他小7岁的德拉克罗瓦共同接受古典主义学院派的教育。与老师背道而驰的席里柯经常出入巴黎的美术陈列馆，对提香、拉斐尔的艺术十分推崇。他热爱达维特的革命精神和鲁本斯狂放且富有激情的构图和造型，并研究过富有浪漫主义精神的格罗和西班牙戈雅的艺术，逐渐显示出浪漫主义姿态。1812年，年仅21岁的席里柯第一次在沙龙展出了《轻骑兵军官的冲锋》，获得意外的成功。偏爱强烈的运动和有力的造型，使他获得"法国的米开朗基罗"的美誉。1819年，年仅26岁的席里柯根据1816年所发生的沉船事件创作了震惊画坛的《梅杜萨之筏》，引起极大的轰动，从此揭开了法国浪漫主义绘画的序幕。

席里柯喜欢马，不仅进行艺术创作，而且热衷于纵马驰骋，然而这也是致命的——1824年，他在一次赛马中不幸坠马，摔断脊椎，不治而死，年仅33岁。

● 德拉克罗瓦

欧仁·德拉克罗瓦（Eugène Delacroix，1798—1863），法国著名浪漫主义画家。

德拉克罗瓦出生于法国南部罗讷河畔的沙朗通—圣莫里斯。从儿童时代起，德拉克罗瓦就生活在充满艺术气氛的环境里，并且受过多方面的教育。他的父亲是律师和外交官，曾任法国驻荷兰大使和马赛总督；母亲对音乐的爱好也直接影响了幼年时代的德拉克罗瓦。德拉克罗瓦曾师从法国著名画家达维特学习绘画，但是非常欣赏尼德兰画家鲁本斯的绘画，并受到同时代画家席里柯的影响，热心发挥色彩的作用。他的浪漫主义激情就像火山迸发一样，人们因此把他叫作"浪漫主义的狮子"。

1863年8月13日，德拉克罗瓦在巴黎去世，埋葬于拉雪兹公墓。

德拉克罗瓦的代表作有《希阿岛的屠杀》《自由引导人民》《但丁之舟》。

● 库尔贝

居斯塔夫·库尔贝（Gustave Courbet，1819—1877），法国画家。

库尔贝出生于法国的奥尔南。自幼天资聪颖，却自命不凡，又热情奔放、慷慨大方，从中学时代起就成为同龄朋友心悦诚服的领头者。1841年，父亲送他到巴黎念大学，要他学习法律，但他却立志做一名画家，在皇家美术学院和贝桑松美术学院学习。当他23岁时就已掌握了自己风格的主要因素。1846年，他创作了以自己为主题的《抽烟斗的人》。以现实主义手法表现出安逸和幸福的姿态，突出浪漫主义的幻想神情。在这幅自画像上，库尔贝的自我欣赏得到了完美体现。正是由于库尔贝的自我欣赏，他的许多自画像成了杰作。1872年，库尔贝投身巴黎公社运动，担任公社委员和美术家联合会主席，热情为公社绘制旗帜、徽章和各种宣传品。巴黎公社运动失败后，库尔贝被捕入狱，后经友人保释出狱，随即流亡瑞士，1877年12月31日在瑞士洛桑逝世。

库尔贝的代表作有《奥尔南午饭后的休息》《采石工人》《乡村姑娘》《筛麦的女人》等。

● 米 勒

让-弗朗索瓦·米勒（Jean-Francois Millet，1814—1875），19世纪法国最杰出的以表现农民题材而著称的现实主义画家。

米勒出生于诺曼底省的一个农民家庭，青年时代种过田，23岁时到巴黎学画，同学都瞧不起他，说他是"土气的山里人"。老师也看不惯他，常斥责他。米勒在巴黎穷困潦倒，妻子去世的打击和贫困压得他透不过气来。为了生存，他用素描去换鞋子穿，用油画去换床睡觉，还曾为接生婆画招牌去换钱，为了迎合资产者的感官刺激，他还画过庸俗、低级的裸女。有一次他听到人们议论他："这就是那个除了画下流裸体、别的什么也不会画的米勒。"这使他伤透了心，从此他下决心不再迎合任何人，坚决走自己的艺术道路。

107

1849年，巴黎流行黑热病，米勒携家迁居到巴黎郊区枫丹白露附近的巴比松村，这时他已35岁。他在这个穷困、闭塞的乡村一住就是27年，每天早出晚归，上午在田间劳动，下午在小屋子里作画。生活异常困苦，但这并没有减弱他对艺术的酷爱和追求，他常常由于没钱买颜料，就自己制造木炭条画素描。

米勒爱生活、爱劳动、爱农民，相继创作了《播种者》《拾穗者》和《晚祷》等名作。

● 康斯特布尔

约翰·康斯特布尔（John Constable，1776—1837），英国画家，以风景画著称。

康斯特布尔出生于英格兰萨福克郡，父亲是一位磨坊主。康斯特布尔从小酷爱绘画，一生非常安稳，一直在家乡作画，他的父母希望他能做一个肖像画家，可以接受更多的订货，但他没有兴趣，一生中只画过几幅，基本是自画像和他妻子的肖像。他的风景画受到越来越多人的关注，1819年他被选为皇家美术学院候补会员，10年后被选为正式会员。1824年，许多外国艺术家参加巴黎沙龙的展览，引起轰动，康斯特布尔的作品《干草车》（博斯的一幅画作也叫《干草车》）《英国的运河》和《汉普斯特荒野》参展。其中《干草车》所得的评价甚高，获得了金质奖章。1829年，康斯特布尔的妻子患结核病去世，对他打击很大。他日渐消沉，再也没有兴趣去寻找新的景色了，经常重绘年轻时代画过的东西，忧郁和悲痛的情绪一直笼罩着他，但他从没有停止工作，直到去世，最后一幅作品是《阿伦德尔的磨房和城堡》。康斯特布尔的艺术特点是光影绚丽又质朴、真诚，唤起人们对大自然的向往和对生活的热爱。

康斯特布尔对英国风景画的发展贡献巨大，与透纳一起被称为"真正使英国风景画摆脱荷兰、法国或意大利绘画影响而走上自己独立道路的两个人"。

● 透　纳

约瑟夫·马洛德·威廉·透纳（Joseph Marroad William Turner，1775—1851），英国最著名、技艺最精湛的艺术家之一，杰出的风景画家。

透纳出生于科文加登的梅顿莱因，父亲是个理发师，母亲死于精神错乱。透纳最初跟一个地貌色彩画家学水彩，14岁时进入皇家艺术学会学校学画，18岁时建立了自己的画室。1799年，透纳成为皇家美术学院最年轻的候补会员。24岁，被皇家艺术学会破格接纳为最年轻的会员。他曾走遍意大利，最后专心去描绘大海的光色和空气的变化。透纳以善于描绘光与空气的微妙关系而闻名于世，尤其对水汽弥漫的掌握有独到之处。他在艺术史上的特殊贡献是把风景画与历史画、肖像画摆到了同等地位。透纳生前享有盛名，非常富裕，但他有时像个尊贵的绅士住在山下幽静的宅邸里，有时像"一个老船工"住在偏僻的贫民窟里，穿着破烂的衣服，一面晒太阳，一面给贫民窟的孩子们讲乘船的冒险故事。透纳死后，尸体被发现于贫民窟一间肮脏的屋子里。

● 罗 丹

奥古斯特·罗丹（Auguste Rodin，1840—1917），法国著名雕塑家。

罗丹出生于一个贫穷的基督教家庭。他的父亲是一名警务信使，母亲是穷苦的平民妇女。罗丹从小喜爱美术，其他功课却很差。在姐姐玛丽的支持下，失望的父亲不得不同意把他送进巴黎美术工艺学校。姐姐玛丽靠自己挣得的工钱来供给弟弟食宿费，因此罗丹从小就深深地敬爱他的姐姐。他善于用丰富多彩的绘画性手法塑造出神态生动、富有力量的艺术形象，《青铜时代》《思想者》《雨果》《加莱义民》和《巴尔扎克》等作品都有新的创造。罗丹在欧洲雕塑史上的地位，犹如诗人但丁在欧洲文学史上的地位。他一生不懈攀登，并终于登上米开朗基罗之后的又一高峰。

罗丹坚信"艺术即感情"，他的全部作品都证明了这一观念。罗丹偏爱悲壮的主题，善于从残破中发掘力与美，这使他的艺术具备博大精深的品质。

● 惠斯勒

惠斯勒（James McNeill Whistler，1834—1903），美国画家。

惠斯勒出生于马萨诸塞州的洛厄尔，他3岁时父亲从部队退役，担任筑路工程师，全家迁往康涅狄克州。惠斯勒7岁时，他的父亲应沙皇尼古拉一世之聘，到俄国去为修建彼得堡至莫斯科的铁路工作，全家又搬到了彼得堡。惠斯勒15岁那年，父亲在俄国病逝，母亲举家迁回美国。1851年，惠斯勒遵从母亲希望他继承父志的要求，考入美国著名的军事院校——西点军校，但是由于纪律松懈，在三年级时被学校斥退。1855年，惠斯勒去巴黎学画，再未回到美国，1859年定居英国。其代表作《在钢琴旁》《白衣女郎》曾引起轰动。晚年作品追求东方趣味，画中少女常穿日本和服并摆上几件中国瓷器。1892年，他的作品回顾展使他得到美国公众承认，认为他是偶然住在英国的美国画家，而英国又选他担任不列颠美术家协会主席，不久法国也授予他"荣誉军团骑士"称号。惠斯勒的作品还有铜版画《法国组画》、肖像画《母亲》及组画《泰晤士河》等。

● 克拉姆斯柯依

伊凡·尼古拉耶维奇·克拉姆斯柯依（1837—1887），巡回展览画派的代表人物。

克拉姆斯柯依出生于俄国中部奥斯特洛戈日斯克城一个贫寒的市民家庭。童年时当过听差和乡里记事员，1853年随一个流动照相师修理底版。他因一个偶然机会来到了彼得堡，并于1857年考入彼得堡皇家美术学院。他读书较多，善于思考。当时俄国农奴制造成的落后、反动和贫困局面，使不少进步知识分子为之奋起，抨击现行制度，提出种种改变民族命运的美好理想。克拉姆斯柯依作为美术学院最有头脑的青年美术家，也加入了由理论家车尔尼雪夫斯基提出的批判现实主义文艺的行列。1870年，克拉姆斯柯依与几个莫斯科画家共同发起巡回展览画派。在以后的艺术活动中，克拉姆斯柯依在艺术上和理论上都做出了卓越的贡献。

由于过度劳累，克拉姆斯柯依未到50岁就已衰老多病。1887年，在给一个医生画肖像时，倒在画前，离开人世。

克拉姆斯柯依的主要作品有《无名女郎》《护林人》《月夜》《无法慰藉的悲痛》等。

● 希施金

伊凡·伊凡诺维奇·希施金（1832—1898），19世纪俄国巡回展览画派最具代表性的风景画家，也是19世纪后期现实主义风景画的奠基人之一。

希施金出生于叶拉布加市的一个商人家庭，20岁时考入莫斯科绘画雕刻和建筑专科学校，入莫克里茨基工作室学习。4年后毕业，升入彼得堡美术学院，进入画家伏罗比约夫画室学习5年，前后9年的艺术学习，使其绘画基础非常扎实。希施金的风景画多以巨大的、充满生命力的树林为描绘对象，那些摇曳多姿的林木昂然挺立，充满生机。大森林的美与神秘，被渲染得淋漓尽致。希施金所描绘的林木，无论是独株，还是丛林，都带有史诗般的性质。林木的形象雄伟，独具特色，显示出俄罗斯民族的性格。他一生描绘俄罗斯北方大自然的宏伟、壮丽，探索森林的奥秘，被人们誉为"森林的歌手"。克拉姆斯柯依称他为"俄国风景画发展的里程碑"，并说"他一个人就是一个画派"。

希施金的代表作有《松林的早晨》《拉姆岛上的松树》《在平静的原野上》《森林远景》《森林王国》等。

● 列维坦

伊萨克·列维坦（1860—1900），俄国杰出的写生画家，现实主义风景画大师，巡回展览画派成员之一。

列维坦出生于靠近立陶宛的基巴尔塔小镇上一个犹太知识分子家庭，父亲是铁路上的低级职员，家庭生活十分贫困。他出生才几个月，父亲就带着全家移居莫斯科。12岁的列维坦怀着成为画家的愿望，进入莫斯科绘画雕刻学校半工半读。求学的日子十分艰辛，由于穷困，他每天的生活费只有3戈比，夜晚时常在画室里的凳子上过夜。15岁那年，母亲去世，过了两年父亲又离开了他。父母双亡后生活更无着落，因为是犹太人，又受到民族压迫和歧视，他形成郁郁寡欢的内向性格。他跑遍了莫斯科郊外，和俄罗斯的天空、森林、河流、土地深情对话，常年沿着伏尔加河写生。列维坦的作品极富诗意，深刻而真实地表现了俄罗斯大自然的特点与多方面的优美，富有沉思、忧郁的特性。

列维坦只活了39岁，一生没有结过婚，是一位早逝的天才。

列维坦的代表作有《索科尔尼克的秋日》《墓地上空》《晚钟》《春汛》等。

● 列　宾

伊里亚·叶菲莫维奇·列宾（1844—1930），19世纪后期伟大的俄罗斯批判现实主义绘画大师。

　　列宾出生于乌克兰的楚古耶夫镇，父亲是一个屯垦军军官。全家人在屯垦地辛勤劳作，童年的列宾亲身体会到生活的贫困和艰难，这些印象成为他日后创作的素材。20岁时他考入彼得堡美术学院，习画6年后，以优异的成绩毕业，并获得大金质奖章和公费赴意大利、法国留学的机会。1876年回国，开始了坚持不懈的创作。1878年，列宾加入巡回展览画派，创作了大量现实主义的绘画作品。他的《伏尔加河上的纤夫》是现实主义绘画杰出的代表作之一，也是成名之作。列宾在充分观察和深刻理解生活的基础上，以其丰富、鲜明的艺术语言创作了大量的历史画、肖像画，主要作品有《伊凡雷帝杀子》《拒绝临刑前的忏悔》《意外归来》《宣传者被捕》等。他的画作之多、展示当时俄罗斯社会生活之广阔和全面，是任何一个画家都无法与之比拟的。19世纪80年代以后，列宾被公认为批判现实主义的泰斗，成为巡回展览画派的旗帜。

音　乐

当我坐在那架破旧古钢琴旁边的时候，我对最幸福的国王也不羡慕。

——"交响曲之王"海顿

● 音乐之父——巴赫

约翰·塞巴斯蒂安·巴赫（Johann Sebas-tian Bach，1685—1750），德国著名作曲家。

巴赫出生于德国爱森纳赫市一个音乐世家，大约从16世纪开始，巴赫家族就已经出现了一些著名的音乐家。巴赫的父亲是一名中提琴手，哥哥是风琴师。巴赫早年丧父，便在哥哥的指导下学习音乐，很快掌握了风琴、小提琴等乐器的演奏方法，同时在作曲方面崭露头角。中学毕业后开始自己艰苦的音乐艺术生涯，在宫廷里和一些教堂里担任乐师，身份低下，生活十分贫苦。巴赫一生没有离开过自己的祖国，其作品最能反映德国社会和人民生活的特点。巴赫一生创作了大量的作品，如著名的《平均律的钢琴曲集》，还有《D小调托卡塔与赋格》《布兰登堡协奏曲》等。巴赫不但是一个伟大的作曲家，而且是一位杰出的演奏家和优秀的音乐教育家。他在世时生活贫困，没人过问他的作品，死后数十年才引起世人重视。他成为人们推崇的最伟大的古典音乐大师，并在世界音乐史上享有"音乐之父"的美誉。

巴赫晚年为医治眼睛曾两次动手术，结果不仅未能重见光明，反而摧垮了身体，于1750年7月28日去世。

● 音乐神童——莫扎特

沃尔夫冈·阿玛迪乌斯·莫扎特（W. A. Wolfgang Amadeus Mozart，1756—1791），奥地利作曲家，音乐史上罕见的奇才。

莫扎特出生在奥地利萨尔茨堡的一个音乐家庭，父亲是一位经验丰富的小提琴家。莫扎特3岁开始学习钢琴，4岁时对一般的乐曲只要弹几遍就能背诵，5岁便开始作曲，6岁和姐姐一起跟随父亲到欧洲各国旅行演出，轰动了欧洲，被誉为"音乐神童"。从1773年起他任萨尔茨堡大主教宫廷乐师，因向往自由的生活，不满主教对他的严厉管束，于1781年愤然辞职，来到维也纳，走上了艰难的自由音乐家的道路。在他的创作中出现了许多革新的因素，但是不为当时墨守成规的人们所欢迎，因此经济压力很大，经常靠借债度日，然而他却心甘情愿地过着贫苦而自由的音乐家生活。他曾说："我的舌头已经尝到了死的滋味儿，我的创作还是乐观的。"

莫扎特一生创作歌剧22部，其中最著名的是《费加罗的婚礼》《唐璜》《魔笛》；交响曲49部，其中《第三十九》《第四十》《第四十一》交响曲最为著名。他还创作了钢琴曲、室内乐重奏等多部作品。莫扎特的作品结构精致、匀称，旋律富有歌唱性，风格明朗、乐观，配器注重音色效果。莫扎特赋予音乐以歌唱的优美、欢乐，然而，其中又深含着忧郁和伤感，这正反映了莫扎特时代知识分子的命运。并且，莫扎特是欧洲当时唯一一个不接受贵族供养的音乐家。

莫扎特一生中最后的两年是他经济最困难的时期。1791年12月5日，莫扎特去世，妻子正患重病，家里连一个零钱也没有。莫扎特被埋在穷人的公墓里，没有一个亲属给他送葬。

● 乐圣——贝多芬

路德维希·凡·贝多芬（Ludwig van Beethoven，1770—1827），18世纪后半期以来世界最著名的德国音乐家。

贝多芬出生于德国莱茵河畔的波恩城，祖父曾任当地宫廷乐长，父亲是个男高音歌手，母亲是宫廷御厨的女儿。贝多芬的童年很不幸，嗜酒成癖的父亲败坏了家业，他企图把4岁的儿子变成摇钱树，一心想让儿子成为莫扎特式的神童，常常夜半三更酗酒回家后把孩子从熟睡中拖起来练琴。贝多芬不到8岁就被强迫卖艺，11岁就开始在剧院的乐队里工作。这种童年生活，使贝多芬很早就走上了独立地以音乐谋生的道路，同时养成了坚毅、倔强的性格。贝多芬生活道路非常坎坷，从26岁开始便感到听觉日渐衰弱，后来终于失聪。痛苦和绝望之后，贝多芬以坚强的意志克服重重困难，战胜了苦难，创作了标志其精神转机的《英雄》交响曲。在贝多芬一生中的最后 10 年，在耳朵全聋、健康情况恶化和生活贫困、精神上受到折磨的情况下，仍以巨人般的毅力创作了《第九"合唱"交响曲》，总结了他光辉的、史诗般的一生。

贝多芬的代表作有交响曲《英雄》《命运》《田园》《合唱》，钢琴奏鸣曲《悲怆》《月光》《暴风雨》《热情》等。

贝多芬于 1827 年 3 月 26 日在维也纳去世。死时没有一个亲人在他身旁，但是在下葬时却形成了群众性的浪潮，所有的学校全部停课表示哀悼，有两万多群众护送他的棺柩。他的墓碑上铭刻着奥地利诗人格利尔巴采的题词："当你站在他的灵柩跟前的时候，笼罩着你的并不是志颓气丧，而是一种崇高的感情。我们只有对他这样一个人才可以说：他完成了伟大的事业。"

● 歌曲之王——舒伯特

弗朗茨·泽拉菲库斯·彼得·舒伯特（Franz Seraphicus Peter Schubert，1797—1828），奥地利著名作曲家。他在短短 31 年的生命中，创作了 600 多首歌曲，18 部歌剧、歌唱剧和配剧音乐，10 部交响曲，19 首弦乐四重奏，22 首钢琴奏鸣曲，4 首小提琴奏鸣曲以及许多其他作品，被誉为"歌曲之王"。

舒伯特出生在维也纳一个贫困的家庭，父亲是小学校长。他从小学习钢琴和小提琴，11 岁被帝国小教堂唱诗班录取，并住进神学院，成为该校乐队小提琴手，还担任指挥。16 岁时因变声离开神学院，为了减轻家庭负担，舒伯特到父亲所在的学校里担任助理教师，同时进行创作。1816 年，他辞去教师的职务，专心从事作曲。辞职后他一直没有固定的工作，经常靠朋友接济，一些作品里常常反映出苦闷和压抑的情绪。尽管这样，他还是满怀热情地创作了大量歌颂民族解放斗争的优秀作品。

长期的困苦生活，使舒伯特身心受到极大的摧残，1828 年 11 月 19 日，年仅 31 岁的舒伯特在维也纳去逝，他被安葬在生前一直非常崇拜却只见过几次面的贝多芬墓旁。

● 音乐神灵——亨德尔

乔治·弗雷德里克·亨德尔（George Friedrich Handel，1685—

1759），英籍德国作曲家。

亨德尔出生于德国中部的哈雷镇，27岁起定居英国，对英国的音乐发展起了重要的作用，英国人把他看作自己的音乐家。亨德尔在西欧音乐史中与巴赫占有同等重要地位，对后世音乐影响极大。与同龄人巴赫不同的是，亨德尔的家庭并没有多少音乐气息：父亲是一个理发师兼外科医生，希望儿子学法律以出人头地，极力反对亨德尔学音乐。父亲去世后，为尊重父亲的意愿，亨德尔仍未专门学习音乐。但终因他突出的音乐才能，先后被聘为莫利兹堡教堂的管风琴师和汉堡剧院第二小提琴手。19岁时他创作了第一部重要作品《圣约翰受难乐》，次年演出第一部歌剧《阿尔米拉》。定居英国后，亨德尔任英国宫廷作曲家，并领导歌剧院的工作，致力于意大利风格的歌剧创作。后来他的歌剧事业遭到多次打击，转向清唱剧的写作，创作了著名的《弥塞亚》《以色列人在埃及》《参孙》《犹大玛卡贝》《扫罗》等清唱剧，受到热烈欢迎。亨德尔一生中共创作歌剧五十多部，清唱剧三十多部，还有许多大协奏曲和室内乐、组曲、序曲、恰空等器乐作品。

由于勤奋地创作和操劳，亨德尔晚年患眼疾，终于完全失明，1759年4月14日在伦敦去世，在临去世的前几天他还亲自指挥了《弥赛亚》的演出。

● 音乐之王——斯卡拉蒂

多美尼科·斯卡拉蒂（Domenico Scarlatti，1685—1757），意大利作曲家、古钢琴家。

斯卡拉蒂出生于那不勒斯，其父是知名作曲家亚历山德罗·斯卡拉蒂。他16岁即任那不勒斯宫廷礼拜堂的管风琴师和乐师，后到威尼斯，认识了亨德尔并与之举行了一场羽管键琴比赛，结果不分胜负，名动乐坛。18岁时随父亲移居罗马，曾以乐师的身份服务于波兰女王玛利亚·卡西米、丰特斯侯爵和圣彼得大教堂。1719年移居葡萄牙，担任里斯本贵族教堂的乐师和公主巴巴拉的老师。1729年公主嫁给西班牙皇太子，斯卡拉蒂随之前往马德里，担任宫廷乐师，并在那里度过了一生最后的28年。1757年7月23日，逝世于马德里。

斯卡拉蒂共作了555首奏鸣曲以及歌剧、清唱剧和其他圣乐，在古钢琴音乐领域做出了重要贡献。他的奏鸣曲细腻、典雅，声部明晰，交响和谐，旋律性强，富于歌唱性，内容或清雅，或灿烂，或抒情，可谓姿态万千。

● 小提琴之王——帕格尼尼

尼科罗·帕格尼尼（Niccolo Paganini，1782—1840），意大利小提琴家、作曲家，音乐史上最杰出的演奏家之一。

帕格尼尼出生于意大利北部海港热那亚，曾师从热那亚最有名的小提琴家学习。他幼年充分显露出音乐才能，不论什么曲子，立刻能轻松地演奏出来。他还学习作曲，8岁就写小提琴奏鸣曲。11岁时在热那亚举行公开演奏会，获得了极大成功。13岁开始旅行演出。他十四五岁时，当时法国著名小提琴家鲁道尔夫·克鲁采尔（贝多芬曾写过一首《克鲁采尔奏鸣曲》献给他），听了他的演奏时惊诧不已。1805年，帕格尼尼任宫廷乐队小提琴独奏家。1825年后，其足迹遍及奥地利维也纳、德国、法国巴黎和英国。他的演奏显示出惊人的才华，他将小提琴的技巧发挥到无与伦比的地步，不仅影响了后来的小提琴作品，而且影响了钢琴的技巧和作品。他还将吉他的技巧用于小提琴的演奏，大大丰富了小提琴的表现力。著名的音乐评论家勃拉兹称他是"操琴弓的魔术师"，歌德评价他"在琴弦上展现了火一样的灵魂"。

帕格尼尼才华横溢，风流倜傥，他一度挥金如土，赌博成性，与妓女鬼混。他把生命最精彩的部分，输给了世界上充满罪恶的地方。帕格尼尼背上了沉重的债务，被饥饿、疾病困扰着，最后不得不将心爱的小提琴变卖度日。当帕格尼尼穷困潦倒的时候，一个善良的贵妇人——荻达，将帕格尼尼接到自己的乡村别墅，为之精心调养，3年后帕格尼尼的音乐终于重生，他回到了自己的家乡热那亚，并举办了小提琴演奏会。

1840年5月27日，这位被誉为"小提琴之王"的大师离开了人世，去世时58岁。

● 圆舞曲之父——老约翰·施特劳斯

约翰·施特劳斯，一般指奥地利作曲家小约翰·施特劳斯和其父老约翰·施特劳斯，为便于区分，在其姓名前冠以"老""小"二字。当只提到约翰·施特劳斯这个名字，而不冠以"老""小"二字时，通常特指小约翰·施特劳斯。

老约翰·施特劳斯（1804—1849），奥地利著名作曲家。

老约翰·施特劳斯出生于维也纳，父亲会拉小提琴，他受父亲的影响，从小学小提琴，后来师从维也纳歌剧院提琴手伊格拉茨·冯·惠利。13岁时他就在流行舞蹈乐队里拉中提琴，15岁到维也纳圆舞曲乐队里拉琴，有时担任指挥。他一生写过一百五十多首圆舞曲，几十首波尔卡和进行曲。他最大的功绩，是和作曲家约瑟夫·兰纳一起，共同奠定了维也纳圆舞曲的基础。在他们之前，圆舞曲比较慢，而维也纳圆舞曲速度一般是小快板。维也纳圆舞曲的结构比一般圆舞曲复杂，它由序奏、三首至五首小圆舞曲和尾声组成，每首小圆舞曲又有两个旋律，还带反复，乐曲表达内容也比较深刻。老约翰·施特劳斯被人们称为"圆舞曲之父"，他的作品影响最大、流行最广的是《拉德斯基进行曲》。

● 圆舞曲之王——小约翰·施特劳斯

小约翰·施特劳斯（Johann Strauss，1825—1899），老约翰·施特劳斯之子，奥地利著名作曲家、指挥家、小提琴家，施特劳斯家族的杰出代表。

小约翰·施特劳斯出生在维也纳的一个音乐世家。19岁时组成自己的乐队，演奏他和父亲的作品；从30岁开始应邀在圣彼得堡指挥夏季音乐会，长达10年；1863年至1870年，任皇室宫廷舞会指挥；后来从事轻歌剧的创作。他曾带领乐队访问欧洲各国，使维也纳圆舞曲风靡全欧洲。他的圆舞曲旋律柔美动听，节奏自由酣畅，生机盎然，是每年维也纳新年音乐会的主要曲目。他的作品以《蓝色多瑙河》《维也纳森林的故事》《春之声》等一百二十余首维也纳圆舞曲最为著名，被世人誉为"圆舞曲之王"。

● 交响曲之王——海顿

弗朗兹·约瑟夫·海顿（Franz Joseph Haydn，1732—1809），奥地利著名作曲家。

海顿出生于奥地利与匈牙利边境的一个村镇，父亲是车匠，母亲是贵族府中的厨工，家境贫困，12个孩子有6个夭折，海顿是12个孩子中的第二个。喜爱音乐的父母使海顿自幼受到民间音乐和教堂音乐的熏陶，从孩提时代就显示了出众的才华。6岁时他就永远离开了父母，在多瑙河畔的一个教会合唱团里唱弥撒曲，学习乐理和小提琴，两年后被选进了唱诗班。17岁，海顿因变声被解雇，开始了一贫如洗的生活。为了糊口，他教几个孩子学音乐，在一间阁楼栖身。在这里，他勤奋自学，练键盘乐器、小提琴，研究理论。1754年，他认识了当时颇负盛名的意大利作曲家、声乐教师波尔波拉，海顿向他学习作曲、意大利文和声乐，同时为他的声乐课弹伴奏，兼当仆人。他在艰苦的环境中创作了大量作品，成为当时首屈一指的音乐家。成名以后，长达30年任宫廷乐长。他的创作涉及面很广，其中以交响乐和弦乐四重奏最为杰出，被称为"交响曲之王"。海顿不像莫扎特那样敢于同封建势力进行斗争，更比不上贝多芬敢于主动地向黑暗现实发动猛攻。虽然海顿有时对屈辱的处境感到痛苦，但是能安于现状，自得其乐。他的音乐风格正如他的个性：乐观、亲切、真诚、爽朗、幽默，面向现实，面向人生，气息清新，朝气蓬勃，令人受到鼓舞。

1809年4月9日，奥地利对法国宣战，法国军队迅速占领了维也纳。5月31日，海顿在战事中逝世，享年77岁。

海顿的作品数量是惊人的：交响曲108部；弦乐四重奏77部；各类三重奏180部；钢琴奏鸣曲50部；歌剧14部；清唱剧2部；还有大量小型的声乐与器乐作品。其中，较著名的代表作有《第四十五交响曲》《第九十二交响曲》《第九十四交响曲》《第一百交响曲》《第一百零一交响曲》《第一百零三交响曲》《第一百零四交响曲》等。

● 交响乐诗人——柏辽兹

艾克托尔·路易·柏辽兹（Hector Berlioz，1803—1869），法国作曲家、指挥家、评论家。

柏辽兹早年学过长笛和竖笛，后来学习吉他。18岁时遵从父命赴巴黎读医科；1822年，他19岁时申请学习音乐并开始创作歌剧；后进入巴黎音乐学院，师从雷哈和勒絮尔。主要作品有《哈罗尔德在意大利》《葬礼与凯旋》《罗密欧与朱丽叶》《纪念亡灵大弥撒曲》《特洛伊人》等。在柏辽兹的音乐遗产中，占首要地位的是交响乐。他直接继承了贝多芬交响乐的风格，又表现了他的大胆革新，在交响乐的开头和每个乐章都加上标题，使音乐与文学更为接近，力图将文学中所描写的生动而具体的形象用音乐语言表达出来。他的音乐华丽、典雅、纯正，具有贝多芬式辽阔、刚健的气魄，风格充满诗意，被冠以"交响乐诗人"之美誉。柏辽兹作品的主导方面是对民主、自由的追求，对幸福的向往和对革命的炽热感情。当然，理想和生活的前途毕竟是渺茫的，在他的作品中，也常常流露出对丑恶现实的不满、怀疑、愤慨以及对黑暗的揭露和讽刺。

柏辽兹的一生是在物质生活极度贫困和精神上极为悲惨中度过的，老年时又不幸丧妻丧子，1869年悲惨地病逝于巴黎。

● 钢琴诗人——肖邦

弗雷德里克·肖邦（Frédéric Chopin，1810—1849），波兰著名音乐家。

肖邦生于华沙郊区，父亲原籍法国，是华沙一所中学的法语教师，母亲是波兰人，曾在一个贵族亲戚的家庭中任管家。肖邦幼年时就显示出非凡的音乐天赋，先学习钢琴，7岁即写乐谱，8岁开始公开演奏。16岁中学毕业后入华沙音乐学院学习，同时开始他的早期创作活动，19岁毕业。当时正值波兰民族运动走向高潮的年代，反对外国奴役、争取自由独立的民族解放斗争对青年肖邦的思想产生了深刻影响，培育了他的民族感情和爱国热忱。1830年11月2日，肖邦携带着师友赠送的波兰泥土离开华沙，出国深造，从此永远离开了祖国。肖邦在短暂的一生中创作了很多具有爱国主义思想的钢琴作品，以此抒发自己的思乡情、亡国恨。他一生不离钢琴，被称为"钢琴诗人"。代表作有《夜曲》《玛祖卡舞曲》《圆舞曲》《革命练习曲》等。他的音乐具有浓厚的波兰民族风格，旋律有高度的感情表现力，极富于个性，细腻而富于色彩，时而气势宏大，时而优美抒情。人们这样评价："在他的作品中，显示了肖邦杰出的创作才能和他对作品的表现能力。他的音乐风格之独特，是以前任何一位大师都不可能达到的。我们从没有听到过如此美妙、如此激动人心的音乐。"

肖邦生命的最后几年非常孤寂，痛苦地称自己是"远离母亲的波兰孤儿"。1849年10月17日，年仅39岁的肖邦英年早逝，临终时嘱咐姐姐把自己的心脏运回祖国。

● 钢琴之王——李斯特

弗朗兹·李斯特（德语 Franz Liszt，匈牙利语 Liszt Ferenc，1811—1886），匈牙利作曲家、钢琴家、指挥家和音乐活动家，被誉为"钢琴之王"。

李斯特6岁开始学习音乐，37岁起担任魏玛宫廷乐长，1876年创建布达佩斯国立音乐院并任院长。1886年7月31日，这位伟大的天才因患肺炎去世。李斯特的作品极富想象力，充分挖掘了钢琴的音响功能，对演奏者的技巧提出了很高的要求，音乐形象鲜明、质朴，体现了自然美和艺术美的完美统一。作为那个时代最杰出的钢琴家，他对键盘音乐的发展做出了重大贡献，在他的后期作品中最早使用了20世纪才普遍采用的和声语言。他的钢琴曲已列入世界古典钢琴曲的文献宝库。李斯特一生创作了七百多首音乐作品，并创造了交响诗这一音乐形式。他早期的作品较为单纯，充满了天才之光和技巧之炫耀。大部分重要的作品都在中年时期完成，复杂的思想无不反映在各式各样的题材中，包括对英雄的讴歌、对死者的哀悼、对民族的讴歌、为民众的呐喊、对人生的思索、对死亡的无奈、对宗教神灵的崇拜等。在晚年的作品中，则充满了孤独、痛苦和纷乱，充满了对生命的空虚和虚无的哀叹。他在思想的熔炉中备受煎熬。

李斯特最重要的作品是《浮士德交响曲》《但丁交响曲》《匈牙利狂想曲》、交响诗《前奏曲》《马捷帕》、4首钢琴协奏曲、《B小调钢琴奏鸣曲》、12首《超技练习曲》和《旅行岁月》。他的钢琴曲中最难演奏的当属《唐璜的回忆》。

● 歌剧之王——威尔地

吉斯珀·威尔地（Giuseppe Verdi，1813—1901），意大利杰出的歌剧作曲家。

威尔地出生于意大利北部帕尔玛公国布托塞市郊一个名叫龙科莱的小村庄，父亲是当地旅馆的老板和杂货商。父亲让他到附近一个鞋匠家去住，他在那里学习管风琴，并在镇上管弦乐团工作。当他被镇民送往米兰音乐学院学习时，却遭到拒绝，原因是他的年龄太大（超过了14岁），从未受过训练，缺乏音乐才能。他没有灰心，继续跟随声乐老师和作曲家拉威尼学习，而且很快就掌握了作曲的基本技能。1838年，他创作了第一部歌剧《圣波尼法乔的奥贝托伯爵》，并于第二年11月17日首演。他的成名之作是其第三部歌剧《纳布柯》。剧中的一首合唱曲《飞呀，思想，乘着金色的翅膀》，经众口传唱，成为当时象征反抗奥地利统治和压迫的一支战歌。演出之后，米兰城里出现了"威尔地万岁"的标语。他一生创作了27部歌剧，是19世纪意大利歌剧创作成就最高的作曲家，人们赞誉他为"歌剧之王"。威尔地最后的杰作是《奥赛罗》和《福斯塔夫》。晚年他回到故乡，以创作歌剧所得的报酬投资农业生产，并在罗马为贫苦的老音乐家造"息庐"。

1901年1月27日，威尔地因脑溢血猝死，米兰数十万市民唱着《飞呀，思想，乘着金色的翅膀》为他送葬。

● 指挥之王——卡拉扬

赫伯特·冯·卡拉扬（Herbert von Karajan，1908—1989），20世纪著名的指挥大师。

卡拉扬出生于莫扎特的故乡——奥地利的萨尔茨堡，父亲是一家医院的院长，也是一名外科医生，从小就想当一名乐手，母亲是个瓦格纳迷。卡拉扬从四岁半就开始登台演奏。他的哥哥学习钢琴比他早，可是他不能容忍自己落在后面，于是就躲在钢琴下面偷听哥哥弹琴。整整15天，卡拉扬一直听哥哥一遍又一遍地弹奏相同的曲子，这促使卡拉扬更加努力。两个月之后，他就赶上哥哥的弹奏水平。后来他独自来到维也纳，遇到一位非常优秀的老师，老师教了他三个月之后说："假如你感到无法用两只手来表达你心里的想法，就应当去做一名乐队指挥，这样才不会出现悲剧性的结果。"这位老师的教诲影响了卡拉扬的一生。卡拉扬在排练时对乐队要求特别严格，到了正式演出时，他总是替乐手们着想，他指挥的动作轻松自如，充满自信，令人感到值得信赖。指挥演奏了许多古典音乐作品，还录制了大量的唱片。卡拉扬不仅是一名优秀的指挥，而且是一个极富人格魅力的人，许多年轻的乐手在卡拉扬的帮助下进入专业演奏的行列。

1989年7月16日，卡拉扬正在为萨尔茨堡音乐节排练威尔地的歌剧《假面舞会》，中午突然感到极度不适，他躺在妻子怀中说："我看到了上帝朝我微笑。"言罢，离开了人世，享年81岁。

舞　蹈

　　我学习了花朵的颤动、蜜蜂的飞舞、鸽子和其他鸟类可
爱、优美的姿态。

——"现代舞之母"邓肯

● 芭　蕾

　　"芭蕾"一词本是法语"ballet"的音译，意为"跳"或"跳舞"。文
艺复兴时期，意大利的贵族们在宫廷内观赏一种叫作"芭莉"或"芭莱
蒂"的华美舞蹈，这是芭蕾舞的雏形。后来这种舞蹈传入法国，17世纪
在法国宫廷形成，成为芭蕾舞发展的第一个高峰。1661年，法国国王路
易十四下令在巴黎创办世界第一所皇家舞蹈学校，确立了芭蕾的5个基
本脚位和7个手位，使芭蕾有了一套完整的动作和体系，这5个基本脚
位一直沿用至今。19世纪末，由俄国作曲家柴科夫斯基作曲的《天鹅
湖》《睡美人》《胡桃夹子》等芭蕾舞剧相继上演，世界芭蕾艺术的中心
由巴黎转到彼得堡。"芭蕾"通常有三个含义：

　　（1）一种舞台舞蹈形式，即欧洲古典舞蹈，通称芭蕾舞。这是在欧
洲各地民间舞蹈的基础上，经过几个世纪不断加工、丰富、发展而形成
的具有严格规范和结构形式的欧洲传统舞蹈艺术。19世纪以后，技术上
的一个重要特征是女演员要穿特制的舞鞋，用脚趾尖端跳舞，所以也有
人称之为"脚尖舞"。

　　（2）舞剧。最初专指以欧洲古典舞蹈为主要表现手段，综合音乐、
哑剧、舞台美术、文学于一体，用以表现一个故事或一段情节的戏剧艺
术，称古典芭蕾（或古典舞剧）。20世纪，现代舞出现以后，以现代舞
结合古典舞蹈技术为主要表现手段来表现故事内容或情节的，称为"现
代芭蕾"。后来"芭蕾"一词也用来泛指用其他各种舞蹈为主要表现手
段的舞剧作品。

123

（3）在现代编导创作的舞蹈作品中，有相当一部分没有故事内容，也没有情节，编导运用欧洲古典舞蹈或现代舞蹈，或使两者相结合，用以表现某种情绪、意境或表现作者对某个音乐作品的理解等，也称为"芭蕾"。

● 现代舞

现代舞是 20 世纪初在西方兴起的一种与古典芭蕾相对立的舞蹈派别，最鲜明的特点是反映现代西方社会矛盾和人们的心理特征，所以称为现代舞。其主要美学观点是反对古典芭蕾的因循守旧和单纯追求技巧的形式主义倾向，主张摆脱古典芭蕾过于僵化的动作程式的束缚，以合乎自然运动法则的舞蹈动作，自由地抒发人的真实情感，强调舞蹈艺术要反映现代社会生活。

现代舞的创始人是美国舞蹈家伊莎多拉·邓肯(1877—1927)，她主张"舞蹈家必须使肉体与灵魂结合，肉体动作必须发展为灵魂的自然语言"，真诚地、自然地抒发内心的情感。

系统地为现代舞派建立起一套较为完整的理论和训练体系的，是匈牙利人鲁道夫·拉班（1877—1968）。他创造了一种被称为自然法则的训练方法，把人体动作的构成归纳为"砍、压、冲、扭、滑动、闪烁、点打、飘浮"等八大要素，认为正确处理各要素之间的关系，就能组成各种动作。他创造的《拉班舞谱》至今仍为世界上最有影响的舞谱之一。

与邓肯同期的舞蹈家露丝·圣·丹尼斯（1877—1968）是美国现代舞的先驱。她广泛吸收埃及、希腊、印度、泰国以及阿拉伯国家的舞蹈文化，形成了一种具有东方神秘色彩、表现宗教精神的现代舞。她的学生玛莎·格雷厄姆（1894—1991）是现代舞的杰出代表，她创造了一套舞蹈技巧，人称"格雷厄姆技巧"。这一流派的舞蹈家各自发展，形成许多不同风格和艺术主张的派别。

● 国际标准舞

全称是"国际标准交谊舞"，又称"体育舞蹈"，原名"社交舞"，英文是 Ballroom Dancing。国际标准舞起源于古代土风舞，经历对舞、圈舞、行列舞、集体舞等演变过程，并与欧洲贵族在宫廷举行的交谊舞会结合，成为流传广泛的社交舞。法国大革命后在民间开始流行。第二次世界大战后，美国人将该舞蹈传播到世界各地。

经历一百多年的发展，"社交舞"从"社交"发展为"竞技"，将单一的舞种发展为摩登舞、拉丁舞两大系列的10个舞种，并在1904年成立"英国皇家舞蹈教师协会"。该组织将当时欧美流行的舞姿、舞步、方向等整理成统一标准，制定了有关舞蹈理论、技巧、音乐、服装等竞技的标准，公布为"国际标准交谊舞舞厅舞"，简称"国标舞"，为世界各国所遵循，英国的黑池因此成为"国标舞"的圣地。

目前，世界各国将国际标准舞易名为"体育舞蹈"，欲将舞蹈运动纳入体育运动项目。拥有74个会员国的国际舞蹈运动总会于1997年9月4日正式成为国际奥林匹克委员会会员，2000年国标舞成为悉尼奥运会表演项目，在2008年北京奥运会上仍然是表演项目。

● 拉丁舞

又称"拉丁风情舞"或"自由社交舞"，是拉美人民在漫长的历史长河中形成的富有活力、充满激情的艺术表现形式。

20世纪初，拉丁舞在英国被规范和发展，很快在许多国家流行起来，当时以社交、娱乐的形式在社交场所的酒吧非常盛行。后来，经过英国皇家舞蹈教师协会的统一规范，使其成为一种国际赛事，即拉丁国标舞。拉丁国标舞是规范、严格、标准的，它是在拉丁舞的基础上形成的竞技专业舞蹈，包括伦巴舞、恰恰舞、牛仔舞、桑巴舞、斗牛舞。其中比较有名的赛事包括英国黑池舞蹈节、英国UK国际锦标赛、英国国际公开赛、德国世界舞蹈运动锦标赛等。

● 伦巴舞

在民间，伦巴舞又称"爱情之舞"，源自非洲的黑人歌舞，流行于拉丁美洲，后在古巴得到发展，在古巴把一切即兴的黑人歌舞都称为"伦巴"。

伦巴舞完全是自娱性的，有时可以一男一女相互追逐，也可以成为多人的集体舞。舞步以扭胯、捻步为主，加以抖肩。伴奏以打击乐为主，舞者伴以呼喊、歌唱，民间伦巴气氛十分热烈。

20世纪20年代，伦巴传入欧洲、北美，并吸收了爵士乐和其他舞蹈因素，成为舞厅舞的一种重要形式，现为拉丁舞项目之一。伦巴舞（Rumba）用 R 表示，节奏为 4/4 拍，每分钟 27—29 小节，每小节四拍。乐曲旋律的特点是强拍落在每小节的第四拍。舞步从第四拍起跳，由一个慢步和两个快步组成。四拍走三步，慢步占两拍（第四拍和下一小节的第一拍），快步各占一拍（第二拍和第三拍）。胯部摆动三次。胯部动作是由控制重心的一脚向另一脚移动而形成向两侧作"∞"型摆动。伦巴舞具有舒展优美、婀娜多姿、柔媚抒情的风格。

● 恰恰舞

恰恰舞源于非洲，后传入拉丁美洲，在古巴得到发展，现为拉丁舞项目之一。恰恰舞（Cha—Cha—Cha）用 C 表示，节奏为 4/4 拍，每分钟 30—32 小节。每小节四拍，强拍落在第一拍。四拍走五步，包括两个慢步和三个快步。第一步踏在第二拍，时间值占一拍；第二步占一拍；第三、第四两步各占半拍；第五步占一拍，踏在舞曲的第一拍上。胯部每小节向两侧摆动六次。舞曲热情、奔放，舞步花哨、利落，步频较快，诙谐风趣。

● 桑巴舞

桑巴舞源于巴西，是巴西一年一度狂欢节的舞蹈，现为拉丁舞项目之一。桑巴舞（Samba）用 S 表示，舞曲欢快热烈，节奏为 2/4 拍或 4/4 拍，每分钟 52—54 小节。强拍落在每小节的第二拍或第四拍。每小节完成一个基本舞步。舞步在全脚掌踏地和半脚掌垫步之间交替完成，通过膝盖上下屈伸弹动，使全身前后摇摆，并沿着舞程线绕场行进，属于游走型舞蹈。特点是流动性大，韵律感强，步法紧凑，风格热烈。

● 斗牛舞

斗牛舞源于法国，盛行于西班牙，是根据西班牙斗牛场面创作而成，现为拉丁舞项目之一。男为斗牛士，气宇轩昂，刚劲威猛；女为红色斗篷，英姿飒爽，柔美多变。斗牛舞（Paso Doble）用 P 表示。音乐为旋律高昂雄壮、鲜明有力的《西班牙斗牛士》。节奏为 2/4 拍，每分钟 60—62 小节。一拍一步，八拍一循环。特点是舞步流动大，沿着舞程线绕场行进，属于游走型舞蹈。舞姿挺拔，无胯部动作及过度的膝盖屈伸。用踝关节和脚掌平踏地面完成舞步。斗牛舞动静鲜明，力度感强，发力迅速，收步敏捷。

● 牛仔舞

牛仔舞源于美国，原是美国西部牛仔跳的踢踏舞，20世纪50年代爵士乐的流行加速和完善了这种舞蹈，但风格上还保持美国西部牛仔刚健、浪漫、豪爽的风格，现为拉丁舞项目之一。牛仔舞（Jive）用J表示。旋律欢快，强烈跳跃，节奏为4/4拍，每分钟42—44小节，六拍跳八步。由基本舞步踏步、并合步，结合跳跃、旋转等动作组合而成。要求脚掌踏地，腰和胯部做钟摆式摆动。特点是舞步敏捷、跳跃，舞姿轻松、热情、欢快。

● 摩登舞

摩登舞是体育舞蹈比赛中的一个项目群，参加比赛的运动员，男士要着燕尾服西装，打领结，女士要着长裙，梳宴会正式发型。这个项目群中共包括华尔兹、维也纳华尔兹、探戈、狐步舞和快步舞五项。比赛时裁判对参赛各对运动员不打分，只确定优胜顺序，最终根据总排名前3名胜出。

● 维也纳华尔兹

维也纳华尔兹源于奥地利的一种农民舞蹈，由男女成对扶腰搭肩，共同围成一个圆圈而舞，故被称为"圆舞"，著名的约翰·施特劳斯为华尔兹谱写了许多著名的圆舞曲。现为摩登舞项目之一，也称"快三步"。维也纳华尔兹（Viennese Waltz）用V表示。舞曲旋律流畅，节奏轻松，为3/4拍节奏，每分钟56—60小节，每小节为三拍，第一拍为重拍，第四拍为次重拍。基本步伐是六拍走六步，两小节为一循环，每一小节为一次起伏。基本动作是左右快速旋转步，完成反身、倾斜、摆荡、升降等技巧。舞步平稳轻快，翩跹回旋，热烈奔放。

● 华尔兹舞

19世纪中叶，维也纳华尔兹传到美国，当时美国崇尚舒缓、优美的舞蹈和音乐，于是将快节奏的维也纳华尔兹逐渐改变成悠扬、缓慢、有抒情性旋律的慢华尔兹舞曲，舞蹈也改变成连贯滑动的慢速步型，即今之华尔兹舞。现为摩登舞项目之一，也称"慢三步"。华尔兹舞（Waltz）用 W 表示。舞曲旋律优美、抒情，节奏为 3/4 的中慢板，每分钟 28—30 小节。每小节三拍为一组舞步，每拍一步，第一拍为重拍，三步一起伏循环。通过膝、踝、足底的动作，结合身体的升降、倾斜、摆荡，带动舞步移动，使舞步起伏连绵，舞姿华丽典雅，它是维也纳华尔兹（快三步）的变化舞种。

● 探戈舞

探戈舞源于阿根廷民间，20 世纪传入欧洲上层社会，后流行于世界各国，现为摩登舞项目之一。探戈舞（Tango）用 T 表示。2/4 拍节奏，每分钟 30—34 小节。每小节两拍，第一拍为重拍。舞步有快步和慢步，快步（quick）占半拍，用 Q 表示；慢步（slow）占一拍，用 S 表示。基本节奏是慢、慢、快、快、慢（S、S、Q、Q、S）。舞曲节奏带有停顿并强调切分音；舞步顿挫有力，潇洒豪放；身体无起伏、无升降、无旋转；表情严肃，有左顾右盼的头部闪动动作。

● 狐步舞

也称"福克斯"，20 世纪起源于欧美，后流行于全球，现为摩登舞项目之一。狐步舞（Foxtrot）用 F 表示。舞曲抒情流畅，节奏为 4/4 拍，每分钟 28—30 小节，每小节为四拍，第一拍为重拍，第三拍为次重拍。基本步伐是四拍走三步，每四拍为一循环。分快、慢步，第一步为慢步（S），占两拍；第二、第三步为快步（Q），各占一拍。基本节奏为慢、快、快（S、Q、Q）。以足踝、足底、掌趾的动作，完成升降起伏，注重反身、肩引导和倾斜技术。舞步流畅、平滑，步幅宽大，舞态优雅、从容、飘逸，有如行云流水。

● 快步舞

快步舞起源于美国，20 世纪流行于欧美和全球，现为摩登舞项目之一。快步舞（Quickstep）用 Q 表示。舞曲欢快，舞步轻快、灵活，跳跃感强，是体育舞蹈中一种轻快、欢乐的舞蹈。节奏为 4/4 拍，每分钟 50—52 小节。每小节四拍，第一拍为重拍，第三拍为次重拍。舞步分快步和慢步。快步用Q表示，时值为一拍；慢步用S表示，时值为两拍。基本节奏是慢、慢、快、快、慢。舞步组合有跳步、荡腿、滑步等动作。

● 有氧拉丁舞

传统的拉丁舞起源于非洲和拉丁美洲，具有热情、奔放、浪漫的风格，其舞蹈动作豪放、粗犷，速度多变，手势和脚步变化多端，充满激情，音乐节奏鲜明、强烈。把拉丁舞引入健身房后，拉丁舞便成了"有氧拉丁"，这个名字道出了将拉丁舞作为一种健身方式的创意。它有别于标准的拉丁舞，是在有氧操的基础上，融入拉丁舞的奔放和激情，使其更具有趣味性，适合范围更广泛。有氧拉丁与拉丁舞也有很大区别：拉丁舞表达情感的东西较多，过于热情；有氧拉丁保留了拉丁舞的健康和奔放，去掉了繁复和夸张，更倾向于运动。

● 爵士舞

最早的爵士舞蹈是由黑人的社交舞配上爵士音乐来表演的，盛行于美国南方的乡下，特别是新奥尔良的一些业余舞者，常在聚会上或俱乐部的场所表演爵士舞蹈。1917年，当时的流行舞者顺着歌词的意思来表演，有一个叫班顿欧尔斯崔的人写了一首歌叫"The Jazz Dance"，歌中的"Jazz Dance"就成为爵士舞的永久代名词。

当爵士舞以"舞曲"的形式出现后，黑人、白人的舞蹈家将基本步伐加以改良及变化，此外又启发后进者的创新灵感，增加了臀部的摆动、肩部的抖动和身体其他部位的独立动作。随着时光的流逝，老式的爵士舞衰退，新的爵士舞出现，它把老式爵士舞的舞步和新舞步掺杂在一起，带动了爵士舞的兴盛。

● 街　舞

街舞（Hip Hop）最早起源于美国纽约，是爵士舞发展到20世纪90年代的产物。它的动作是由各种走、跑、跳组合而成，极富变化。并通过头、颈、肩、上肢、躯干等关节的屈伸、转动、绕环、摆振、波浪形扭动等连贯组合而成。各个动作都有其特定的健身效果，既注意了上肢与下肢、腹部与背部、头部与躯干动作的协调，又注意了各环节的独立运动。

街舞一般可以分为两种，一种是个人的技巧街舞。个人技巧街舞是最早流行的一种街舞，因为它能体现年轻人精力旺盛的一面，他们的很多地面动作，如翻滚、倒立、弹跳都是高技巧的个人街舞表演。另一种是集体街舞，是目前比较流行的街舞形式。它反映了大众的需要，跳起来简单，节奏感较强。它既有舞蹈的感觉，又有健身的作用。所以，目前盛行的就是集体街舞。

● 肚皮舞

肚皮舞是一种带有阿拉伯风情的舞蹈形式，起源于中东地区，并在中东和巴基斯坦、印度、伊朗等其他受阿拉伯文化影响的地区取得长足发展。肚皮舞源自埃及，最开始它是一种不入流的舞种，只能在一些小场合演出。1893年，在芝加哥举办的世界博览会上，当第一个来自中东的肚皮舞娘在大道乐园表演时，引起一片哗然，并成为当时的争议热点，但最终令美国人大开眼界，肚皮舞很快风行全美。后来，这种舞蹈经常出现在百老汇的歌舞喜剧电影中。肚皮舞通过世博会走向了世界，其精致的服饰、花哨的胯部动作及妩媚的姿态从此风靡全球。

电　影

对于一个艺术家来说，如果能够打破常规，完全自由地进行创作，其成就往往会是惊人的。

——卓别林

● 电　影

也称映画，是由活动照相术和幻灯放映术结合发展起来的一种现代艺术，是一门可以容纳文学、戏剧、摄影、绘画、音乐、舞蹈等多种艺术的综合艺术，但它又具有独特的艺术特征。电影在艺术表现力上具有其他各种艺术的特征，又因可以运用蒙太奇这种艺术性极强的电影组接技巧，具有超越其他一切艺术的表现手段，而且影片可以大量复制放映。电影能准确地"还原"现实世界，给人以逼真感、亲近感，宛如身临其境，电影的这种特性可以满足人们更广阔、更真实地感受生活的愿望。

● 西洋镜

1889年，美国发明大王爱迪生在发明了电影留影机后，又经过5年的实验，发明了电影视镜。他将摄制的胶片影像在纽约公映，轰动了美国。但他的电影视镜每次仅能供一人观赏，内容是跑马、舞蹈表演等。他的电影视镜是利用胶片的连续转动，造成活动的幻觉，可以说最原始的电影发明应该属于爱迪生。他的电影视镜传到我国后，被称为"西洋镜"。

● 电影之父

1895年，法国的奥古斯特·卢米埃尔和路易·卢米埃尔兄弟，在爱迪生的电影视镜和他们自己研制的连续摄影机的基础上，研制成功了活动电影机。活动电影机有摄影、放映和洗印等三种主要功能。它以每秒

16 画格的速度拍摄和放映影片，图像清晰、稳定。1895 年 3 月 22 日，他们在巴黎举行的法国科技大会上首放影片《卢米埃尔工厂的大门》，获得成功。同年 12 月 28 日，在巴黎的卡普辛路 14 号大咖啡馆里，正式向社会公映他们自己摄制的一批纪实短片，有《火车到站》《水浇园丁》《婴儿的午餐》《工厂的大门》等 12 部影片。

卢米埃尔兄弟是最先利用银幕进行投射式放映电影的人。史学家们认为，卢米埃尔兄弟所拍摄和放映的影片已经脱离了实验阶段，因此他们把 1895 年 12 月 28 日世界电影首次公映之日定为电影诞生之时，卢米埃尔兄弟成为"电影之父"。

● 卓别林

全名查尔斯·斯宾塞·卓别林，1889 年 4 月 16 日生于伦敦，1977 年 12 月 25 日卒于瑞士科西耶。英国电影喜剧演员、导演、制片人，反战人士，在好莱坞电影的早期和中期他非常成功和活跃。1914 年 2 月 28 日，头戴圆顶礼帽、手持竹手杖、脚蹬大皮靴、走路像鸭子的流浪汉夏尔洛的形象首次出现在影片《阵雨之间》中，这一形象成为卓别林喜剧电影的标志，风靡欧美二十多年。作为一个从无声片时代成功过渡到有声片时代的喜剧大师，卓别林留给后世的精神财富难以估量。

卓别林从 1919 年开始独立制片，一生共拍摄了八十多部喜剧影片，最著名的有《淘金记》《城市之光》《摩登时代》《大独裁者》《凡尔杜先生》《舞台生涯》等。这些影片在世界各地引起了观众浓厚的兴趣，卓别林电影也因之成为 20 世纪 20 年代至 50 年代美国喜剧电影最成功的代表，成为那个时代电影的一种标志。

● 长镜头

是指在一个镜头里不间断地表现一个事件或者一个段落，通过连续的时空运动，把真实的现实自然地呈现在屏幕上，形成一种独特的纪实风格，一般分为固定长镜头、变焦长镜头、景深长镜头、运动长镜头四种。长镜头理论最早系统地出现是在 20 世纪 50 年代。受意大利新现实主义电影运动的影响，同时由于变焦距镜头和手提式摄影机的出现，多景别、多视角等手法被艺术家们广泛运用，长镜头随之进一步发展。于是，便产生了以安德列·巴赞为代表的"长镜头理论"体系。

● 蒙太奇

原为建筑学术语，意为构成、装配。现在是影视电影创作的主要叙述手段和表现手段，一般包括画面剪辑和画面合成两方面，蒙太奇是相对于长镜头的电影表达方法。它将一系列在不同地点，从不同距离和角度，以不同方法拍摄的镜头排列组合（即剪辑）起来，叙述情节，刻画人物。凭借蒙太奇，电影享有了时空上的极大自由，甚至可以构成与实际生活中的时间和空间并不一致的电影时间和电影空间。蒙太奇可以产生演员动作和摄影机动作之外的"第三种动作"，从而影响影片的节奏和叙事方式。

蒙太奇理论最初是由谢尔盖·艾森斯坦为首的俄国导演所提出，主张以一连串分割镜头的重组方式，来创造新的意义。例如，艾森斯坦在《波坦金战舰》里，将一头石狮子与群众暴动重复交叉剪辑在一起，制造出无产阶级起义的暗示意义。此外，除了以上所说的影像蒙太奇之外，还有"音响蒙太奇"。

● 美英电影分级

在美国和英国的电影广告中，有8种标记。美国：X——禁止未成年者观看的影片；G——所有观众可看片；R——17岁以下禁看片；PG——一般观众可看片。英国：U——内容正派片；A——一般观众可看片；X——18岁以下青少年禁看片；AA——少年儿童禁看的凶杀片。

● 大　片

包括大导演、大明星、大制作、大投入、大场面、大阵容、大回报等在内的"大"级别电影作品。

以《泰坦尼克号》为例，导演是詹姆斯·卡梅伦，演员是莱昂纳多·迪卡普里奥、凯特·温丝莱特、凯茜·贝茨、格罗丽亚·斯图尔特，获得第69届奥斯卡最佳影片、最佳导演、最佳音效、最佳摄影等11项大奖。《泰坦尼克号》在全球的票房收入为18亿美元，其中北美地区收入为6亿美元，位居全球及北美地区历史最卖座片的第一名，其纪录至今仍无影片能超越，是目前电影史上最高的票房纪录影片，也是获奥斯卡奖最多的影片。

1994年，"大片"一词在中国开始使用。这一年，中国广电部电影局批准了中影公司以分账方式进口外国一流影片的建议，提出每年可以由发行商中电视系列剧团统一进口10部"基本反映世界优秀文明成果和表现当代电影成就"的影片（现在已改为每年仅从美国进口20部影片，其他国家和地区不在此限）。每年进口的这10部影片往往为好莱坞大制作，预算较高，又被人称为10部进口大片。在此之后的几年里，进口大片虽然数量很少，票房却占到中国内地票房的50%以上，外国制片商、国内发行商中电视系列剧团以及放映影片的国内院线都从中赚了个盆满钵满。

● 好莱坞

好莱坞（Hollywood）本来是地名，位于美国加利福尼亚州洛杉矶市西北郊。由于当地发达的娱乐工业，好莱坞与其周边的伯班克等市共同构成了美国影视工业的中心地区，所以"好莱坞"一词往往直接用来指美国加州南部的电影工业。好莱坞市内有不少数十年历史的老电影院，通常被用作电影首映式或举行奥斯卡奖颁奖礼的场所，如今也成为旅游热门景点。作为大洛杉矶市的一部分，好莱坞没有自己的市政部门，但有一个指定的官员担任"荣誉市长"，仅参加各种仪式。

● 好莱坞的电影公司

1911年10月，一批从新泽西来的电影工作者，到一家叫布朗杜的小客栈，他们将租到的客栈改装成一家电影公司，创建了好莱坞的第一家电影制片厂——内斯特影片公司。从那以后，许多电影公司在好莱坞落户，著名的有米高梅电影公司、派拉蒙影业公司、20世纪福克斯公司、华纳兄弟公司、迪士尼、环球公司、狮门电影公司、哥伦比亚影业公司。

● 迪士尼

英文全称是"The Walt Disney Company"，该名取自创始人沃尔特·迪士尼。沃尔特·迪士尼是美国动画片制作家、演出主持人和电影制片人，1901年12月5日生于美国伊利诺伊州的芝加哥，以创作卡通人物米老鼠和唐老鸭闻名。沃尔特·迪士尼于1928年制作了世界上第一部有声动画片《蒸汽船威利》（又译为《威利汽船》《威廉号汽艇》）和世界上第一部彩色动画片《白雪公主和七个小矮人》（1937年1月13日）。

沃尔特·迪士尼与哥哥罗伊·迪士尼创办迪士尼兄弟动画制作公司。迪士尼总部设在美国伯班克的大型跨国公司，主要业务包括娱乐节目制作、主题公园、玩具、图书、电子游戏和传媒网络。旗下的公司（品牌）包括皮克斯动画工作室、试金石电影公司、麦克斯电影公司、博伟影视公司、好莱坞电影公司、ESPN体育、美国广播公司（ABC）。

作为一个娱乐品牌，迪士尼在2008年《商业周刊》的世界100强品牌（按照品牌价值）排名为第9位。

● 奥斯卡金像奖

奥斯卡金像奖的正式名称是"电影艺术与科学学院奖"，简称"学院奖"，为世界上影响最大、历史最悠久的电影奖，由美国电影艺术与科学学院颁发。

1927年5月，在美国电影艺术与科学学院成立的宴会上，有人建议，为了推动电影艺术的发展，对有成就者应给予奖励。与会者一致同意，并由当时参加会议的米高梅公司美工师塞德里克·吉本斯在桌布上画了个草图，后由刚从艺术学校毕业的青年艺术家乔治·斯坦利塑成铜像。这尊铜像是个手握长剑、站在一盘电影胶片上的男性人体塑像，表面镀金，所以叫金像奖。第一届奥斯卡颁奖典礼于1929年5月16日在好莱坞的罗斯福酒店举行。

1931年，电影艺术与科学学院图书馆的女管理员玛格丽特·赫里奇在端详了金像奖之后，惊呼道："啊！他看上去真像我的叔叔奥斯卡！"隔壁的新闻记者听后写道："艺术与科学学院的工作人员深情地称呼他们的金塑像为'奥斯卡'。"从此，这一别名不胫而走。

该奖的主要项目有最佳影片奖、最佳女演员奖、最佳男演员奖、最佳导演奖。还有最佳摄影、美工、服装设计、原剧本、改编剧本、改编配乐、剪辑、视觉效果、作曲、音响等奖项。此外，还颁发一些特别荣誉奖。

● 欧洲电影奖

1988年在瑞典电影大师伯格曼的倡议下设立，被称为"欧洲的奥斯卡奖"。该奖的宗旨是永久树立欧洲各国都遵循的电影艺术精神，意在唤醒全球观众对欧洲艺术人文电影的信心及支持。原来欧洲电影奖总部一直设在德国柏林，进入20世纪90年代后期，欧洲电影奖打破了地域限制，把10年庆典移师伦敦。2000年，欧洲电影奖颁奖典礼在法国巴黎举行。

● 英国电影学院奖

英国电影学院奖创建于1947年，原来主要表彰的对象是英国电影及由英国籍演员演出的外国影片，相当于英国的奥斯卡奖。近年来提名较为开放，只要在英国正式上映的影片都可获提名，奖项改为面向世界各国的影片进行评奖，使之产生了更大的影响，现在的奖项设置已与奥斯卡奖类似。1959年，英国电影学院与电影制片人和导演公会合并，改名为电影和电视学会，1975年又改名为英国电影与电视艺术学院。1947年开始评奖，每年一次，2月25日开奖。首届设最佳影片奖、最佳英国片奖、最佳纪录片奖。第2届增设最佳专题片奖。第3届增设联合国奖。第6届增设最佳英国女演员、最佳英国男演员、最佳外国女演员、最佳外国男演员、最有前途新人等奖项。以后几乎每几届就有新的奖项产生。

● 法国恺撒奖

法国国内电影的最高评奖，有"法国奥斯卡"之称，由法国电影艺术与技术学会和法国电视二台合作举办，并组织评选，投票产生。它以法国著名雕塑家巴勒达西尼·恺撒命名（因恺撒奖奖座由他设计）。始于1976年，每年一届。首届设13个单项奖，即最佳法国片、导演、编剧、男女主角等。1982年开始增设最佳处女作奖，1984年又增设最佳男女青年演员希望奖。

● 美国电影金球奖

金球奖始终笼罩在奥斯卡的阴影之下，更像是奥斯卡前的一次预演。金球奖始于1943年，由好莱坞外国记者协会主办，是美国影视界最重要的奖项之一。金球奖共设有24个奖项，被提名者名单通常是在圣诞节前公布，颁奖晚会则选在1月中旬举行。金球奖颁奖晚会的举办地点曾多次变动，不过近几年似乎已经固定在贝弗利山的希尔顿饭店。作为每年第一个颁发的影视奖项，金球奖被许多人看作奥斯卡奖的风向标，近十几年来二者结果的对比似乎也能很好地证明这一点。

● 美国金草莓奖

由约翰·威尔逊在1981年设立，由"金草莓奖基金会"组织评选，是与奥斯卡唱对台戏、专评好莱坞最差影片和最差演员的奖项，每年评选一次。得奖名单故意选在每年3月24日，即奥斯卡颁奖前夜公布。得奖者有时并非该年度最差，而是以亏本为衡量标准，因此一些大成本电影或大牌歌手跨界演出，往往会因树大招风而中奖。

● 美国独立精神奖

1985年成立，专门表扬低成本电影，如今已成为美国独立制片界的最高荣誉奖。每年3月下旬举行颁奖典礼。

● 日本《电影旬报》电影奖

创立于1919年的《电影旬报》电影奖，在1924年开始进行年度佳片评选，最初只选出最佳外国电影；1925年起对外国片分艺术片、娱乐片两类开展评选；1930年起又分"日本现代电影""日本古装电影""外国无声电影""外国有声电影"进行评选；之后，固定为年度10部最佳日本电影、10部最佳外国电影、最佳日本影片导演、最佳外国影片导演4个项目的评选，"年度十佳"是第二次世界大战前最权威的电影奖项。随着战后电影繁荣时期的到来，《电影旬报》年度评选项目越来越多，渐趋"奥斯卡化"，分为最佳日本影片、最佳外国影片、最佳导演、编剧、男女主演、男女配角、新秀男女演员等，并扩大了读者参与程度，上述奖项，由读者同样选出一遍。

● 威尼斯国际电影节

威尼斯国际电影节设在意大利水城威尼斯，是世界上最早的国际电影节。始办于1932年，被誉为"国际电影节之父"，参加该电影节第一届活动的只有几个国家，二十几部影片参赛。后来意大利政府拨款资助，还专门为电影节建造了电影宫，所以规模逐渐扩大。第二次世界大战开始，意大利政府走上法西斯道路，使其评奖活动附上法西斯色彩，让德国和意大利的影片频频得奖，引起英、美、法等国家电影界的强烈不满。反法西斯国家的电影工作者纷纷拒绝参赛，电影节不得不停办，直到1946年才恢复。

威尼斯国际电影节和其他大型国际电影节一样，都有自己的宗旨：奖励世界各地有价值的、有创造性且适合进行国际发行的优秀影片，促进世界各地电影工作者之间的交往和合作，并为发展电影贸易提供方便。同时，根据形势的不同，每届还提出不同的口号。威尼斯电影节设立的奖项很多，有圣马克金狮奖、圣马克银狮奖、圣马克铜狮奖、意大利电影评论家奖、国际电影评论家奖、国际天主教组织奖、国际电影新闻协会奖、纪录片奖等。

● 圣丹斯国际电影节

全世界首屈一指的独立制片电影节。圣丹斯电影节是专为没有名气的电影人和影片设立的电影节，由罗伯特·雷德福于1984年创办。经过多年积累，这个美国本土的小电影节已成为独立制片业的重要精神支柱，许多好莱坞的新锐导演都视其为执导主流商业大片的跳板。而好莱坞大制片公司要找新秀，圣丹斯电影节又是不容错过的人力资源库。一年一度的圣丹斯电影节每年1月18日至28日在美国犹他州的帕克市举行，为期11天。

● 东京国际电影节

始于1985年的东京国际电影节是当今世界著名电影节之一，由东京国际映像文化振兴会和东京国际电影节组委会主办。电影节定于每年10月下旬至11月上旬举行。旨在发掘新人和奖励青年导演，要求正式参赛片导演的作品不能超过3部，因而入围导演多为新生代影人。从1992年起改为每年举办一次。

● 柏林国际电影节

原名"西柏林国际电影节"，欧洲第一流的国际电影节之一。20世纪50年代初由阿尔弗莱德·鲍尔筹划，得到了当时的联邦德国政府和电影界的支持和帮助，1951年6月底至7月初在西柏林举办第一届电影节。

主奖有"金熊奖"和"银熊奖"。"金熊奖"授予最佳故事片、纪录片、科教片、美术片;"银熊奖"授予最佳导演、男女演员、编剧、音乐、摄影、美工、青年作品或有特别成就的故事片等。此外,还有国际评论奖、评委会特别奖等。

20世纪80年代,每年30个至40个国家和地区参加柏林国际电影节,放映影片200部至300部。电影节每年举行一次。从1978年起,为了和法国的戛纳国际电影节竞争,提前至2月底到3月初举行,为期两周。柏林国际电影节的意义不仅是吸引了大量观众,而且吸引了许多电影制作人。六十多个国家的报纸、杂志、互联网、电台、电视台的将近三千名新闻记者蜂拥而来,每年仅公开的电影放映就吸引了三十多万宾客。

● 戛纳国际电影节

也称"康城电影节"或"坎城电影节"。1939年,法国为了对抗当时受意大利法西斯政权控制的威尼斯国际电影节,决定创办法国自己的国际电影节。第二次世界大战爆发使筹备工作停顿下来。大战结束后,于1946年9月20日在法国南部旅游胜地戛纳举办了首届电影节。

自创办以来,除1948年、1950年停办和1968年中途停办外,每年举行一次,为期两周左右。原来每年9月举行,从1951年起为了在时间上争取早于威尼斯国际电影节,改在5月举行。1956年最高奖为"金鸭奖",1957年起改为"金棕榈奖",分别授予最佳故事片、纪录片、科教片、美术片等。此外,历年来还先后颁发过爱情心理电影、冒险侦探电影、音乐电影、传记片、娱乐片、处女作、导演、男女演员、编剧、摄影、剪辑等奖项。竞赛部分通常从世界各地挑出24部影片,而作为开幕或闭幕的影片则不参与竞赛。

● 多伦多国际电影节

多伦多国际电影节于1976年首次举办,早期以放映其他电影节参展电影为主。经过多年发展及多番转变,目前被认为是美国奥斯卡金像奖的预演,不少电影选择在多伦多国际电影节进行全球或北美首映。自首届多伦多国际电影节创办以来,共有近六千部影片在此与世人见面,其中有大约三百部曾登上奥斯卡提名名单和领奖台。有别于柏林、戛纳和威尼斯三大欧洲电影节，多伦多电影节并不以评奖为主，而是以电影展映数量多而著称。

● 蒙特利尔国际电影节

1977 年由加拿大魁北克省文化事务部在蒙特利尔市创办首届非比赛性电影节，次年起改为比赛性电影节。该节每年 8 月至 9 月举行，为期十天左右，主要目的是鼓励各国影坛人士间的往来，促进各国电影事业的发展，并使蒙特利尔成为国际文化交流的场地。主要活动有：故事片和短片比赛，故事片和短片会外放映，每届举办一个国家影片的专场放映，专业人员的观摩性放映，本国影片专场放映，美洲影片专场放映，表彰新老电影工作者大会，举办回顾展，召开研讨会，开办国际电影市场，广泛开展宣传活动。

文化地理

　　地理环境是文化起源和形成的物质基础，文化又影响人类的生产方式、生活方式和政治活动，并通过影响人类的思想观念和行为活动而作用于地理环境。

● 鬼斧神工的自然奇观

　　地球历经近五十亿年的演化过程，经过错综复杂的物理、化学变化，加之天文变化的影响，各个层圈均在不断演变，因此大自然的很多景观堪称鬼斧神工。

　　（1）蓝洞。距洪都拉斯伯利兹市96.6千米的海域有一处叫作"蓝洞"的水下坑洞，这个大洞直径为304.8米，洞内水深146.3米，是冰河时代末期形成的一个石灰石坑洞。

　　（2）蓝湖洞。位于巴西马托格罗索地区，其内部的钟乳石、石笋数不胜数，更有辽阔无边的蓝湖。

　　（3）巨人水晶洞。位于墨西哥奇瓦瓦沙漠地下深处，洞深达304.8米，洞内到处都是松树那么高的发光巨型石柱，全部为半透明的金色和银色。

　　（4）撒哈拉眼。位于撒哈拉大沙漠西南部毛里塔尼亚境内，直径为48.3千米。

　　（5）巨人之路。位于北爱尔兰东北海岸，看起来就像巨型石阶，是一座古老火山喷发的产物。这些玄武岩柱乍看像四方形，其实大部分都是六角形，最高约为12米，悬崖上部分凝固熔岩达28米厚。

　　（6）地狱之门。位于乌兹别克斯坦达瓦兹附近，是一个巨大的地下洞穴，洞内的天然气不间断地燃烧。

　　（7）波浪岩。位于澳大利亚西部，因它像高高的海浪而得名。露出地面的部分占地三四万平方米，"浪潮"部分岩石高15米，长110米。

（8）巧克力山。位于菲律宾，由1268个面积相同的圆锥形山丘组成，占地达50平方千米。

（9）石浪。位于美国犹他州和亚利桑那州交界处，由1.9亿年前的沙丘演变而成，在近二百平方米的山间缝隙中，血红的砂岩似海浪翻腾，刚与柔达到最奇妙的结合。

（10）羚羊峡谷。位于美国亚利桑那州的最北部，这里过去是野羚羊的栖息处，因峡谷里常有野羚羊出没而得名。峡谷总长四百多米，谷顶两侧的距离很窄，但由谷顶到谷底的垂直距离却高达十多米，光线完全是自然光通过不同深度的红色岩层缝隙的折射进入洞内的。

● 古代文明七大奇迹

又称"古代世界七大奇观"，指古代西方世界（尼罗河流域、两河流域、爱琴海希腊化地区）的七处壮丽的人造景观。这些建筑物和塑像，以其宏伟的规模、艺术美感或独特的建造方式，代表了古代西方文明的成就。

最早提出世界七大奇迹这一说法的是旅行家昂蒂帕克。公元前3世纪，腓尼基旅行家昂蒂帕克写下了七大奇迹的清单：（1）埃及吉萨金字塔；（2）奥林匹亚宙斯神像；（3）阿尔忒弥斯神庙；（4）摩索拉斯基陵墓；（5）亚历山大灯塔；（6）巴比伦空中花园；（7）罗德岛太阳神巨像。据这位旅行家说，七大奇观乃是他"心眼所见，永难磨灭"。目前，除金字塔尚存外，其他"六大奇迹"已经消失。

● 埃及金字塔

金字塔是古代埃及王为自己修建的陵墓，公元前2700年至公元前2500年建造，位于埃及开罗附近的吉萨高原。

埃及的大小金字塔，大多建于埃及第三王朝至第六王朝。相传，古埃及第三王朝之前，无论是王公大臣还是老百姓，死后都被葬入一种用泥砖建成的长方形的坟墓，古代埃及人称之为"马斯塔巴"。后来，有一个名叫伊姆荷太普的年轻人，在给埃及法老左塞王设计坟墓时，发明了一种新的建筑方法。他用方形的石块代替泥砖，并不断修改陵墓的设计方案，最终建成一个六级的梯形金字塔——这就是金字塔的雏形。在古代埃及文中，因金字塔是梯形分层的，所以被称做层级金字塔。这是一种高大的角锥体建筑物，底座为四方形，每个侧面是三角形，样子就像汉字的"金"字，所以中国人叫它"金字塔"。

伊姆荷太普设计的塔式陵墓是埃及历史上的第一座石质陵墓。埃及共有金字塔80座，其中最大的一座金字塔是在公元前2600年左右建成的吉萨金字塔，全部由人工建成。吉萨金字塔左边属于卡夫拉王，右边属于库夫王，附近连着一座狮身人面像。

● 库库尔坎金字塔

库库尔坎金字塔位于墨西哥的库库尔坎，是玛雅文化前古典期晚期（公元前800年—公元前200年）中部高原文化的重要文化遗址之一。"库库尔坎"的原意是"舞蹈、唱歌的地方"，或表示"带有羽毛的蛇神"。

库库尔坎金字塔的名气仅次于埃及金字塔。埃及金字塔是金黄色的，是一个四角锥形，经过几千年风吹雨打，已经腐蚀。库库尔坎金字塔要矮一些，由巨石堆成，石头是灰白色的，整个金字塔也是灰白色的，金字塔不完全是锥形的，顶端有一个祭神的神殿。金字塔的阶梯朝着正北、正南、正东和正西，每座楼梯有91阶，四座楼梯加上最上面一阶共365阶（91×4＋1=365），正好是一年的天数。52块有雕刻图案的石板象征玛雅日历中52年为一轮回年。

● 巨石阵

巨石阵又称"索尔兹伯里石环""环状列石""太阳神庙""史前石桌"，是欧洲著名的史前时代文化神庙遗址，位于英格兰威尔特郡的索尔兹伯里平原。

这个巨大的石建筑群位于一个空旷的原野上，主要是由许多整块的蓝砂岩组成，每块重50吨。巨石阵不仅在建筑学史上具有重要的地位，而且在天文学上有着重大的意义：其主轴线、通往石柱的古道，与夏至日早晨初升的太阳在同一条线上，其中还有两块石头的连线指向冬至日落的方向。人们猜测，这很可能是远古人类为观测天象而建造的，可以算是天文台最早的雏形了。巨石阵修建于公元前3000年至公元前1600年之间，修建方式和目的都不清楚。

● 古罗马角斗场

古罗马时期的剧场建筑，位于意大利首都罗马的威尼斯广场南面，是古罗马建筑的典型代表，也是古罗马帝国的象征。

角斗场又名"斗兽场""露天竞技场"。因它建于弗拉维王朝（公元69年至公元96年）时期，故又称"弗拉维露天剧场"，其真正的名字是"科洛塞奥"，意为"高大"，广场上还有尼禄皇帝的一个高大铜像。

角斗表演是古罗马节日中不可缺少的节目。公元72年，古罗马帝国的韦斯帕西亚诺国王为了纪念征服耶路撒冷的胜利，强迫数万名奴隶，在莫尔西亚山谷尼禄皇家花园里的人工湖上经过十多年的建造，建成了这座雄伟、壮观的大角斗场。角斗场竣工后，各种表演持续100天，动用5000头狮子、老虎和其他猛兽，还有3000名由奴隶、俘虏、罪犯和基督徒组成的角斗士，大部分惨死在角斗场上。

古罗马角斗场平面呈椭圆形，周长527米，由沙场、看台和地下室三部分组成。角斗用的沙场位于中央，是观看奴隶或野兽角斗表演的场所。环围沙场的是60排阶梯式座位，可容纳观众5万人。设有80个出入口，以便于疏散人群。在沙场和看台下面，设有角斗士预备室、困兽室和排水沟等。大角斗场的立面高48.5米，分为4层，下面3层为连续的券拱式拱廊，第四层为设有壁柱的实墙体柱廊。券柱底层为塔斯干式，二层为爱奥尼式，三层为科林斯式。大角斗场是世界上仅存的古罗马圆形"剧场"。

● 凯旋门

凯旋门（Triumphal Arch）是欧洲纪念战争胜利的一种建筑，常建在城市主要街道中或广场上，用石块砌筑，形似门楼，有一个或三个拱券门洞，上刻宣扬统治者战绩的浮雕。

凯旋门始建于古罗马时期，当时统治者以此炫耀自己的功绩，后为欧洲其他国家所效仿。著名的有提图斯凯旋门（意大利罗马）、塞维鲁凯旋门（意大利罗马）、君士坦丁凯旋门（意大利罗马）、巴黎凯旋门、奥朗日凯旋门（法国奥朗日）、平壤凯旋门（朝鲜平壤）、勃兰登堡凯旋门（德国柏林）。

● 星形广场凯旋门

星形广场凯旋门俗称"巴黎凯旋门"，又称"戴高乐广场凯旋门"。

巴黎的凯旋门并非一座，但最为壮观、最为著名的，是位于"夏尔·戴高乐广场"（原名星形广场，1970年改今名）中央的那座凯旋门，它是欧洲一百多座凯旋门中最大的一座。

1805年12月2日，拿破仑·波拿巴在奥斯特利茨战役中大胜奥俄联军，第二年2月12日拿破仑·波拿巴下令建此凯旋门，以炫耀自己的军功，1836年7月29日举行了落成典礼。星形广场凯旋门全部由石材建成，高49.54米，宽44.82米，厚22.21米，中心拱门宽14.6米。凯旋门的四周都有门，门内刻有跟随拿破仑·波拿巴远征的286名将军的名字，门上刻有1792年至1815年间的法国战事史。

星形广场凯旋门内设有电梯，可直达50米高的拱门。人们亦可沿着273级螺旋形石梯拾级而上。到19世纪中期，又在其周围修建了圆形广场以及12条放射状道路，这些大道就像一颗明星放射出的灿烂光芒，因而凯旋门又称"星门"。12条大道中，最著名的为香榭丽舍大道、格兰德大道、阿尔美大道、福熙大道等。

在星形广场凯旋门的正下方，是1920年11月11日建造的无名战士墓，墓是平的，据说墓中睡着的是在第一次世界大战中牺牲的一位无名战士，他代表着在大战中死难的150万法国官兵。墓前设有长明灯（又称"长明火炬"），每天晚上都准时举行一项拨旺火焰的仪式。凯旋门外墙上刻有取材于1792年至1815年法国战史的巨幅雕像。正面有4幅浮雕——《马赛曲》《胜利》《抵抗》《和平》。

● 大本钟

大本钟是英国伦敦的著名古钟，又称"威斯敏斯特宫报时钟"，被视为伦敦的象征。

大本钟造于1856年，耗资2.7万英镑。由当时的英王工务大臣本杰明·霍尔爵士监制，建成后以其名字命名，称为"Big Ben"，中译大本钟。1857年该钟出现裂痕，1859年重新铸造。大本钟的钟盘直径为7米，有4个钟面，时针和分针的长度分别为2.75米和4.27米，钟摆重305公斤，大钟总重量为13.5吨。

大本钟每走3天就失去动力，所以钟表师每周必须爬上去3次，为它上弦。同时，钟表师可以通过调整钟摆上方放置的小钱币，调整大本钟走时的快慢，如增加1便士硬币就相当于一天把表调快了0.4秒。

● 格林尼治

格林尼治又译为"格林威治"，是世界计算时间和地理经度的起点，位于伦敦市中心东南8000米处。

格林尼治地势险要，风景秀丽，早在15世纪已建起了宫殿，设置炮台和瞭望塔。1675年，国王查理二世颁诏，决定将瞭望塔改建成英国皇家格林尼治天文台。1884年，世界上二十多个国家的天文工作者在美国华盛顿召开会议，正式确定以通过该天文台中星仪的子午线为零度经线，向东称东经，向西称西经，各为180度。每15度为一个时区，相邻时区相差1小时。在天文台大门旁的砖墙上，镶着一台24小时走字的大钟，它所指示的时间，就是世界各国通用的"格林尼治标准时间"。从此，格林尼治名扬天下。

随着天文观测仪器的发展，格林尼治天文台建筑已容纳不下大量现代化的设备，加之格林尼治已与伦敦市区相连，城市环境对天象气候的观测造成影响。1948年，英国政府决定将天文台址迁到英格兰东南部的赫斯特蒙苏，但仍然沿用皇家格林尼治天文台旧称。这里安置了包括直径为2.49米的牛顿望远镜、精确到十亿分之一秒的原子钟等先进设备。天文台旧址变为博物馆，人们可以看到天文台早期使用过的望远镜、天文时钟、天象图、航海图等。

● 宙斯神像

宙斯是希腊众神之神，是奥林匹亚神系的主神，为表达崇拜而兴建的宙斯神像是当时最大的室内雕像，宙斯神像所在的宙斯神殿则是奥林匹克运动会的发源地。宙斯神殿是希腊的宗教中心，由城邦和平民送来的祭品种类很多。几百年来，一直在露天神坛叩拜宙斯。

宙斯神殿建于公元前470年，由当地建筑师伊利斯人李班监建，公元前456年完成，神殿前后的石像都是用派洛斯岛的大理石雕成，宙斯神像则由雕刻家菲迪亚斯负责。

神像接受人们崇拜达九百多年，但最后基督教结束了一切。公元

393年，罗马皇帝都路一世颁发止竞技的敕令，古代奥林匹克竞技大会在这一年终止。公元426年，又颁发了异教神庙破坏令，于是宙斯神像遭到破坏，菲迪亚斯的工作室亦被改为教堂，古希腊神像从此灰飞烟灭。后来奥林匹亚地区经常发生洪水泛滥，整个城市埋没在很厚的淤泥下。所幸的是，神像在这之前已被运往君士坦丁堡，被收藏于宫殿内达60年之久，可惜最后亦毁于城市暴动中。

● 复活节岛石像

复活节岛位于智利以西外海3600千米至3700千米处，是世界上与世隔绝的岛屿之一。复活节岛以六百多尊神秘的巨型石像吸引各国的观光客和考古学家，大大小小的人头巨石遍布全岛，称为"摩艾石像"，其中以亚虎达喜、亚虎亚基维、拉诺拉拉库和安纳根纳湾最为集中。

这些神秘的石像是用火山岩刻出，有受到雨水冲蚀或风蚀而毁坏的危险。石像全部为半身，大多被整齐地排列在4米多高的长方形石台上，背向大海。石像高7米至10米，重量从20吨到90吨不等，最重的竟然达200吨。有的石像戴着红帽子。石像都是长脸、长耳、双目深凹、削额高鼻，下巴棱角分明，表情沉毅自信，还有的石像被安上了眼珠。

关于这些石像的来历，考古学家们有多种说法，但至今没有定论。其中最被普遍接受的是这些石像代表从前的部落首领。这些石像被认为用于某种典礼，是权力的象征，或是用于纪念死者。

● 自由女神像

自由女神像是法国在1876年赠送给美国独立100周年的礼物，其全称是"自由女神铜像国家纪念碑"，又称"照耀世界的自由女神"。

自由女神像坐落于美国纽约州纽约市附近的自由岛上，整座铜像以120块钢铁为骨架，80块铜片为外皮，30万只铆钉装配固定在支架上，高46米（加基座为93米），重229吨。"自由女神"双唇紧闭，头戴光芒四射的冠冕，身着古罗马时代的长袍，右手高擎长达12米的火炬，左手紧抱一部象征《美国独立宣言》的书版，上面刻着《宣言》发表的日期"1776.7.4"字样。脚上残留着被挣断了的锁链，象征暴政统治已被推翻。

花岗岩构筑的神像基座上，镌刻着美国女诗人埃玛·娜莎罗其的一首脍炙人口的诗："送给我你那些疲乏的和贫困的挤在一起渴望自由呼吸的大众/你那熙熙攘攘的岸上被遗弃的可怜的人群/你那无家可归饱经风波的人们/一齐送给我/我站在金门口/高举自由的灯火。"

● 巴西救世主耶稣像

这座高38米的巨型雕像，位于里约热内卢城旁高达710米的科尔科瓦杜山上。

雕像张开双臂，形成一个巨大的十字，俯视着巴西名城里约热内卢。这座雕像的创作者名叫兰托斯基，是一个波兰裔法国人。从1926年开始，他在法国把这座雕像分别一个部位一个部位地雕刻出来，直到1931年，当所有的"零件"都完工后，才叫人专门负责把这些"零件"运到巴西进行组装。2005年，世界野生动物基金组织成员将一个巨大的水龙头安置在雕像旁，以纪念世界环境日。

● 仰光大金塔

缅甸的仰光大金塔，与印度尼西亚的婆罗浮屠和柬埔寨的吴哥窟一起被称为东方艺术的瑰宝。缅甸人称大金塔为"瑞大光塔"，"瑞"在缅语中是"金"的意思，"大光"是仰光的古称。

大金塔始建于公元585年，初建时只有20米高，15世纪的德彬瑞蒂王曾用相当于他和王后体重4倍的金子和大量宝石，对此塔做了一次修整，现在塔的高度是112米。最上面的金伞有5448粒钻石和2317粒红宝石。在塔的尖端，有一颗重76克拉的巨钻。在塔的周围，则悬挂着1065个金铃和420个银铃。塔身所铺之金是由真正的金块制成的，把塔的砖石结构覆盖。

● 伦敦塔

伦敦塔是由威廉一世为镇压当地人和保卫伦敦城，于1087年开始动工兴建的，历时20年，堪称英国中世纪的经典城堡。

伦敦塔是一组塔群，东西长35.9米，南北宽32.6米，高27.4米。因亨利三世时涂成白色，故名"白塔"。塔四角建有塔楼，除东北角塔楼为圆形外，其余3个均呈方形。12世纪至13世纪又进行扩建，以白塔为中心，四周建内外两层城墙，设多座防御性建筑。内城墙有 13 座塔，建成于亨利三世时期，以威克非塔、血塔、比彻姆塔最为著名。血塔建于 1225 年，原称花园塔，因发生过悲惨事件，16 世纪末改称"血塔"。外城墙有中塔、井塔、圣托马斯塔等 6 座塔和两座棱堡，建成于爱德华一世时期，大部分是圆筒形。最外层有护城壕。自 1140 年起该塔就成为英国国王的重要宫殿之一。17 世纪初詹姆士一世是最后一位住在该处的国王。白塔内的圣约翰教堂是伦敦现存最古老的教堂。

伦敦塔现为英国著名博物馆之一，陈列了英国和其他国家的古代兵器、王冠、王袍、盔甲等。设在地下室的皇家珍宝馆，主要展出 17 世纪以来君主的王冠、权杖及王室的珠宝，其中有维多利亚女王加冕时制作的镶有三千多颗宝石的"帝国王冠"和嵌有 530 克拉钻石的权杖等。

● 比萨斜塔

比萨斜塔是意大利比萨城大教堂的独立式钟楼，位于意大利托斯卡纳省比萨城北面的奇迹广场上。

钟楼始建于 1173 年，设计为垂直建造，但是在工程开始后不久（1178 年）便由于地基不均匀和土层松软而倾斜，1372 年完工，塔身倾斜向东南。比萨斜塔从地基到塔顶高 58.36 米，从地面到塔顶高 55 米，钟楼墙体在地面上的宽度是 4.09 米，在塔顶宽 2.48 米，总重约 14453 吨，重心在地基上方 22.6 米处。圆形地基面积为 285 平方米，对地面的平均压强为 497 千帕。目前的倾斜约 10%，即 5.5 度，偏离地基外沿 2.3 米，顶层突出 4.5 米。由于倾斜程度过于危险，比萨斜塔曾在 1990 年 1 月 7 日停止向游客开放。经过 12 年的修缮，耗资 2500 万美元，斜塔被扶正 44 厘米，基本达到预期的效果。

专家认为，只要不出现不可抗拒的自然因素，经过修复的比萨斜塔，300 年内将不会倒塌。2001 年 12 月 15 日起再次向游人开放。

● 艾菲尔铁塔

艾菲尔铁塔是巴黎的标志之一，被法国人称为"铁娘子"，坐落在塞纳河南岸马尔斯广场的北端。1887 年 1 月 26 日动工，1889 年 5 月 15 日开放，距今已有一百多年的历史。

塔身为钢架镂空结构，高 324 米，重一万多吨。有海拔 57 米、115

米和274米的三层平台供游览，第四层平台海拔300米，设气象站。顶部架有天线，为巴黎电视中心。从地面到塔顶装有电梯和阶梯，阶梯有1711级。铁塔采用交错式结构，由4条粗大的、带有混凝土水泥台基的铁柱支撑着高耸入云的塔身，内设4部水力升降机（现为电梯）。

艾菲尔铁塔使用了1500多根巨型预制梁架、150万颗铆钉、12000个钢铁铸件，由250个工人花了17个月建成，造价为740万法郎，每隔7年油漆一次，每次用漆52吨。这一庞然大物显示了资本主义初期工业生产的强大威力。

● 大英博物馆

世界四大博物馆之一，又名不列颠博物馆。位于英国伦敦新牛津大街北面的大罗素广场，建于1753年，1759年1月15日起正式对公众开放，是世界上历史最悠久、规模最宏伟的综合性博物馆。

博物馆收藏了世界各地的许多文物和图书珍品，藏品之丰富、种类之繁多，为全世界博物馆所罕见。目前博物馆拥有藏品六百多万件。由于空间的限制，还有大批藏品未能公开展出。

大英博物馆分为10个分馆：古近东馆、硬币和纪念币馆、埃及馆、民族馆、希腊和罗马馆、日本馆、中世纪及近代欧洲馆、东方馆、史前及早期欧洲馆、版画和素描馆以及西亚馆。其中以埃及馆、希腊罗马馆和东方的馆藏品最引人注目，所收藏的古罗马遗迹、古希腊雕像和埃及木乃伊闻名于世。被英国人称为第一号珍宝的是罗塞达石碑，陈列于博物馆最底层的显著位置。这是一块黑色玄武岩石碑，长约107厘米，宽约76厘米，厚30厘米，被发现于拿破仑远征埃及时。额尔金大理石也是该馆的镇馆之宝，是从希腊帕特农神殿上取下来的大理石雕刻品。

大英博物馆大中庭位于博物馆中心，于2000年12月建成并对外开放，目前是欧洲最大的有顶广场，广场的顶部由1656块形状奇特的玻璃片组成，广场中央为大英博物馆的阅览室，对公众开放。

● 卢浮宫博物馆

世界四大博物馆之一，位于法国巴黎市中心的塞纳河北岸，建于1204年。

卢浮宫博物馆占地面积（含草坪）约为0.45平方千米，建筑物占地面积为 0.048 平方千米，全长 680 米。它的整体建筑呈 "U" 形，分为新、老两部分，老的建于路易十四时期，新的建于拿破仑时代。宫前的金字塔形玻璃入口，由华人建筑大师贝聿铭设计。1793 年，卢浮宫博物馆正式对外开放。如今博物馆收藏目录上记载的艺术品数量已达四十多万件，分为许多门类、品种，有古代埃及、希腊、埃特鲁里亚、罗马的艺术品，还有东方各国的艺术品；有从中世纪到现代的雕塑作品，还有数量惊人的王室珍玩以及绘画精品。藏品中的雕像《维纳斯》、油画《蒙娜丽莎》和石雕《胜利女神》被誉为 "世界三宝"。

● 大都会艺术博物馆

世界四大博物馆之一，位于美国纽约第五大道上的 82 号大街，与著名的美国自然历史博物馆遥遥相对。

大都会艺术博物馆占地 13 万平方米，建于 1880 年。目前藏有埃及、巴比伦、亚述、远东和近东、希腊和罗马、欧洲、非洲、美洲前哥伦布时期和新几内亚等各地艺术珍品三百三十多万件，包括古今各个历史时期的建筑、雕塑、绘画、素描、版画、照片、玻璃器皿、陶瓷器、纺织品、金属制品、家具、古代房屋、武器、盔甲和乐器。整个博物馆是一幢大厦，为北京故宫博物院的九分之一，但展出面积很大，反而是故宫博物院的两倍，仅画廊就有二百多个。

● 艾尔米塔什博物馆

世界四大博物馆之一，位于俄罗斯圣彼得堡的涅瓦河畔。

该馆最早是叶卡特琳娜二世女皇的私人博物馆。1764 年，叶卡特琳娜二世从柏林购进伦勃朗、鲁本斯等人的 250 幅绘画存放在冬宫的艾尔米塔什（法语，意为 "隐宫"），该馆因此而得名。

目前，博物馆共分 8 个部分：原始文化部、古希腊和古罗马部、东方民族文化部、俄罗斯文化史部、古钱币部、西欧艺术部、从事导游工作的科学教育部和作品修复部。8 个部共有藏品 270 万件，包括史前文化和埃及艺术收藏品以及大量意大利、西班牙、德国、英国、俄国、比利时、荷兰和法国的油画、雕刻。其中有 1.5 万幅绘画，1.2 万件雕塑，60 万幅线条画作品，100 万块硬币和证章，22.4 万件古代家具、瓷器、金银制品、宝石与象牙工艺品等。

● 维多利亚皇家博物馆

正式名称是"维多利亚与阿尔伯特工艺博物馆"，位于伦敦市中心著名的毕加特利圆形广场附近，是世界上最早创立、规模最大的装饰艺术博物馆，与大英博物馆享有同等声誉。

博物馆藏品约有一百万件，以反映英国式独特风格的工艺品为主要特色。可以观赏到中世纪精美的金属工艺品、象牙雕刻、织锦画、意大利的雕像与马嘉利卡陶器、西班牙式的陶器与服装以及 18 世纪的一批法国工艺品，还可以看到波斯、印度、中国和日本的精美工艺品以及伊斯兰教艺术品。1851 年，维多利亚女王的丈夫阿尔伯特公爵在伦敦海德公园主持举办的万国博览会取得了空前成功，赢利达 18.6 万英镑。他于 1852 年购进了万国博览会的展示品，同年 9 月 6 日在马博罗馆正式对外展出，此馆称为"装饰艺术馆"，开维多利亚皇家博物馆之先河。1855 年，英国政府又拨巨款兴建了收藏这些装饰品的正式博物馆，并于 1857 年 6 月 22 日对外开放。

● 杜莎夫人蜡像馆

位于英国伦敦，在阿姆斯特丹、纽约、中国香港和拉斯维加斯都有分馆，在中国的上海分馆于 2006 年开放。

杜莎夫人蜡像馆建于 1835 年，创始人是法国斯特拉斯堡的杜莎夫人。杜莎夫人是法国一位杰出的艺术家，以制作蜡像而闻名。她从小随一名医生学习蜡像制作技艺，法国作家伏尔泰的蜡像是她的成名作。1835 年，当她 74 岁高龄时，在伦敦贝克街设立了一座永久性的展馆。该馆的杜莎夫人蜡像为真品鼻祖，其他各地展出的杜莎夫人蜡像均为复制品。

馆内陈列的蜡像人物已有三百多尊，与真人大小一样，真假难分。馆内的第一个展厅是一系列表现英国中古时代生活的蜡像，其中有一个生病卧床的少女，胸口还能起伏。其后是文艺界和体育界的明星蜡像馆。馆内最大的展览厅里陈列着英国历代的国王、女王及各国政治家、历史名人的蜡像，如林肯、华盛顿、列宁、爱迪生、贝多芬、莫扎特等。

馆内有一个恐怖厅，希特勒的蜡像把游客引进了陈列各种刑具的

"死室"，有断头台、绞刑架、挖眼穿心的刑具、电椅、打靶场等，其状可怖。"死室"后半部还有实景蜡像，展出英国历史上的著名凶杀案和死囚蜡像。杜莎夫人亲手将法国大革命的凄凉景象搬进蜡像馆，其中有路易十六及皇后和当时阵亡者死时的表情，配上音响、灯光、烟幕，如临真境。

● 梵蒂冈博物馆

位于意大利罗马圣彼得教堂北面，原是教皇宫廷，所收集的稀世文物和艺术珍品堪与伦敦大英博物馆和巴黎卢浮宫相媲美。

梵蒂冈博物馆总面积5.5万平方米，由12座建筑年代不同、建筑风格各具特色的收藏馆组成。主要包括：

（1）庇奥·克里门提诺美术馆。以古希腊、古罗马时代的雕刻最为精彩，名作有《克尼多斯的维纳斯》《沉睡的阿莉亚多尼》《望楼的阿波罗》《劳孔》以及《望楼的躯干雕像》等。

（2）伊突利亚美术馆。以公元前4世纪前的收藏品为主，重要作品有公元前5世纪赤土制的"飞马"、公元前7世纪伊突利亚的青铜"特迪的战神像"以及公元前4世纪的"黑像式双耳壶"等。

（3）拉斐尔诸室。以天花板壁画《雅典学院》驰名于世，是拉斐尔在25岁时创作的，4幅主画为《圣体的争论》《雅典学院》《三大德性》和《帕纳索斯山》。拉斐尔回廊内的画作取材于《旧约》，回廊内最著名的画作是《波尔哥的火灾》。

（4）梵蒂冈画廊。画廊收藏了许多乔凡尼、卡拉瓦乔、拉斐尔和达·芬奇的作品，其中最著名的有拉斐尔的《基督变容图》、达·芬奇的《圣杰洛姆》和卡拉瓦乔的《基督下葬》。

（5）西斯廷礼拜堂。米开朗基罗的巅峰画作《创世纪》和《最后的审判》是镇堂之宝，长方形的礼拜堂两侧共有12幅壁画。

● 金门大桥

世界上第一座跨海大桥。

大桥的北端连接北加利福尼亚，南端连接旧金山半岛。当船只驶进旧金山，从甲板上举目远望，首先映入眼帘的就是大桥的巨型钢塔。钢塔耸立在大桥南北两侧，高342米，其中高出水面部分为227米，相当于一座70层高的建筑物，大桥包括从钢塔两端延伸出去的部分，全长达2 000米。金门大桥桥身呈朱红色，于1933年动工，1937年5月竣工，用了4年时间和10万吨钢材，耗资达3550万美元。

金门大桥虽然不是世界上最长的悬索桥，但因其雄伟壮阔的造型而被世人所熟知。然而，使这座大桥闻名遐迩的另一个原因却是它"自杀圣地"的称号。据统计，自大桥建成以来，共有一千二百多人从桥上一跃而下，永别人世。

● 伦敦塔桥

伦敦塔桥是从英国伦敦泰晤士河河口算起伦敦塔外部的第一座桥（泰晤士河上共建桥15座），也是伦敦的象征，有"伦敦正门"之称。

该桥始建于1886年，1894年6月30日对公众开放，将伦敦南北区连接成整体。伦敦塔桥是一座吊桥，最初为木桥，后改为石桥，现在是一座拥有6条车道的水泥结构桥。河中的两座桥基高7.6米，相距76米，桥基上建有两座高耸的方形主塔，为花岗岩和钢铁结构的方形五层塔，高40米，两座主塔上建有白色大理石屋顶和5个小尖塔，远看仿佛是两顶王冠。两塔之间的跨度为六十多米，塔基和两岸用钢缆吊桥相连。桥身分为上、下两层，上层为宽阔的悬空人行道，两侧装有玻璃窗，行人从桥上通过，可以饱览泰晤士河两岸的美丽风光；下层可供车辆通行。从桥上或河畔，可以望见停在不远处河上的英国军舰"贝尔法斯特"号，这是第二次世界大战以来英国保留得最完整的军舰。

● 红　场

红场是俄罗斯莫斯科市最古老的广场，位于克里姆林宫东墙的一侧。

虽经多次改建和修建，但仍保持原样，路面还是当年的石块路，青光发亮，显得整洁而古朴。公元15世纪90年代，莫斯科发生大火灾，火灾后空旷之地成了广场，故曾被称为"火烧场"，公元17世纪中叶起称"红场"。俄语中"红色的"一词还有"美丽的"之意，由于译名时都只取了其中的第一释义，即"红色的"，久而久之，"红场"的名称就这样沿用至今。广场总面积9万平方米，呈长方形，南北长，东西窄。红场的大规模建设是在1812年以后。拿破仑军队纵火焚烧了莫斯科，此后，城市重建，红场被拓宽。1917年十月革命胜利后，莫斯科成为首都，红场成为人民举行庆祝活动、集会和阅兵的地方。

● 纽约时报广场

原名"朗埃克广场"，又称"世界的十字路口"，常被误译为"时代广场"，建于1904年。

纽约时报广场得名于《纽约时报》早期在此设立的总部大楼，是美国纽约市曼哈顿的一块街区，中心位于西42街与百老汇大道交会处，东西向分别至第六大道与第九大道，南北向分别至西39街与西52街，构成曼哈顿中城商业区的西部。使纽约时报广场驰名国际的是迎新夜的狂欢。1904年12月，人们第一次在广场上举办了新年狂欢活动，缤纷的烟花照亮了纽约的迎新夜，世上著名的辞旧迎新狂欢就此诞生，并年年相袭。

一百多年来，每到辞旧迎新之时，都有五十多万来自世界各地的人汇集于此。2000年12月31日，有二百多万人在此恭迎新千年的降临。

● 圣马可广场

又称威尼斯中心广场，一直是威尼斯的政治、宗教中心和传统节日的公共活动中心。

圣马可广场是由公爵府、圣马可大教堂、圣马可钟楼、新旧行政官邸大楼、连接两大楼的拿破仑翼大楼、圣马可大教堂的四角形钟楼和圣马可图书馆等建筑和威尼斯大运河所围成的长方形广场，长170米，东边宽80米，西边宽55米。广场四周的建筑都是文艺复兴时期的精美建筑。

圣马可广场初建于9世纪，当时只是圣马可大教堂前的一座小广场。马可是《圣经》中《马可福音》的作者，威尼斯人将他奉为守护神。相传，公元828年，两个威尼斯商人从埃及亚历山大将耶稣圣徒马可的遗骨偷运到威尼斯，并在同一年为圣马可兴建教堂。教堂内有圣马可的陵墓，大教堂以圣马可的名字命名，大教堂前的广场也因此得名"圣马可广场"。1797年，拿破仑进占威尼斯后，赞叹圣马可广场是"欧洲最美的客厅"和"世界上最美的广场"，说只有它配称为"广场"，其他就只是"场"而已。

● 达姆广场

被称为阿姆斯特丹的心脏、肚脐，是阿姆斯特丹历史文化的发祥地，是荷兰最有名的广场。

达姆广场地处阿姆斯特丹市中心，建于1648年，是作为市政府而兴建的，现在为王室迎宾馆。王宫的地基使用了13659根木柱，曾从中取出一根进行检测，发现建筑毫无下陷的危险。1810年法国统治荷兰时成为拿破仑的行宫，由范朋克负责设计了拱形游廊，宫内大厅设"法座"，四壁是大理石雕刻。

● 太阳门广场

西班牙首都马德里是举世闻名的斗牛之城，这座位于伊比利亚半岛中央的城市，地处海拔670米的高原之上，是欧洲地势最高的首都之一。马德里有三百多个街心广场，最有名的当属太阳门广场。

太阳门广场在马德里的正中心位置，从那里有10条街道呈放射状向外延伸。太阳门广场是马德里的中心。最初太阳门广场旁有一个太阳门，它曾经是马德里的东大门，历时一个世纪之久。因为它面向太阳升起的东方，所以取名为太阳门。后来由于城市的发展，交通的需要，太阳门在1570年被拆除，但马德里人没有忘记这个古老的城门，一直把这个遗址叫太阳门或太阳。

太阳门广场于1853年从原来5000平方米的面积扩建为1.2万平方米。人们以太阳门为起点，计算出通往全国各地的汽车、火车、飞机的里程。

● 三种文化广场

位于墨西哥城的塔库巴街。广场上有三组不同时代的建筑物：古代的阿兹特克金字塔大祭坛遗址、16世纪至17世纪西班牙殖民者修建的教堂以及20世纪50年代建造的墨西哥外交部大厦。这三种建筑代表了三种文化，即古老的阿兹特克文化、西班牙殖民文化与墨西哥现代文化，象征墨西哥丰富多彩的历史文化与兼容并蓄的民族特征。它们共存于一个广场上，因此广场称为"三种文化广场"。

● 雅典宪法广场

位于雅典市中心。宪法广场的无名战士纪念碑于1923年完工，高12米，当时是为了纪念第一次世界大战中阵亡的3000名卢森堡士兵，而在第二次世界大战被毁坏之后重建，因此就具有了双重意义。宪法广场的两个角落，分别为贝特留斯炮台及贝克炮台的地下入口处，对面是圣母教堂。

● 墨西哥宪法广场

位于墨西哥城中心，又称"中央广场"或"索卡洛广场"。宪法广场中央竖有巨大的墨西哥国旗，四周则是包括国家宫、最高法院和大教堂在内的重要建筑。位于宪法广场东侧的国家宫是墨西哥饱经沧桑的历史见证。国家宫共有14个庭院，除总统办公处外，这里还设有一家博物馆。国家宫最引人注目的是巨幅历史壁画，壁画布满国家宫中央庭院的四壁，色彩绚丽，描述了墨西哥的整个历史发展轨迹，其中对羽蛇神、西班牙人柯泰斯和独立战争的描述最为出色。此外，国家宫也是1810年墨西哥独立钟声响起之地，当年墨西哥独立之父伊达尔戈神甫敲响的独立钟，至今仍保存在国家宫中门的阳台上。

● 巴拿马运河

位于中美洲的巴拿马，横穿巴拿马海峡，总长82千米，最宽的地方达304米，最窄的地方也有152米。该运河连接太平洋和大西洋，是重要的航运要道，被誉为世界七大工程奇迹之一和"世界桥梁"。

整个运河的水位高出两大洋26米，设有6座船闸。船舶通过运河一般需要9个小时，可以通航76000吨级的轮船。巴拿马运河由美国建成，自1914年通航至1979年一直由美国独自掌控。不过，在1979年，运河的控制权转交巴拿马运河委员会（由美国和巴拿马共和国共同组成的一个联合机构），并于1999年12月31日正午将全部控制权交给巴拿马。运河的经营管理交由巴拿马运河管理局负责，而管理局只向巴拿马政府负责。

● 苏伊士运河

苏伊士运河位于埃及境内，是连通欧、亚、非三大洲的主要国际海运航道，也是亚洲与非洲的分界线之一。

苏伊士运河连接红海与地中海，使大西洋、地中海与印度洋联结起来，大大缩短了东西方航程。与绕道非洲好望角相比，从欧洲大西洋沿岸各国到印度洋缩短 5500 千米至 8009 千米；从地中海各国到印度洋缩短 8000 千米至 10000 千米；对黑海沿岸来说，则缩短了 12000 千米。它是一条在国际航运中具有重要战略意义的国际海运航道，每年承担着全世界 14% 的海运贸易。苏伊士运河全长 170 千米，河面平均宽度为 135 米，平均深度为 13 米。

苏伊士运河从 1858 年开凿，1869 年竣工。运河开通后，英、法两国就垄断苏伊士运河公司 96% 的股份，获得了巨额利润。

● 百老汇

原意为"宽阔的街"，位于纽约市，是指以巴特里公园为起点，由南向北纵贯曼哈顿岛，全长 25 千米的一条长街。

这条大道早在 1811 年纽约市进行城市规划之前就已存在，两旁分布着几十家剧院，在百老汇大街 44 街至 53 街的剧院称为"内百老汇"，百老汇大街 41 街和 56 街上的剧院称为"外百老汇"。内百老汇上演的是经典、热门、商业化的剧目，外百老汇演出的是一些实验性、还没有名气、低成本的剧目，但这种区分在近年来也越来越淡化，于是又出现了"外外百老汇"，其上演的剧目更新颖、更先锋。

百老汇实际上有三层含义：第一层含义是地理概念，指纽约市时代广场附近 12 个街区以内的几十家剧院；第二层含义是在百老汇地区进行的演出；第三层含义是整个百老汇这个产业，这样的产业也包括在纽约市以外的地区，主要以演出百老汇剧目为主的那些剧院。

● 巴黎歌剧院

全名为"加尼叶歌剧院"，以建筑师沙尔勒·加尼叶的姓氏命名，是法国上流社会欣赏歌剧的场所。

1667 年，法国国王路易十四批准建立法国第一座歌剧院，名为"皇家歌剧院"，它就是巴黎歌剧院的前身，后于1763年毁于大火。1875年新的歌剧院建成，是举世公认的第二帝国时期最成功的建筑杰作。剧院长173米，宽125米，建筑总面积11237平方米。剧院有着全世界最大的舞台，可同时容纳450名演员。剧院里有2200个座位。演出大厅的悬挂式分枝吊灯重8吨。剧院具有十分复杂的建筑结构，有2531个门，7593把钥匙。地下层有一个容量极大的暗湖，湖深6米，每隔10年剧院就要把那里的水全部抽出，换上清洁的水。

● 悉尼歌剧院

悉尼歌剧院位于澳大利亚悉尼市的贝尼朗岬角，是20世纪最具特色的建筑之一，也是世界著名的表演艺术中心，已成为悉尼的标志性建筑。

悉尼歌剧院占地1.84万平方米，长183米，宽118米，高67米，相当于20层楼的高度。

悉尼歌剧院的外观为三组巨大的壳片，耸立在南北长186米、东西最宽处为97米的钢筋混凝土结构的基座上。第一组壳片在地段西侧，四对壳片成串排列，三对朝北，一对朝南，内部是大音乐厅。第二组在地段东侧，与第一组大致平行，形式相同而规模略小，内部是歌剧厅。第三组在它们的西南方，规模最小，由两对壳片组成，里面是餐厅。其他房间都巧妙地布置在基座内。整个建筑群的入口在南端，有宽97米的大台阶。车辆入口和停车场设在大台阶下面。

悉尼歌剧院坐落在悉尼港湾，三面临水，造型像三个三角形翘首于河边，屋顶是白色的形状，犹如贝壳，因而有"翘首遐观的恬静修女"之美称。贝壳形尖屋顶由2194块（每块重15.3吨）弯曲形混凝土预制件用钢缆拉紧拼成，外表覆盖着105万块白色或奶油色的瓷砖。设计者的创意来源于橙子，正是那些剥去了一半儿皮的橙子启发了他。

● 凡尔赛宫

凡尔赛宫位于法国巴黎西南郊外伊夫林省省会凡尔赛镇，曾作为法兰西宫廷长达107年（1682年至1789年）。

凡尔赛宫建于1624年，最初只是作为法王路易十三的狩猎行宫。1682年，路易十四宣布将法兰西宫廷从巴黎迁往凡尔赛。1710年，整个凡尔赛宫殿和花园的建设全部完成，总共有1300间房屋，整个宫殿显得宏大无比，凡尔赛宫很快成为欧洲最大、最雄伟、最豪华的宫殿建筑和法国乃至欧洲的贵族活动中心、艺术中心和文化时尚的发源地。在其全盛时期，宫中居住的王子王孙、亲王贵族、主教及其侍从和仆人等达36000名，在凡尔赛还驻扎了瑞士百人卫队、苏格兰卫队、宫廷警察、6000名王家卫队、4000名步兵和4000名骑兵。1762年，法国王室由巴黎卢浮宫迁来此处。1789年10月6日，路易十六被法国大革命中的巴黎民众推上断头台，凡尔赛宫作为法兰西宫廷的历史至此终结。随后的动乱时期，凡尔赛宫被民众多次洗掠，1793年凡尔赛宫变成废墟。1833年，奥尔良王朝的路易·菲利普国王下令修复凡尔赛宫，将其改为历史博物馆。

● 克里姆林宫

一条俄罗斯谚语这样形容克里姆林宫："莫斯科大地上，唯见克里姆林宫高耸；克里姆林宫上，唯见遥遥苍穹。"

克里姆林宫是俄罗斯世俗和宗教的文化遗产，既是政治中心，又是14世纪至17世纪俄罗斯东正教的活动中心。这里过去是统治俄国的多代君王的皇宫，十月革命后是苏联最高权力机关和政府的所在地，现在又是俄罗斯总统府（议会和政府现已迁出）。

克里姆林宫位于俄罗斯的莫斯科市中心，建于1156年，初为木墙，1367年改为石墙。15世纪的砖砌宫墙（周长2.5千米）保留至今。中央教堂广场上建有15世纪至16世纪的圣母升天教堂、天使教堂、报喜教堂、伊凡大帝钟楼和多棱宫等。1788年参议院大厦（今政府大厦）竣工，19世纪40年代建成克里姆林宫大厦。宫墙四周有塔楼20座。宫内塔楼中最宏伟的有斯巴达克、尼古拉、特罗伊茨克、保罗维茨、沃多夫兹沃德等塔楼，1937年在塔楼上装置五角红宝石星。宫内保存着俄国铸造艺术的杰作：重达40吨的"炮王"和200吨的"钟王"。

● 白 宫

白宫（The White House）位于美国华盛顿市区中心宾夕法尼亚大街1600号，直译是"白色的房子"，是美国总统的官邸、办公室，供第一家庭成员居住。白宫以前并非白色，也不称"白宫"，而被称作"总统大厦""总统之宫"。

1792年开始修建时是一座灰色的砂石建筑物。从1800年起，白宫是美国总统在任期内办公并和家人居住的地方。1812年发生的第二次美英战争中，英国军队入侵华盛顿，1814年8月24日英军焚毁了这座建筑物，只留下一个空架子。1817年重新修复时，为了掩饰火烧过的痕迹，门罗总统下令在灰色砂石上漆上了一层白色的油漆，1901年美国总统西奥多·罗斯福正式把它命名为"白宫"，后来成为美国政府的代名词。

白宫1800年交付使用，第一任总统华盛顿却于1799年12月14日辞世，成为唯一一位没在白宫办公的总统，第二任总统约翰·亚当斯则成为白宫的第一位主人。杰斐逊总统之后的一段时期，所有希望见总统的人，哪怕只想握一下总统的手，都可以大摇大摆地进入白宫，据记载，林肯总统曾在一次晚会上与6000人握手。1901年9月，麦金利总统在纽约出席一个盛大的音乐会，在与客人握手时遇刺身亡。从此，白宫停止了总统与常人的见面。根据白宫支出由全体纳税人担负的原则，白宫的一部分在规定时间内向全世界开放。

● 枫丹白露宫

枫丹白露宫是法国最大的王宫之一，位于法国北部法兰西岛地区赛纳马恩省的枫丹白露，从12世纪起用做法国国王狩猎的行宫。"枫丹白露"的法文意思是"美丽的泉水"。

1137年，法王路易六世下令在此修建城堡，后经历代君王的改建、扩建、装饰和修缮，枫丹白露宫成为一座富丽堂皇的行宫。1530年，弗朗索瓦一世想造就一个"新罗马"，便决定将行宫扩建为大宫殿，由两位意大利画家罗索和普里马蒂乔主持内部装饰，还有法国画家古尚、卡隆及雕塑家古戎等人参与设计。面貌一新的宫殿被巨大、开阔的庭院所环绕，富有意大利建筑的韵味，把文艺复兴时期的风格和法国传统艺术完美、和谐地融合在一起，这种风格被称为"枫丹白露派"。亨利二世、亨利四世、路易十四、路易十五、路易十六和拿破仑等法国君王都曾在此居住过。由于17世纪以后法国王室居住于凡尔赛宫，法国大革命前枫丹白露宫已趋破败。拿破仑称帝后，选择以枫丹白露宫作为自己的帝制纪念物，对其加以修复。1814年，拿破仑被迫在这里签字让位，并对其近卫军团发表了著名的告别演说。1945年至1965年，北大西洋公约组织军事总部设于此，枫丹白露宫墙外至今残留着"NATO"的标记。

● 白金汉宫

白金汉宫位于伦敦圣詹姆士宫与维多利亚火车站之间，1703年由白金汉公爵兴建，故称"白金汉宫"。

1726年，这里由乔治三世购得，一度成为帝国纪念堂、美术陈列馆、办公厅和藏金库，1825年改建成王宫建筑。1837年，维多利亚女王继位起正式成为王宫，现仍是伊丽莎白女王的王室住地。女王召见首相、大臣，接待和宴请外宾和其他重要活动，均在此举行。王宫有六百多个厅室，收藏了许多绘画和精美的红木家具，艺术馆大厅内专门陈列英国历代王朝帝后的一百多幅画像和半身雕像，营造出浓厚的18世纪、19世纪英格兰氛围。白金汉宫现有三处对外开放：一是禁卫军的换岗仪式；二是位于宫殿南侧的女王美术馆；三是皇家马厩。

● 无忧宫

18世纪德国王宫和园林。宫名取自法文的"无忧"或"莫愁"，整个王宫及园林建于一个沙丘上，故又称"沙丘上的宫殿"。

无忧宫位于德国波茨坦市北郊，为普鲁士国王腓特烈二世模仿法国凡尔赛宫所建，全部建筑工程前后持续时间达50年。宫殿正殿中部为半圆球形顶，两翼为长条锥脊建筑，殿正中为圆厅，室内多用壁画和明镜装饰。宫殿前有平行的弓形6级台阶，两侧和周围由翠绿丛林烘托。宫殿前有喷泉，采用圆形花瓣石雕，四周有火、水、土、气四个圆形花坛陪衬，花坛内塑有神像，整个宫内有一千多座以希腊神话人物为题材的石刻雕像。宫殿东侧还有画廊，展有124幅名画，这些绘画多为文艺复兴时期意大利、荷兰画家的名作。花园内有一个六角凉亭，采用中国传统的碧绿筒瓦、金黄色柱、伞状盖顶、落地圆柱结构，称为"中国茶亭"。亭内桌椅完全仿造东方式样制造，亭前矗立着中国式香鼎。

● 爱丽舍宫

爱丽舍宫是法兰西共和国的总统府，也是法国最高权力的象征，与美国的白宫、英国的白金汉宫以及俄罗斯的克里姆林宫一样有名。

爱丽舍宫位于巴黎香榭丽舍大道的东端，面积1.1万平方米，地处热闹的市中心，背靠一个2万平方米的大花园。它的主楼是一座两层高的欧洲古典式石建筑，典雅、庄重，两翼为对称的两座两层高的石建筑，中间是一个宽敞的矩形庭院。宫内共有369间大小不等的厅室。爱丽舍宫兴建于1718年，迄今已有292年的历史。"爱丽舍"一词源于希腊语，意为"乐土、福地"。1718年，戴佛尔伯爵亨利在巴黎市中心盖了这座宫殿，取名"戴佛尔宫"，最初是其私人宅第。1804年拿破仑称帝，其妹夫缪拉元帅于1805年购得这座公馆，大肆装修，取名"爱丽舍宫"。1873年，麦克马洪继任总统，于1879年1月22日颁布法令，正式确定爱丽舍宫为总统府，后延续至今，如今经常作为法国政府的代称。

● 帕特农神庙

帕特农神庙（又译"帕提农神庙"）是供奉雅典娜女神的最大神殿，"帕特农"原意为贞女，是雅典娜的别名。此庙不仅规模宏伟，坐落在卫城中央最高处，而且存放了一尊黄金象牙镶嵌的全希腊最高大的雅典娜女神像。

帕特农神庙从公元前447年开始兴建，9年后大庙封顶，又经过6年时间，各项雕刻才告完成，1687年毁于战争，今仅存残迹。帕特农神庙是希腊全盛时期建筑与雕刻的主要代表，有"希腊国宝"之称，也是人类艺术宝库中一颗璀璨的明珠。公元5世纪中叶，神庙被改为基督教堂，雅典娜神像被移去。1458年，土耳其人占领雅典后将神庙改为清真寺。1687年，威尼斯人与土耳其人作战时，炮火击中了神庙内的一个火药库，炸毁了神庙的中部。1801年至1803年，英国贵族埃尔金勋爵将大部分残留的雕刻运走。许多原属神庙的古物，现在散落在不列颠博物馆、卢浮宫以及哥本哈根等地。19世纪下半叶，曾对神庙进行过部分修复，但已无法恢复原貌。

● 圣彼得大教堂

圣彼得大教堂位于梵蒂冈，是罗马基督教的中心教堂，欧洲天主教徒的朝圣地与梵蒂冈罗马教皇的教廷，是全世界第一大教堂。

教堂最初由君士坦丁大帝于公元326年至333年在圣彼得墓地上修建，称"老圣彼得大教堂"，为巴西利卡式建筑。16世纪，教皇朱利奥二世决定重建圣彼得大教堂，并于1506年破土动工。在长达120年的重建过程中，意大利最优秀的建筑师布拉曼特、米开朗基罗、德拉·波尔塔和卡洛·马泰尔相继主持过设计和施工，直到1626年11月18日才正式宣告落成，称"新圣彼得大教堂"，1870年以来的重要宗教仪式均在此举行。圣彼得大教堂总面积2.3万平方米，主体建筑高45.4米，长约211米，可容纳6万人同时祈祷。

● 米兰大教堂

米兰大教堂是世界上最大的哥特式教堂，教堂总共有六千多个雕像，也是世界上雕像最多的哥特式教堂。

米兰大教堂坐落于米兰市中心的大教堂广场，教堂长158米，最宽处93米。塔尖最高处达108.5米，总面积11700平方米，可容纳35 000人，教堂全由白色大理石筑成，有135个尖塔，每个塔尖上有神的雕像。米兰大教堂于1386年开始兴建，1500年完成拱顶，1577年完成了初步的建筑，开始供信奉天主教的人士参拜。1774年，中央塔上的镀金圣母玛利亚雕像就位。1897年，所有工程完工，历时5个世纪。教堂建成后，内部又陆续增建了不少附属物，直到19世纪末才最后定型。不久，维修工程也开始进行，1935年进行了大规模维修，第二次世界大战后对1943年遭受轰炸的损毁处进行修建，此后又更换地板，维修堂内的12根大型直柱，20世纪80年代中期完成维修工程。

● 科隆大教堂

坐落在德国科隆市中心的科隆大教堂是德国最大的教堂，全名是"查格特·彼得·玛丽亚大教堂"。它是中世纪欧洲哥特式建筑艺术的代表作，也可以说是世界上最完美的哥特式教堂建筑。它与巴黎圣母院大教堂和罗马圣彼得大教堂并称为欧洲三大宗教建筑。

科隆大教堂始建于1248年，一直到1880年建成，经过了7个世纪。占地8 000平方米，建筑面积约6 000平方米，东西长144.55米，南北宽86.25米。主体部分就有135米高，大门两边的两座尖塔高达157.38米（有资料说是161米），像两把锋利的宝剑，直插云霄。科隆大教堂至今依然是世界上最高的教堂。整座大教堂全部由磨光的石块建成，整个工程共用掉40万吨石材，加工后的构件总重16万吨，并且每个构件都十分精确，时至今日，专家学者们也没有找到当时的建筑计算公式。

● 巴黎圣母院

巴黎圣母院亦称"巴黎圣母大教堂",是法国天主教大教堂,世界著名教堂。

巴黎圣母院位于法国巴黎塞纳河中的城岛东端,为欧洲早期哥特式建筑和雕刻艺术的代表,是古老巴黎的象征,集宗教、文化、建筑艺术于一身。始建于1163年,整座教堂在1345年全部建成,历时一百八十多年。巴黎圣母院是石头建筑,雨果在小说《巴黎圣母院》中将之比喻为"石头的交响乐"。教堂内部极为朴素,几乎没有什么装饰。大厅可容纳9 000人,其中1500人可坐在讲台上。厅内的大管风琴也很有名,共有6 000根音管,音色浑厚、响亮,特别适合奏圣歌和悲壮的乐曲。曾经有许多重大的典礼在这里举行,如宣读1945年第二次世界大战胜利的赞美诗,又如1970年法国总统戴高乐将军的葬礼等。

● 圣索菲亚大教堂

圣索菲亚大教堂位于土耳其的伊斯坦布尔,是世界上唯一从公元6世纪保留至今的古代建筑,也是唯一由教堂改为清真寺的建筑。

公元325年,东罗马皇帝君士坦丁大帝斥巨资修建了这座当时世界上最为宏伟且精美绝伦的教堂。奥斯曼帝国时期,圣索菲亚大教堂被改建为清真寺。伊斯兰教最负盛名的建筑师锡南在圣索菲亚旧有的架构中增添了新的奥斯曼风格,他的精心打造使得经历了十字军东征破坏的圣索菲亚大教堂重新恢复了生机。1932年,土耳其国父凯末尔将大教堂改成博物馆,长期被掩盖住的拜占庭马赛克镶嵌艺术瑰宝得以重见天日。圣索菲亚大教堂巨大的圆顶直径达33米,大圆顶离地55米。在17世纪圣彼得大教堂完成前,圣索菲亚大教堂一直是世界上最大的教堂。教堂内部的装饰,除了各种华丽、精致的雕刻之外,还包括运用有色大理石镶成的马赛克拼图,这是拜占庭文化的典范。

● 婆罗浮屠

婆罗浮屠是佛教著名建筑,位于印度尼西亚爪哇岛中部马吉冷婆罗浮屠村。婆罗浮屠是南半球最大的古迹,与中国的长城、印度的泰姬陵、柬埔寨的吴哥古迹和埃及的金字塔齐名,被世人誉为古代东方的五大奇迹。

　　婆罗浮屠梵文意是"山丘上的佛塔"，约建于公元 8 世纪后半期至 9 世纪初，印尼夏连特拉国王为了收藏释迦牟尼的一小部分骨灰，动用了几十万农民和奴隶，用了十多年的时间建成。婆罗浮屠是实心的佛塔，没有门窗，也没有梁柱，完全用附近河流中的安山岩和玄武岩砌成，约用 200 万块石头，底层石头每块重 1 吨。佛塔的基层呈四方形，塔基地面部分占地 1.23 万平方米。从塔底到塔顶最尖端，原高 42 米，据传塔顶钟形大佛龛的尖端因触雷而被毁掉，因而现在实际高度近 35 米。佛塔共有 10 层，四周的中间各有一条笔直的石级通道，由基角直达顶层。佛塔第一层至第六层是四方形，第七层至第九层是顶塔的座脚，呈圆形。第十层是钟形的大塔，直径 9.9 米。整个建筑物共有大小佛像 505 尊。塔内各层都有回廊，回廊两旁的石壁上刻有各式各样的浮雕，其中有很多是佛经故事浮雕，也有反映当时人民的生活习俗、人物、花草、鸟兽、热带果品等雕刻，所以这里又有"石块上的史诗"之称。

● 吴哥窟

　　吴哥窟又称"吴哥寺"，位于柬埔寨西北方，是吴哥古迹中保存得最完好的庙宇，以建筑宏伟与浮雕细致闻名于世，也是世界上最大的庙宇。

　　吴哥窟由一个叫作"吉篾"（今名高棉）的东南亚民族所建，时间大概从公元802年起，那时阇耶跋摩二世建立了辉煌的高棉帝国，繁荣昌盛达600年之久。12世纪，吴哥建筑达到艺术上的高峰。当时建造的吴哥庙，所有的墙壁全都刻有精美的浮雕，每个平台的周围都有面向四方的长廊，连接着神殿、角塔和阶梯，即使长廊的墙上也全都刻有描述古代印度神话故事的浮雕。一般说来，世界各国所有的庙宇都是坐西朝东，唯独吴哥庙大门朝西。虽然吴哥文明建筑精美，但是在15世纪突然消失。在此后的几个世纪里，曾经辉煌的古城隐藏在林莽与荒原中，连柬埔寨当地的居民都一无所知。从1908年起，法国远东学院开始对包括吴哥窟在内的大批吴哥古迹进行修复。修复吴哥窟的工程在1911年完成。20世纪30年代，开始用分析重建术复原吴哥窟，这项工作到20世纪60年代因柬埔寨政局动荡而停顿，又于20世纪90年代重新展开。

● 泰姬陵

泰姬陵全称为"泰吉·玛哈尔陵",又译为"泰吉玛哈",是印度知名度最高的古迹之一,在今印度距新德里二百多公里外北方邦的阿格拉城内,亚穆纳河右侧,是17世纪莫卧儿帝国皇帝沙·贾汗为纪念其爱妃阿姬曼·芭奴而建筑的陵墓,被誉为"完美建筑"。

泰姬陵由殿堂、钟楼、尖塔、水池等构成,全部用纯白色大理石建筑,用玻璃、玛瑙镶嵌,有极高的艺术价值,是伊斯兰教建筑中的代表作。泰姬陵最引人瞩目的是用纯白大理石砌建而成的主体建筑,皇陵上下左右工整、对称,中央圆顶高62米。四周有4座高41米的尖塔,塔与塔之间耸立了镶满35种不同类型的半宝石的墓碑。泰姬陵的前面是一条清澈的水道,水道两旁种植了果树和柏树,分别象征生命和死亡。

● 温莎古堡

温莎古堡位于英国伦敦以西32千米的温莎镇,是英国王室的行宫之一,是世界上有人居住的城堡中最大的一个。

早在11世纪,征服者威廉一世为防止英国人民的反抗,在伦敦周围郊区,建造了9座相隔32千米的城堡,组成了一道可以互相支援的碉堡防线。温莎古堡是9座城堡中最大的一座,位于泰晤士河岸边一个山头上,建于1070年,迄今已有近千年的历史。1110年,英王亨利一世在这里举行朝觐仪式,从此温莎古堡正式成为宫廷的活动场所。经过历代君王的不断扩建,到19世纪上半叶,温莎古堡已成为拥有众多精美建筑的庞大古堡建筑群,所有建筑都用石头砌成,共有近千个房间,四周是绿色的草坪和茂密的森林。

● 英国国会大厦

英国国会大厦是英国的政治中心,位于伦敦市中心区的泰晤士河畔,是19世纪中期英国最主要的哥特式建筑。

英国国会大厦西南角的维多利亚塔最高,高达103米,此外,97米高的钟楼也引人注目,上有著名的大本钟。这座大厦的所在地原来是一座王宫,建于1060年,直到1512年亨利八世搬离之前,这里一直是王宫。16世纪中叶以后，这里成为议会所在地。1834年，一场大火烧毁了宫殿建筑，后进行了重建。大厦中的中央大厅是整个大厦的交通枢纽，中央大厅的平面呈八角形，上部是一个拱顶，高达23米，从这里可以前往上院和下院。此外，大厦中还有许多著名的房间和走廊，是议会各委员会的办公室，上、下两院的图书馆也在其中。1941年5月，下院大厅遭到德军飞机的轰炸，战后重建。下院仍按哥特式风格装修，面积比上院略小，长23米，宽14米，高12.5米，大厅中间有346个座位，边廊还有91个座位。

● 美国国会大厦

美国国会大厦是美国国会的办公大楼，坐落于美国首都华盛顿市中心一处海拔25.3米的高地上，此地后被称为"国会山"，美国人把国会大厦看成民有、民治、民享政权的最高象征。

1793年，美国首任总统乔治·华盛顿亲自为它奠基，于1800年落成并开始使用。1814年英美第二次战争时，英国军队曾将它付之一炬，1819年重新修建，直到1867年再次落成，以后又经不断修缮扩建，才达到目前的规模。国会大厦使用白砂石和大理石建筑，中央穹顶和鼓座仿照万神庙的造型，因采用了钢构架，外部轮廓显得十分丰美，在中心大圆顶的上面，竖有一座5.94米高的青铜像——"自由雕像"，顶尖离地有30.5米，成为华盛顿最引人注目的路标。根据美国《宪法》规定，首都华盛顿的建筑物都不得超过国会的高度，所以国会山上的国会大厦成为华盛顿的最高点。

● 林肯纪念堂

林肯纪念堂被视为美国永恒的塑像及华盛顿市标志，为纪念美国第十六届总统亚伯拉罕·林肯而建。

纪念堂位于华盛顿的国家大草坪西端的波托马克河东岸，是一座用通体洁白的花岗岩和大理石建造的古希腊神殿式纪念堂。纪念堂于1914年破土动工，1922年完成。馆内36条圆柱代表林肯总统逝世时美国所划分的36个州。从纪念堂落成之日起，每年2月的"总统纪念日"，都要在林肯纪念堂台阶上举行纪念仪式，仪式的重要内容之一是朗读林肯的《葛底斯堡演说》。

● 巴黎先贤祠

1791年建成的先贤祠位于巴黎市中心塞纳河左岸的拉丁区，是永久纪念法国历史名人的圣殿。

先贤祠内安葬着伏尔泰、卢梭、维克多·雨果、爱弥尔·左拉、马塞兰·贝托洛、让·饶勒斯、柏辽兹、马尔罗、皮埃尔·居里、玛丽·居里（首位进入先贤祠的女性）、大仲马（去世132年后移入）等。至今，共有72位对法兰西做出非凡贡献的人享有这一殊荣，其中仅有11位政治家。先贤祠原是路易十五时代建成的圣·热内维耶瓦教堂，1791年被收归国有并脱离宗教后，改为埋葬伟人的墓地。1814年至1830年，它又归还教会。先贤祠中的艺术装饰非常美观，其穹顶上的大型壁画是名画家安托万·格罗特创作的。1830年"七月革命"之后，绘画的主题改变，先贤祠具有了"纯粹的爱国与民族"特性。

● 蓬皮杜中心

蓬皮杜中心全称是"乔治·蓬皮杜国家艺术文化中心"，坐落在巴黎拉丁区北侧、塞纳河右岸的博堡大街，当地人常简称为"博堡"，是一个使造型艺术、建筑艺术、城市规划艺术、电视电影、文学、音乐、舞蹈以及其他种种最现代化的表现手段在一起相得益彰，表现当代思想的活动及其艺术实践的场所。

蓬皮杜中心的外部钢架林立、管道纵横，并且根据不同功能分别漆上红、黄、蓝、绿、白等颜色。因这座现代化的建筑外观极像一座工厂，故又有"炼油厂"和"文化工厂"之称。该建筑由法国总统蓬皮杜于1969年决定兴建，1972年正式动工，1977年建成，同年2月开馆。整座建筑分为工业创造中心、大众知识图书馆、现代艺术馆以及音乐音响谐调与研究中心四大部分。建筑物最大的特色，就是外露的钢骨结构以及复杂的管线。建筑兴建后，有人戏称它是"市中心的炼油厂"，这种建筑风格被称为"高技派"风格。

● 加拿大国家电视塔

加拿大国家电视塔被称为世界建筑史上的奇迹，高553.33米，位于加拿大安大略省的多伦多市。该塔由加拿大国家铁路公司兴建，于1973

年2月6日破土动工，1976年6月26日落成并对公众开放，全部工程耗资4400万美元。

电视塔以加拿大国家铁路公司英文缩写命名，故又称CN塔。最初只是被设计为传送广播电视信号的天线，305米高度处有用于传送预告信号的微波接收器，广播天线位于塔的最顶端。电视塔内建有高447米的金属阶梯，有1776级，是世界上最高的金属阶梯。自2008年4月起，加拿大国家电视塔开始运行北美第一并且是世界最高的玻璃地板电梯，它的6台观光电梯，以平均每小时22千米的速度上升，只需58秒，乘客便可到达塔顶，这段电梯旅行被誉为"世界顶级电梯之旅"。

● 千年穹顶

千年穹顶位于伦敦东部泰晤士河畔的格林尼治半岛上，是英国政府为迎接21世纪而兴建的标志性建筑。

千年穹顶于1999年底建成，是一个占地0.73平方千米、总造价达12.5亿美元的大型综合性展览建筑。包括一系列展示与演出的场地以及购物商场、餐厅、酒吧等。千年穹顶的造型很奇特，它有12根穿出屋面高达100米的桅杆，屋盖采用圆球形的张力膜结构。膜面支承在72根辐射状的钢索上，远远望去像一个白色的大帐篷。白天，它卓然独立于伦敦黑褐色的建筑群中，颇为醒目；夜晚，灯光映衬的千年穹顶傍着波光粼粼的泰晤士河，像一个晶莹剔透的巨大贝壳，十分美丽。

体　育

啊，体育，天神的欢娱，生命的动力。你以神的旨意降临在灰蒙蒙的林间空地，受难者激动不已。你像是容光焕发的使者，向人们微笑致意。你像高山之巅出现的晨曦，照亮了昏暗的大地。

——"奥林匹克之父"顾拜旦

● 奥林匹亚

奥林匹亚（Olympia）位于希腊首都雅典西南300千米的丘陵地区，在伯罗奔尼撒半岛西部，阿尔菲奥斯河北岸（距洞口16千米）。从18世纪开始，一批又一批学者接连不断地来到奥林匹亚考察和寻找古代奥运会遗址。1766年，英国人钱德勒首次发现了宙斯神庙的遗址。此后，经大批德国、法国、英国的考古学家、历史学家对奥林匹亚遗址进行大规模的系统勘察、发掘，至1881年取得了大量有关古代奥运会的珍贵文物和史料。

遗址东西长520米，南北宽400米，中心是阿尔忒提斯神域，是为宙斯设祭的地方，从发掘资料看，长仅200米，宽175米。神域内的主要建筑是宙斯神庙和赫拉神庙，此外还有圣院、宝物库、宾馆及行政用房等。约建于公元前5世纪后半叶的宙斯巨像，用黄金、象牙镶嵌，是古典雕刻大师菲迪亚斯所作，是古希腊极盛时期雕塑的代表，极为宏伟、精美。东北侧为体育场，四周有大片坡形看台，西侧设运动员和裁判员入场口，场内跑道的长度为210米，宽32米。它与附近的演武场、司祭人宿舍、宾馆、会议大厅、圣火坛和其他用房等共同构成竞技会的庞大建筑群。现遗址上建有奥林匹克考古学博物馆，馆内藏有发掘出土的文物，包括大量古代奥运会的比赛器材和古希腊武器、甲胄等。

现代奥运会的圣火都在奥林匹亚点燃，它是奥林匹克运动的象征之一。在2004年雅典奥运会"回家"之际，国际奥委会决定，将2004年雅典奥运会的铅球比赛放在奥林匹亚体育场举行，这也是在两千五百年之后人们首次有机会在奥林匹亚重温奥运会之梦。

● 奥林匹克

原指古希腊时期在奥林匹亚举行的对天神宙斯的祭祀活动，祭祀活动中的体育比赛被称为"奥林匹亚竞技"。文艺复兴时期，人们在研究古希腊文化时，把"奥林匹亚竞技"又称为"古代奥林匹克运动会"。因为在古代奥林匹克运动会召开期间还要进行诸如学术讨论、诗歌朗诵、艺术展览等其他文化活动，所以人们便把包括奥林匹亚竞技在内的整个活动都冠以"奥林匹克"的称呼。现在为了与现代相区别，故称之为"古代奥林匹克"。古希腊是一个神话王国，优美、动人的神话故事和曲折、离奇的民间传说，为古代奥运会的起源蒙上了一层神秘色彩。

● 奥林匹克之父

皮埃尔·德·顾拜旦（1863—1937），法国著名教育家、国际体育活动家、教育学家和历史学家，现代奥林匹克运动的发起人。1863年1月1日出生于法国巴黎一个非常富有的贵族家庭。1896年至1925年，曾任国际奥林匹克委员会主席，由于他对奥林匹克运动不朽的功绩，被誉为"奥林匹克之父"。

1888年5月，顾拜旦针对学生"学业过劳"，提出"唯一解决的办法是叫孩子们游戏"。1889年5月，他利用万国博览会召开了体育会议和学生运动会。1892年，他呼吁复兴奥林匹克运动。1894年6月成立了奥林匹克委员会，并于1896年在雅典召开了第一届奥林匹克运动会。1912年，顾拜旦在斯德哥尔摩奥运会期间发表了他的名作《体育颂》，热情地讴歌体育，抒发了他的奥林匹克理想。为此，他荣获该届奥运会文学艺术比赛的金质奖章。

1913年，顾拜旦为国际奥委会设计了会徽、会旗。会旗图案是白底、无边，上面有蓝、黄、黑、绿、红5个环环相扣的彩色圆环，象征着五大洲团结以及全世界运动员以公正比赛和友好精神相聚于奥林匹克运动会。此外，他还倡议燃放奥林匹克焰火、设立奥林匹克杯等。在确定奥林匹克运动会口号的问题上，顾拜旦最初觉得应以"团结、友好、和平"的口号来指导比赛。后来，他的一个朋友狄东神甫提出了"更快、更高、更强"的口号，受到顾拜旦的赞赏，以后便倡议它作为国际奥林匹克运动会的口号。

● 奥林匹克运动会

简称"奥运会"，是一个由国际奥林匹克委员会主办的国际性综合运动会，包括夏季奥林匹克运动会、冬季奥林匹克运动会、青少年奥林匹克运动会、残疾人奥林匹克运动会、听障奥林匹克运动会和特殊奥林匹克运动会。奥林匹克运动会每4年举办一次（曾在两次世界大战中中断3次，分别为1916年、1940年和1944年），每届会期不超过16天。奥林匹克运动会因起源于古希腊奥林匹亚（Olympia）而得名。古代奥运会从公元前776年起，到公元394年被罗马皇帝狄奥多西一世以邪教活动罪名而废止，经历了1168年，共举行了293届。

1894年在巴黎召开的国际体育会议上，根据顾拜旦的倡议成立了国际奥委会，并决定恢复奥运会。现代第一届奥运会于1896年在希腊雅典举行，此后在世界各地轮流举行。因为1924年开始设立了冬季奥林匹克运动会，所以奥林匹克运动会习惯上又称为"夏季奥林匹克运动会"。上届夏奥会是2008年北京奥运会，共设28个大项和302个小项。下届夏奥会是2012年伦敦奥运会，2016年夏奥会将在巴西的里约热内卢举行。上届冬奥会是2006年都灵冬季奥运会，共设7个大项和84个小项，最近一届冬奥会是2010年温哥华冬季奥运会。

● 国际足联世界杯

又称"世界足球锦标赛"，简称"世界杯"，是世界上最高水平的足球比赛，与奥运会、F1并称为全球三大顶级赛事。

现代足球起源于英国，随后风靡世界，由于足球运动的快速发展，国际比赛随之出现。1896年雅典奥运会举行时，足球就列为正式比赛项目，丹麦队以9∶0大胜希腊队，成为奥运会第一个足球冠军。但是因为奥运会不允许职业运动员参加，到1928年阿姆斯特丹奥运会时，足球比赛已无法持续。1928年奥运会结束后，国际足联（FIFA）召开代表会议，一致通过决议，举办4年一次的世界足球锦标赛。

最初这个新的足球大赛称为"世界足球锦标赛"，1956年国际足联在卢森堡召开的会议上决定易名为"雷米特杯赛"，雷米特担任国际足联主席33年（1921年至1954年），是世界足球锦标赛的发起者和组织者。后来有人建议将两个名字联系起来，称为"世界足球锦标赛——雷米特杯"。于是，在赫尔辛基会议上决定更名为"世界足球锦标赛——雷米特杯"，简称"世界杯"。

世界杯预选赛阶段分为六大赛区进行，分别是欧洲、南美洲、亚洲、非洲、北美洲和大洋洲赛区，每个赛区需要按照本赛区的实际情况制定预选赛规则，而各个已报名参加世界杯的国际足联会员国（地区）代表队，则需要在所在赛区进行预选赛，争夺进入世界杯决赛阶段的名额。

通过世界杯预选赛获得决赛阶段名额的国家代表队，加上主办国的代表队，一共32支球队，将会到主办国进行决赛阶段的比赛争夺冠军。决赛阶段32支球队通过抽签被分成8个小组，每个小组4支球队，进行分组积分赛，各个小组的前两名共16支球队将获得出线资格，进入复赛；进入复赛后，16支球队按照既定的规则确定赛程，不再抽签，然后进行单场淘汰赛，直至决出冠军。首届杯赛是1930年乌拉圭世界杯，当时没有预选赛，只有13支国家队报名参赛，两个南美国家乌拉圭和阿根廷携手进入决赛，乌拉圭国家足球队成为第一个世界杯冠军。

● 世界杯奖杯传奇

世界杯奖杯有着和这个著名赛事一样丰富的历史，从1928年至今先后有3个奖杯问世。

1928年，国际足联决定创办一项业余和职业球员都能参加的足球赛，比赛定在1930年举行，国际足联委托法国著名雕刻家拉菲尔制作了一个以希腊神话中胜利女神为原型的纯金奖杯，名为"女神杯"。这个世界杯为流动杯，获得冠军的国家可以将奖杯保存4年，到下届杯赛前交给国际足联。当时还有这样一项规定，即第一个三次获得冠军的球队可以永久拥有这座金杯。世界杯举办三届后，第二次世界大战爆发，比赛停办12年。大战接近尾声时，纳粹德国占领意大利，当时意籍的国际足联副主席巴恩斯把奖杯藏在他床下的鞋柜里，躲过了德军的劫掠。

1946年，国际足联为了表彰前主席雷米特，把"女神杯"改名为"雷米特杯"。世界杯赛在1950年重新开始，奖杯在各个冠军国的轮流保管下度过了 16 年，直到 1966 年英格兰世界杯锦标赛。在比赛举行前的几个月，"雷米特杯"在英国展出时被盗，奖杯失踪后一个星期，泰晤士河的船员高柏和他的爱犬皮克尔斯在住宅附近的篱笆下发现一个旧报纸包，"雷米特杯"赫然躺在其中。高柏将奖杯送到警察局，除了得到 3000 英镑的奖金外，他和他的爱犬成为国家英雄。

1970 年，巴西队继 1958 年、1962 年之后第三次获得世界杯冠军，成为"雷米特杯"的永久拥有者，国际足联决定制作一个新的奖杯来取代它。1971 年 5 月，国际足联选中意大利雕刻家加扎尼的设计方案。奖杯摆脱了老式的设计套路，图案为两个大力神背对背高举双臂，背托着一个地球，从球的轮廓来看也很像一个足球。杯的顶部有两圈翠绿色的孔雀石。这个杯用 5 公斤 18K 黄金铸成，高 36 厘米，杯身上预留了 17 届世界杯冠军名字的位置，可以一直用到 2038 年。该杯被定名为"国际足联世界杯"，又叫"大力神杯"。虽然此杯也是流动杯，但是不再为某个多次赢得冠军的国家永久占有。那个留在巴西的世界杯奖杯的命运却十分悲惨，1982 年 12 月，一个蒙面大盗闯进巴西足协办公楼将奖杯偷走，巴西视为国耻，并且重金悬赏，可惜警方不久在里约热内卢北郊的贫民窟发现"雷米特杯"已被融化。

● 国际足联

全称是"国际足球联合会"（International Federation of Association Football，简称 FIFA）。由比利时、法国、丹麦、西班牙、瑞典、荷兰和瑞士倡议，于 1904 年 5 月 21 日在法国巴黎成立。现有会员 208 个。国际足联是国际单项体育联合会总会成员。工作用语为英语、法语、西班牙语和德语，语言冲突时，以英语为准。国际足联下设欧洲、亚洲、非洲、中北美和加勒比地区、南美洲、大洋洲 6 个地区性组织。国际足联的任务是：促进足球运动的发展；通过组织各级（业余、非业余、职业）比赛以及其他手段发展协会会员、官员和运动员之间的友好往来；贯彻联合会的章程、代表大会决议和确立比赛规则；禁止种族、政治和宗教信仰歧视。

● 国际汽联

全称是"国际汽车运动联合会"，简称国际汽联（FIA）。该组织于

1904年6月20日成立，由法国、英国和德国等几个欧洲国家发起，总部设在瑞士，其官方语言为法语和英语。FIA是一个非赢利性组织，它代表五大洲117个国家的150个国家级汽车驾驶组织。FIA共分为两大部分：运动部和旅行汽车部。运动部负责管理世界所有形式的汽车运动，包括每年吸引五十多亿人次电视观众的F1大赛，还有方程式3000大赛、旅行车（GT）赛、世界汽车拉力锦标赛、卡丁车赛等。FIA每年根据各国的申请，在世界上80个国家和地区安排包括世界锦标赛、世界杯赛、世界大奖赛和地区赛在内的800场各类国际汽车比赛。

● 世界一级方程式锦标赛

世界一级方程式锦标赛的英文拼写为Formula One，简称F1，是当今世界最高水平的赛车比赛，与奥运会、世界杯足球赛并称为"世界三大赛"。也与冰球、动力帆船并称为"世界三大最烧钱的运动"。从历史上首次汽车比赛的1894年（巴黎到里昂）到1900年，都没有出现"方程式"（Formula）一词。当时的汽车比赛很简单，只是按燃烧方法（汽油机与蒸汽机）、座位数来分组比赛。那时，汽车至少有两个座位，直至19世纪20年代末单座赛车才出现。1950年，国际汽联第一次举办了世界锦标赛，而且一直持续到现在，这段时间是F1稳步发展的阶段。

目前F1共有11支参赛车队，每场比赛最多只有22位车手上场，每年规划有16站至17站的比赛，通常在3月中旬开跑，10月底结束赛事。除了大量的特别是与安全、空气动力学有关的规定外，目前的"方程式"限定是发动机气缸总容积为2.4升，禁用增压器，最小车重600公斤（包括车手及比赛装备）。F1车手中最著名的是2006年赛季结束后退役的德国车手迈克尔·舒马赫。他一共获得7次世界冠军，并且创造了诸多赛车界里前无古人、有可能后无来者的纪录。目前，该项比赛的年收看率可达600亿人次。

● 世界汽车拉力锦标赛

世界汽车拉力锦标赛的英文名是World Rally Championship，简称WRC。"拉力赛"一词取自英文Rally（集结），表示参赛车辆必须严格按照比赛规定的行驶路线，在规定的时间内到达分站点目标，并在规定时间内完成车辆的维修、检测。WRC始于1973年，是国际汽联四大赛事之一，与F1齐名，但是与F1不同的是所有参赛车辆必须以量产车研发制造而成，并在世界各地的雨林、泥泞、雪地、沙漠及蜿蜒山路等不同的路况进行比赛，是最严酷的赛事之一，但也是最有魅力的比赛之一，每年全球有10亿人次通过各种方式观看WRC比赛。

拉力赛的赛段为各种临时封闭后的普通道路，包括山区和丘陵的盘山公路、砂石路、泥泞路、冰雪路等，也有无法封闭的沙漠、戈壁、草原等地段。复杂的地形和漫长的赛程不仅考验车手的车技和经验，而且考验领航员的配合、车辆的性能以及维修的能力。

WRC的比赛规则十分详细，比如参赛车辆必须为各大汽车厂家年产量超过2500辆的原型轿车，同时对于赛车改装后的尺度、重量以及排量、功率等都有严格的限制。每辆赛车必须同时搭乘一名车手和一名领航员。车手只管开车，充分发挥自己高超的驾驶水平。领航员既要在比赛期间安排好一些生活琐事，还要在比赛时为车手指明每一天比赛的正确方位和路线，并在赛段里及时、准确地提供前方的路况。

● 达喀尔拉力赛

全称是"巴黎达喀尔拉力赛"，是一个每年都会举行的专业越野拉力赛。每年1月1日以法国为赛程起点的这项拉力赛，被世界上180个国家和地区的电视、广播、报纸以及杂志广泛报道，受到全球5亿人以上的热切关注。比赛对车手是否为职业选手并无限制，80%的参赛者都为业余选手。比赛中需要经过的地形比普通拉力赛的地形复杂且艰难得多，而且参赛车辆都是真正的越野车，而非普通拉力赛中的改装轿车。

拉力赛的大部分赛段都是远离公路的，需要穿过沙丘、泥浆、草丛、岩石和沙漠。车辆每天行进的路程从几千米到几百千米不等。该比赛为多车种的比赛，共分为摩托车组、小型汽车组（包括轿车和越野车）以及卡车组。比赛路段分布在漫无边际的撒哈拉沙漠、毛里塔尼亚沙漠以及热带草原，与WRC相比，基本上没有现成的道路。车手和领航员除了依靠组委会的路线图以外，还要借助指南针和GPS全球定位系统，才能到达和通过每一个集结点。达喀尔拉力赛的过程异常艰苦，赛手白天要承受40度的高温，晚上要在零下的低温中度过。除了通常的赛车故障外，一旦迷失方向，就要面临断油、断粮甚至放弃赛车的局面。因此，这是一场人与自然真正较量的比赛。

● 环法自行车赛

英语名称是 Tour of France，法语名称是 Tour de France，它是公路自行车运动界中的年度大赛，也是目前最受重视的自行车公路赛，累计环法七冠王——阿姆斯特朗的总行程超过 3000 千米。从 1903 年开始，除被两次世界大战中止外，每年夏季 7 月均会举办。它是紧接在环西班牙赛与环意大利赛之后的赛事，成为夏季自行车赛的高潮。它属于分段计时赛，路线经由法国与邻近的国家，如西班牙等，冠军为各段时间累计最少者。有 22 个职业车队参加比赛，每个车队有 9 名车手参加比赛。冠军有赛段冠军和总冠军，有个人冠军和团体冠军，并设有总成绩排名（按比赛时间计算）、积分排名、年轻车手排名等。总成绩领先的车手穿黄色领骑衫，冲刺积分领先者穿绿色领骑衫，爬坡成绩最佳者穿红白斑点衫，首次参加环法大赛成绩最好的车手穿白色领骑衫。奖金共设 1 亿法郎，其中个人总成绩冠军获得奖金最多，可获得 15 万法郎。环法赛是世界影响最广、规模最大、比赛水平最高的自行车比赛，环意大利赛和环西班牙赛次之。

环法自行车赛起源于两家报社——《机动车报》和《自行车报》的竞争。1903 年，《机动车报》的编辑亨利·德斯格朗吉决定组织一项"世界上最重要的自行车比赛"，于是当年的 7 月 1 日第一届环法自行车赛诞生，共有 60 名车手参加了这次比赛，最终毛瑞斯·盖利成为世界上第一位环法赛的总冠军。

● 美国职棒大联盟

美国职棒大联盟（Major League Baseball，简称 MLB）是世界最高水平的职业棒球联赛。1903 年，由国家联盟（National League，简称 NL）和美国联盟（American League，简称 AL）共同成立，是美国四大职业体育联盟之一。美国联盟使用指定打击的规则，国家联盟则没有使用。MLB 现有球队 30 支，分为国家联盟和美国联盟，其中国家联盟有 16 支球队，美国联盟有 14 支，两个联盟又各分为东部赛区、中部赛区和西部赛区 3 个赛区。MLB 的 30 支球队中，有 1 支来自邻国加拿大（多伦多蓝鸟队）。MLB 分为常规赛和季后赛，赛季时间通常为每年 4 月至 10 月，2000 年职棒赛季有几场常规赛移到美国本土之外的日本进行，这是职棒大联盟为了开拓职业棒球已经相当发达的日本市场，也开辟潜力很大的亚洲市场。其间大联盟球队除了进行本身的常规赛外，还同日本全明星队打了表演赛，取得了巨大的商业成功。

● 全美职业篮球联赛

全美职业篮球联赛（National Basketball Association，简称NBA）是美国第一大职业篮球赛事，代表了世界篮球的最高水平，其中产生了"魔术师"约翰逊、"天钩"贾巴尔、"飞人"乔丹等世界巨星。NBA共拥有30支球队，分属两个联盟——东部联盟和西部联盟；每个联盟各由3个赛区组成，每个赛区有5支球队。30支球队当中有29支位于美国本土，另外一支来自加拿大的多伦多。1896年，美国第一个篮球组织全国篮球联盟（简称NBL）成立，但当时篮球规则还不完善，组织机构也不健全，经常一名队员在一个赛季中可以代表几个队参赛，经过几个赛季后，该组织就名存实亡。1946年4月6日，由美国波士顿花园老板沃尔特·阿·布朗发起成立了美国篮球协会（简称BAA），布朗首次提出了后来成为现代职业篮球两大基石的高薪制和合同制。高薪制是指职业篮球必须有雄厚的财政支援，这样才能使比赛保持在高水平上，吸引观众，求得生存；合同制是指一名选手只能与一家俱乐部签订合同，并设立选手储备制，以防球员突然离队时受到损失。1949年，在布朗的努力下，美国两大篮球组织BAA和NBL合并为全国篮球协会，NBA赛事正式开始。

● 国家美式足球联盟

原名为"国际美式橄榄球联盟"（National Football League，简称NFL），是世界上最大的职业美式橄榄球联盟。联盟最早在1920年以美国职业美式足球协会的名义成立，1922年改名为国家美式足球联盟。目前联盟共有32支球队，分为两个联会：美国美式足球联会（American Football Conference，简称AFC）和国家美式足球联会（National Football Conference，简称NFC）。每个联会由4个分区组成，每个分区有4支球队。在常规赛季中，每支球队在9月至12月共17周的时间内打16场比赛，通常在周六、周日或周一比赛。常规赛季后，每个联会共有6支球队进入季后赛，分别是各分区冠军和其余球队战绩最好者，通常称为外卡队。经过三轮淘汰赛，两个联会的冠军在超级杯（Super Bowl）的比赛中相遇，争夺最后的总冠军。国家美式足球联盟举办的赛事是北美四大职业运动之一。

● 国家冰球联盟

国家冰球联盟（National Hockey League，简称 NHL）是一个由北美冰球队伍所组成的职业运动联盟。NHL 的赛事是全世界最高级别的职业冰球比赛，为北美四大职业运动之一。队伍共分成东、西两个大区，每个大区各分为 3 个分区。NHL 于 1917 年在加拿大魁北克省蒙特利尔成立，成立之初有 5 支队伍，在一系列的扩展之后，现在共有 30 支球队，24 支位于美国，6 支位于加拿大。因为 NHL 的加拿大血统，大多数球员都为加拿大籍，但是目前欧洲球员和美国球员人数有明显增加的趋势。

● 美洲杯帆船赛

起源于 19 世纪中叶，是世界体育史上历史最悠久、耗资最大的赛事，其历史超过了现代奥运会和足球世界杯比赛。

1851 年，以老大自居的英国希望显示其在海上的霸主地位，主动提出与美国进行一次帆船赛。美国方面接受了英国的建议。新成立的纽约帆船俱乐部定购了一条 27.4 米长的纵帆船，当时造价 45 000 美元。1851 年 6 月，纵帆船亚美利加号起航，不到 21 天，亚美利加号完成了穿越大西洋的航行，打破了英国的纪录。此后 6 年，这个奖杯一直在美国各地巡回展出。1857 年，人们商定将奖杯留在友好国家船赛中获胜的帆船，为此纽约的帆船俱乐部获得了美洲杯。为了纪念纵帆船亚美利加号，这项杯赛命名为美洲杯帆船赛。

1870 年，美洲杯帆船赛首届比赛正式开始，英国最终输给了美国。在此后的 113 年里，英国队向美国队发动了 24 次挑战，但是没有一次获得成功。美国主导美洲杯帆船赛一直延续到 1983 年。1995 年，先进技术促进美洲杯发生了更大的变化，美洲杯比赛的距离加长了，比赛的海域更富于挑战性，比赛更加精彩，各支帆船队之间为了争夺霸主地位进行的间谍战更加激烈。

1995 年美洲杯帆船赛是第 29 届赛事，有美国、英国、澳大利亚、新西兰、法国和日本等国的 10 个俱乐部参赛。在 2000 年第 30 届美洲杯帆船赛上，新西兰队一路领先，最终获得了冠军。在2009年第32届美洲杯帆船赛上，瑞士阿灵基队卫冕成功。

● 国际网球"四大满贯"

国际网球四大公开赛的简称，包括：

（1）澳大利亚网球公开赛。是四大公开赛中最早开始的赛事，赛事安排在1月至2月。该赛事的总奖金高达620万美元，其中男单冠军的奖金为36万美元，这是它在四大公开赛中占有一席之地的重要原因。

（2）温布尔登网球公开赛。它是现代网球史上最早的比赛，由全英俱乐部和英国草地网球协会于1877年创办，首次正式比赛在该俱乐部位于伦敦西南角的温布尔登总部进行，名为"全英草地网球锦标赛"。该赛事于每年6月最后一周至7月初定期举行，已经形成了传统，参加资格是按前一年在各种重大比赛中获胜的得分累计而确定的。现场观看温布尔登比赛的观众可达30万人，而观看电视实况转播的人数则在5亿以上。

（3）法国网球公开赛。始于1891年，最初只有法国选手参加，直到1925年才允许外国球手参赛。从1928年起，"法网"每年5月底到6月初在巴黎西部布洛涅森林边的罗兰·加洛斯网球城举行。比赛场地为红色黏土场地，所以也被称为红土场地网球赛。八十多年来，"法网"已经接待观众累计达350万人。

（4）美国网球公开赛。始于1881年，每届比赛均在每年的8月底至9月初在美国纽约网球总会的国立网球中心举行。从1997年起，比赛在新落成的阿瑟·阿什网球中心进行。该中心拥有比赛场地33个，场地是硬地球场，要想在比赛中取胜，运动员要有良好的体力。运动员每得一分都要花费比其他比赛更多的时间，也会出现更多的对打场面。美国网球公开赛是四大网球公开赛中唯一保持男女同酬奖金制度的网球公开赛。

● 田径运动

田径运动是径赛、田赛和全能比赛的全称。以高度和距离长度计算成绩的跳跃、投掷项目叫"田赛"；以时间计算成绩的竞走和跑的项目叫"径赛"。田径比赛由田赛、径赛、公路跑、竞走和越野跑组成，此外还包括部分田赛和径赛项目组成的"十项全能"。

最早的田径比赛，是公元前776年在希腊奥林匹克村举行的第一届古代奥运会上进行的，项目只有一个——短距离赛跑，跑道为一条直道，长192.27米。到公元前708年的第10届奥运会上，才正式列入了跳远、铁饼、标枪等田赛项目。当时只准男子参加，女子连观看也不行，违者处以死刑。1894年，在英国举行了最早的现代田径运动国际比赛，比赛共分9个项目。真正的大型国际比赛是1896年开始举行的现代奥运会。它沿用古代奥运会每隔4年举行一次的制度，每届奥运会上，田径运动都是主要的比赛项目之一。从1928年第9届奥运会起，才增设了女子田径项目，此后，女子参加了田径项目的比赛。至今，田径运动仍然是体育比赛中观赏性极强的运动之一。田径是世界上最为普及的体育运动之一，也是历史最悠久的运动项目。田径与游泳、射击被视为奥运金牌三大项目，也是奥运金牌最多的项目（51枚金牌），"得田径者得天下"的说法也由此而来。

● 十项全能

田径运动中全能运动项目的一种，是由跑、跳、投等10个田径项目组成的综合性男子比赛项目。现代男子十项全能比赛是1904年在美国圣路易斯城召开的第3届奥运会上开设的。当时十项全能的项目有：100码（91.44米）跑、推铅球、跳高、880码（804.6米）竞走、掷链球、撑杆跳、120码（118.87米）跨栏、跳远、掷壶铃和1英里（1609.31米）跑，这与今天的项目有较大的区别。从1912年第5届奥运会开始，瑞典人首创的分两天举行的男子十项全能列入比赛项目。1924年第8届奥运会取消男子五项全能，只保留男子十项全能的比赛，一直沿用至今。参加十项全能比赛的运动员必须在两天内按顺序完成十项比赛。第一天：100米跑、跳远、铅球、跳高、400米跑；第二天：110米跨栏、铁饼、撑竿跳高、标枪、1500米跑。比赛成绩是按照国际业余田径联合会制定的专门田径运动全能评分表，将各个单项成绩所得的评分加起来计算的，总分多者为优胜。

● 铁人三项

铁人三项运动由天然水域游泳、公路自行车、公路长跑三个项目按顺序组成，运动员需要一鼓作气赛完全程。这项运动起源于美国。1974年2月17日，一群体育官员聚集在夏威夷群岛的一个酒吧里争论：世界上究竟哪一种体育运动项目最具有刺激性、挑战性，最能考验人的意志和体能？他们各持己见，争论不休。最后，海军准将约翰·科林斯提出：谁能在一天之内在波涛汹涌的大海里游泳3.8千米，再环岛骑自行车180千米，最后跑完42.192千米的马拉松全程，中途不得停留，谁就是真正的铁人。第二天就有15人参加比赛，其中还有1位女选手。结果有14人赛完全程，该比赛第一名的成绩为11小时46分。比赛后人们就把这项一次连续组合完成游泳、自行车和长跑，并在运动员体能、速度和技巧上提供挑战的综合性体育运动项目称为"铁人三项"，并追认该次比赛为首届世界铁人三项锦标赛。

鉴于铁人三项运动在世界各地发展迅速，奥运会、友好运动会、泛美运动会、英联邦运动会、世界军体大会、亚运会、中国的全国运动会都将铁人三项列为正式的比赛项目。铁人三项在1994年被国际奥委会正式列入奥运会比赛项目，2000年悉尼奥运会万众瞩目的第一个比赛项目就是女子铁人三项比赛。

● 马拉松赛

马拉松原为希腊的一个地名，在雅典东北30千米，其名源自腓尼基语marathus，意即"多茴香的"，因古代此地生长众多茴香树而得名。

马拉松赛是一项长跑比赛项目，其距离为42.192千米。这个比赛项目的距离为什么不是整数呢？这要从公元前490年9月12日发生的一场战役讲起。这场战役是波斯人和雅典人在离雅典不远的马拉松海边发生的，雅典人最终获得了反侵略的胜利。为了让故乡人民尽快知道胜利的喜讯，统帅米勒狄派一个叫菲迪皮得斯的士兵回去报信。菲迪皮得斯是个有名的"飞毛腿"，为了让故乡人民尽早知道好消息，他一个劲儿地快跑，当他跑到雅典时，已喘不过气来，只说了一句"我们胜利了"就倒在地上死去。为了纪念这一事件，在1896年举行的现代第一届奥林匹克运动会上，设立了马拉松赛跑这个项目，把当年菲迪皮得斯送信跑的里程——42.192千米作为赛跑的距离。

在2004年雅典奥运会上，首次将奥运会的最后一个比赛项目——男子马拉松的颁奖典礼安排在闭幕式上举行。在东道主希腊人看来，马拉松比赛是奥运会的"灵魂"，在闭幕式上为马拉松运动员颁奖，是奥林匹克回家的一种象征。2008年北京奥运会，继承了这一做法。

● 足 球

11世纪，英格兰与丹麦之间发生了一场战争，战争结束后，英国人在清理战争废墟时发现一个丹麦入侵者的头骨，出于愤恨，他们便用脚去踢这个头骨，一群小孩儿见了也来踢，不过他们发现头骨踢起来脚痛，于是用牛膀胱吹气来代替它——这就是现代足球的诞生。1863年10月26日，英国人在伦敦成立了世界上第一个足球运动组织——英国足球协会，并统一了足球规则，人们称这一天为现代足球的诞生日。这次制定的足球规则共14条，它是现今足球规则的基础。从1900年的第2届奥运会开始，足球被列为奥运会正式比赛项目，但是不允许职业运动员参加。1904年5月21日，国际足联在巴黎成立。从1930年起，每4年举办一次世界足球锦标赛（又称世界杯足球赛），比赛取消了对职业运动员的限制。从此，现代足球运动日益发展，据不完全统计，现在世界上经常参加比赛的球队是80万支，登记注册的运动员是4000万人，其中职业运动员达10万人。

● 网 球

网球运动起源于12世纪至13世纪法国传教士在教堂回廊里用手掌击球的一种游戏，后来成为宫廷里的一种室内消遣娱乐活动。现代网球运动的历史是从1873年开始的。那一年，英国人沃尔特·克洛普顿·温菲尔德将早期的网球打法加以改进，使之成为夏天在草坪上进行的一种体育活动，并取名"草地网球"。同年还出版了一本名为《草地网球》的小册子，对这种活动进行宣传和推广。所以，温菲尔德被称为"近代网球的创始人"。此后网球便成为一项室内、户外都能进行的体育项目。网球运动孕育在法国，诞生在英国，开始普及和形成高潮在美国，目前盛行全世界。

● 篮 球

1891年，美国马萨诸塞州斯普林菲尔德市基督教青年会国际训练学校（后为春田学院）体育教师詹姆斯·奈史密斯博士，从当地儿童喜欢用球投向桃子筐（当地盛产桃子，各户备有桃筐）的游戏中得到启发，创编了篮球游戏。人们称这种游戏为"奈史密斯球"或"筐球"，很长一段时间之后，经过他与同事们反复商量才定名为"篮球"。篮球在1904年列入奥运会的表演项目，到1936年柏林奥运会成为正式项目。女子篮球到1976年蒙特利尔奥运会才成为比赛项目。篮球比赛的形式多种多样，民间最流行的是街头三人篮球赛，是三对三的比赛，更讲究个人技术。

● 曲棍球

曲棍球（Hockey）这一名称起源于法语，意思是牧羊人的棍杖。曲棍球又称"草地曲棍球"，其出现要比最初的奥林匹克运动会早一千多年，是奥运会项目中历史最为悠久和光辉的项目之一。现代曲棍球运动起源于19世纪初的英国，并于1908年伦敦奥运会首次成为正式比赛项目，1928年成为固定比赛项目，1980年增加了女子项目。从20世纪20年代开始的30年间，印度几乎垄断了所有世界冠军，夺得了从1928年至1956年共6届奥运会金牌。比赛时，分两队在曲棍球场上进行，每队11人，分别担任前锋、前卫、后卫、守门员等。每场比赛时间为70分钟，分上、下半场，中间休息5分钟至10分钟。比赛时，每人手执贝根曲棍，用它的平面击球，以射入对方球门多者为胜。其位置、打法与足球运动相近，通常采用"4—3—3"阵形和"5—3—2"阵形，常用技术有挥击球、铲击球、推击球、运球、接球、推球、守门员踢球等。

● 台 球

也叫"桌球"，是一种用球杆在台上击球、依靠计算得分确定比赛胜负的室内娱乐体育项目。大约在14世纪，由伦敦一个名叫Billsyard的当铺老板为娱乐消遣而发明，台球的英文名称即源于此。18世纪末，台球作为一种游戏在英国民间极为盛行。19世纪初，世界上第一个公共台球室在伦敦开设。最早的台球桌面上只有两个白球，法国人觉得缺少挑战性，就增添了一个红球并改进打法，英国人又将其发展成为在今天十分流行的落袋台球。现在的台球已发展成多种多样：按有无袋口，可分为落袋台球、开伦台球；按国别可分为法式台球、英式台球、美式台球；按规则及打法可分为斯诺克台球、8球、9球、15球积分、3球开伦、4球开伦。其中斯诺克最为普遍，而且被官方认可，已成为一项比赛项目。台球于一百多年前传入中国。

● 拳 击

拳击是戴拳击手套进行格斗的运动项目，被称为"勇敢者的运动"，既有业余的（也称奥运拳击）比赛，也有职业的商业比赛。比赛目标上，要比对方获得更多的分以战胜对方或者将对方打倒而结束比赛。早在古希腊和古罗马时代，就有许多有关拳击的生动记载。古希腊人和古罗马人当作一种为自卫而习练的技艺，而且被列入古代奥运会。1867年，英国采用了昆斯伯里拳击规则，比赛者要戴拳击手套进行比赛。1880年业余拳击联合会在英国成立，1946年国际业余拳击联合会成立。拳击比赛在由三条绳围绕的拳击台上进行。一场业余拳击比赛有五回合，每回合两分钟。在世界拳击运动中，处于领先地位的国家有美国、古巴、英国和俄罗斯。

● 空手道

五百多年前，中国与日本往来交流频繁，中国拳法传入日本，并发展为当地武术，称为"唐手"。由于长期受到禁武令的影响，"唐手"一直只能秘密地进行传授，直至1905年才公开成为普及的武道。因"唐手"名称含有中国的意思，加上"唐手"与"空手"的日语发音相同，1935年才被日本人改为"空手"，成为日本的武道。空手道发展到现代，已与其他一些运动一样成为一项体育比赛项目。1970年，世界空手道联盟成立，并举办了第一届世界空手道锦标赛。当前空手道正式的国际组织为世界空手道联盟（WKF），正统空手道主要有松涛馆流、和道流、刚柔流、系东流四大流派。世界空手道联盟的型（套路）的比赛标准以松涛馆流等四大流派的指定型为标准。

● 柔 道

柔道是日本一种以摔为主的格斗术，它具有悠久的历史，从日本战国时期到德川时代（15世纪到16世纪），一直把柔道称为"柔术"或"体术"，现在所用的"柔道"这一名词，是由"日本传讲道馆柔道"简化而来的。柔道是中国拳术的发展，源出少林之门。在日本东京，古武道研究会曾立一碑，上书："拳法之传流，自明人陈元赟而起。"陈元赟生于明万历十五年（1578），祖籍杭州，因崇尚武艺，少年时代即在嵩山少林寺习武。经名僧指点，武功渐进，成为一名武林高手。柔道运动是嘉纳治五郎在19世纪80年代创立的，在1964年东京奥运会上成为奥运会比赛项目。柔道通过把对手摔倒在地而赢得比赛，它是奥运会比赛中唯一的允许使用窒息或扭脱关节等手段来制服对手的项目。

● 跆拳道

跆拳道是一门韩国格斗术，以其腾空、旋踢脚法而闻名。跆拳道这个名称来源于韩语："跆"指用脚踢打，"拳"指用拳击打，"道"指格斗的艺术和一种原理。跆拳道是创新与发展起来的一门独特武术，具有较高的防身自卫及强壮体魄的实用价值。它通过竞赛和功力检测等运动形式，使练习者增强体质，掌握技术，并培养坚忍不拔的意志品质。跆拳道在全世界的组织主要分为两个体系，分别为国际跆拳道联盟（International Taekwondo Federation，简称ITF）体系及世界跆拳道联盟（World Taekwondo Federation，简称WTF）体系。ITF体系成立的时间比较早，目前奥运会采用的是WTF体系。

节　日

节日记录着历史，并通过唤醒人们对历史的回忆和温情而复活历史，成为连接传统与现代、历史与现实、物质生活与精神生活的桥梁。节日仪式的背后体现了民族文化认同的民族精神与文化道德品格。诚如雨果所说："开展纪念活动，如同点燃一支火炬。"

● 圣诞节

圣诞节（Christmas）的含义是指"基督的弥撒（Christ's mass）"，即"基督的一次聚餐"，此仪式源自《圣经·新约》的"最后的晚餐"。在圣诞节，大部分天主教教堂都会先在12月24日的平安夜举行子夜弥撒，而一些基督教会则会进行报佳音活动，然后在12月25日庆祝圣诞节。基督教的另一大分支——东正教的圣诞节庆祝则在每年的1月7日。从12月24日至第二年1月6日为圣诞节节期。圣诞节本来是基督教徒的节日，由于人们格外重视，它便成为一个全民性的节日，可以和新年相提并论。西方人以红、绿、白三色为圣诞色，圣诞节来临时家家户户都要用圣诞色来装饰。红色的有圣诞花和圣诞蜡烛；绿色的是圣诞树，它是圣诞节的主要装饰品，用砍伐来的杉、柏一类呈塔形的常青树装饰而成，上面悬挂着五颜六色的彩灯、礼物和纸花，还点着圣诞蜡烛；红色与白色相映成趣的是圣诞老人，他是圣诞节活动中最受欢迎的人物。西方儿童在圣诞夜临睡之前，要在壁炉前或枕头旁放上一只袜子，等候圣诞老人在他们入睡后把礼物放在袜子内。在西方，扮演圣诞老人也是一种习俗。

● 复活节

又称"主复活日"，是西方的一个重要节日，在每年春分月圆之后第一个星期日。基督徒认为，复活节象征着重生与希望，是纪念耶稣基督被钉死在十字架之后第三天复活的日子。《圣经·新约全书》记载，耶稣被钉死在十字架上，第三天身体复活，复活节因此得名。复活节是基督教最重大的节日，重要性超过圣诞节，起源于以色列。按《圣经·马太福音》的说法，耶稣基督在十字架上受刑死后三天复活，因而设立此节。历史学家根据《圣经》和以色列人逾越节的日期，推算出在春分日（3月21日）之后月满后的第一个星期天就是《圣经》中讲到耶稣复活的日子。由于每年的春分日都不固定，每年复活节的具体日期也是不确定的，但节期大致在3月22日至4月25日之间。节日期间，人们按照传统习俗把鸡蛋煮熟后涂上红色，代表天鹅泣血，也表示生命女神降生后的快乐。大人孩子三五成群地聚在一处，用彩蛋做游戏。他们把彩蛋放在地上或土坡上滚，最后破裂者即为获胜，胜利者可以得到所有游戏者的彩蛋。复活节的另一个象征是小兔子，原因是它具有极强的繁殖能力，人们视它为新生命的创造者，节日中成年人告诉孩子们复活节彩蛋会孵化成小兔子。

● 感恩节

感恩节是美国和加拿大共有的节日，原意是为了感谢上天赐予的好收成。在美国，从1941年起，感恩节是在每年11月的第四个星期四，并从这一天起休假两天。像中国的春节一样，在这一天，成千上万的人们不管多忙，都要和自己的家人团聚。加拿大的感恩节始于1879年，是在每年10月的第二个星期一，与美国的哥伦布日相同。感恩节的由来要一直追溯到美国历史的发端。1620年，著名的"五月花号"船满载不堪忍受英国国内宗教迫害的清教徒102人到达美洲。1620年和1621年之交的冬天，他们遇到了难以想象的困难，处在饥寒交迫之中，冬天过后，活下来的移民只剩50人左右。印第安人给这些移民送来了生活必需品，并且教他们狩猎、捕鱼和种植玉米、南瓜等生存方法。在印第安人的帮助下，来自欧洲的新移民逐渐习惯了当地的生存方式。在欢庆丰收的日子，欧洲新移民邀请印第安人一同感谢上天的赐予。在感恩节的第一天，印第安人和移民欢聚一堂，在黎明时鸣放礼炮，列队走进一间用作教堂的屋子，虔诚地向上天表达谢意，然后点起篝火，举行盛大宴会。第二天和第三天进行摔跤、赛跑、唱歌、跳舞等活动。初时感恩节没有固定日期，由各州临时决定，直到美国独立后，感恩节才成为全国性的节日。每逢感恩节这天，举国上下热闹非凡，基督徒按照习俗前往教堂做感恩祈祷，城乡市镇到处都有化装游行、戏剧表演或体育比赛等。分别了一年的亲人们也会从天南海北归来，一家人团圆，品尝以"火鸡"为主的感恩节美食。

● 万圣节

西方的重要节日，时间是每年的11月1日。10月31日是万圣节前夕，通常叫作万圣节前夜（万圣夜）。每当万圣夜到来，孩子们都会迫不及待地穿上五颜六色的化装服，戴上千奇百怪的面具，提着一盏"杰克灯"走家串户，向大人们索要节日的礼物。万圣节最广为人知的象征也正是这两样——奇异的"杰克灯"和"不给糖就捣乱"的恶作剧。万圣节源于基督诞生前的古西欧国家，主要包括爱尔兰、苏格兰和威尔士，这几处的古西欧人叫凯尔特人。凯尔特人相信，死人的亡魂会在10月31日这一天回到生前所居住的地方，并在活人的身上寻找生灵，以获得再生的机会。当地居民因为担心鬼魂来夺取自己的生命，所以在10月31日到来时，会将所有灯光熄掉，使得鬼魂无法寻到活人，并打扮成妖魔鬼怪，以将鬼魂吓走。这天夜里是一年中最"闹鬼"的时候，各种妖魔鬼怪、海盗、外星来客和巫婆纷纷出动。随着时间的流逝，万圣节的意义逐渐变得含有喜庆的意味。现在象征万圣节的妖怪及图画，都变成了可爱又古灵精怪的模样儿，如番瓜妖怪、巫婆等。万圣节前夜最流行的游戏是"咬苹果"，游戏时人们让苹果漂浮在装满水的盆里，然后让孩子们在不用手的条件下用嘴去咬苹果，谁先咬到，谁就是优胜者。

● 母亲节

作为一个感谢母亲的节日，母亲节最早出现在古希腊，时间是每年的1月8日，这一天古希腊人向希腊众神之母希布莉（宙斯、哈得斯、得墨忒耳、赫拉和赫斯提亚的母亲，故称众神之母）致敬。17世纪中叶，母亲节流传到英国，英国人把封斋期的第四个星期天作为母亲节。母亲节在美国、加拿大和一些其他国家，则是每年5月的第二个星期天，其他一些国家的日期也并不一样。1876年，贾维斯夫人在礼拜堂讲授美国国殇纪念日的课程，讲了战役中捐躯的英雄故事后，她进行祈祷时说："但愿在某处、某时，会有人创立一个母亲节，纪念和赞扬美国与全世界的母亲。"当她72岁逝世时，她的女儿安娜·贾维斯立志创立一个母亲节，来实现母亲多年前祈求的心愿。安娜·贾维斯先后写信给许多有名望的人物，要求他们支持设立母亲节，初时反应冷淡，但她继续向各界呼吁。1907年5月12日，安德烈卫理教堂应安娜·贾维斯之邀，为母亲们举行一个礼拜仪式。1908年，此仪式在费城举行，反应热烈，终于获得州长支持，并于1910年宣布在该州设立母亲节。1911年，庆祝母亲节的活动已经开展得非常广泛，席卷美国的每一个州，连加拿大、墨西哥和南美的一些国家都开始庆祝这个节日。1912年，美国专门成立母亲节国际协会。1913年5月，美国众议院一致通过决议，号召总统以及内阁、参众两院和联邦政府的一切官员一律在母亲节佩戴白色石竹花。1914年，美国国会正式命名5月的第二个星期日为母亲节，并要求总统发布宣言，号召政府官员在所有的公共建筑物上悬挂国旗。母亲节创立后，得到了全世界各国人民的支持，目前已经成为国际性节日，按照惯例，"国际母亲节"被定在每年的5月11日。

● 母亲花

国际上献给母亲的花是康乃馨。这种花的花瓣紧凑而不易凋落，叶片细长而不易卷曲，花朵雍容富丽，姿态高雅别致，更有着诱人的浓郁香气。红色康乃馨象征热情、正义、美好和永不放弃，祝愿母亲健康长寿；粉色康乃馨表示祝福母亲永远年轻美丽；白色康乃馨象征儿女对母亲纯洁的爱和真挚的谢意；黄色康乃馨象征感恩，表达子女对母亲辛勤付出的感谢。中国的母亲花是萱草花，又叫忘忧草。萱草是百合科多年生草本植物，根茎肉质，叶狭长，细长的枝顶端开出橘红或橘黄色的花，十分艳丽，非常适合供人观赏，它的花蕾叫金针，所以也叫金针蕾。母亲节这天，子女为母亲送上一株忘忧草，祝福母亲远离烦恼和忧愁，身心愉悦，健康长寿。

● 父亲节

人们在庆祝母亲节的同时，并未忘记父亲的功绩，1909年，居住在华盛顿的约翰·布鲁斯·多德夫人建议确定父亲节。多德夫人的母亲早亡，其父独自一人承担起抚养、教育孩子的重任，把他们全部培养成人。1909年，多德夫人感念父亲养育之恩，准备为他举行庆祝活动，同时想到所有的父亲对家庭和社会的贡献，于是给当地一家教士协会写信，建议把6月的第三个星期日定为父亲节。该协会将建议提交会员讨论，获得通过。1910年6月，人们便在此庆祝了第一个父亲节。当时，凡是父亲已故的人都佩戴一朵白玫瑰，父亲在世的人则佩戴红玫瑰。这种习俗一直流传至今。但是开始时父亲节的日期各不相同，而且有的地方用蒲公英作为父亲节的象征，有的地方则用衬有一片绿叶的白丁香作为父亲节的象征。直到1934年6月，美国国会才统一规定6月的第三个星期日为父亲节。每年全美国要在5 600万父亲身上花去十多亿美元礼品费，但在礼品的种类上，除了领带和雪茄烟外，其他东西很少。目前，世界上有52个国家和地区是在6月的第三个星期日庆祝父亲节。

● 父亲花

国际上献给父亲的花有以下几种：（1）玫瑰。红色或白色玫瑰是公认的父亲节的节花。也有以送黄色玫瑰花为主，有的国家把黄色视为男性的颜色。（2）太阳花。有的国家流行父亲节送太阳花，寓意父亲像伟大的太阳。（3）石斛兰。在许多国家，石斛兰的花语是欢迎、祝福、纯洁、吉祥、幸福。黄色的石斛兰寓意父亲的刚毅、亲切、威严，表达对父亲的敬意。

● 情人节

情人节（Valentine's Day）又名圣华伦泰节，时间是每年的2月14日，是西方的传统节日之一。这个节日是纪念名叫华伦泰的基督教初期的殉道圣人。《世界书籍百科全书》指出："据说在公元200年，罗马皇帝克劳狄二世禁止年轻男子结婚。他认为未婚男子可以成为更优良的士兵。一位名叫华伦泰的教士违反了皇帝的命令，秘密为年轻男子主持婚礼。……传闻说华伦泰于公元269年2月14日被处决。"《天主教百科全书》指出，公元496年，教皇圣基拉西乌斯一世废除了牧神节，把2月14日定为圣华伦泰日。情人节这天，情人间互送巧克力、贺卡和花，用以表达爱意或友好。

● 白色情人节

白色情人节是西方情人节的延续，时间是每年的 3 月 14 日，流行于日本、韩国等地区。1977 年，白色情人节由日本福冈市博多区的糖果制造商"石村万盛堂"发起，以鼓动收到对方爱意礼品的一方应该回礼给对方，作为促销糖果的手段。节日最早称为"糖果赠送日"，因为糖果所使用的砂糖是白色，所以从 1980 年起改称"白色情人节"。

● 狂欢节

狂欢节盛行于欧美地区。这个节日起源于欧洲的中世纪。古希腊和古罗马的酒神节可以说是其前身，有些地区还把它称为"谢肉节"和"忏悔节"。该节日曾与复活节有密切关系。复活节前有一个为期 40 天的大斋期，即四旬斋。斋期里，人们禁止娱乐，禁止肉食，反省、忏悔，以纪念复活节前三天遭难的耶稣。这期间生活肃穆、沉闷，于是在斋期开始的前三天里，人们会专门举行宴会、舞会、游行，纵情欢乐，故有"狂欢节"之说。如今已没有多少人坚守大斋期之类的清规戒律，但传统的狂欢活动却保留了下来，成为人们抒发对幸福和自由向往的重要节日。世界各地庆祝节日的日期并不相同，一般来说大部分国家都在 2 月中下旬举行庆祝活动。化装舞会、彩车游行、假面具和宴会是狂欢节的几大特色，尤其以毫无节制的纵酒饮乐著称，其中最负盛名的要数巴西狂欢节。

● 愚人节

也称万愚节，是西方民间的传统节日，时间是每年的 4 月 1 日。愚人节起源于法国，1564 年，法国首先采用新改革的纪年法格里历（即目前通用的公历），以 1 月 1 日为一年之始，但一些因循守旧的人反对这种改革，依然按照旧历固执地在 4 月 1 日这一天送礼品，庆祝新年。主张改革的人对这些守旧者的做法大加嘲弄。聪明、滑稽的人在 4 月 1 日就给他们送假礼品，邀请他们参加假招待会，并把上当受骗的保守分子称为"四月傻瓜"或"上钩的鱼"。从此人们在 4 月 1 日便互相愚弄，成为法国流行的风俗。18 世纪初，愚人节习俗传到英国，接着又被英国的早期移民带到了美国。

● 奔牛节

奔牛节又称"关牛节",从每年的 7 月 6 日开始举行,7 月 14 日结束,是西班牙之国粹,始于 1591 年。其正式名称为"圣费尔明节",圣费尔明是西班牙东北部富裕的纳瓦拉省省会潘普洛纳城的保护神。1923年,美国著名作家海明威首次来到潘普洛纳城观看奔牛并写成著名小说《太阳照常升起》》(1926 年发表),作品中详细描述了奔牛节,将刺激的奔牛活动描绘得极为传神,奔牛节从此声名大振,由一个地区性节日变成一个世界性节日。1954 年,海明威获得诺贝尔文学奖后,西班牙奔牛节更是名声大噪。当地居民为了感谢海明威为奔牛节做出的贡献,特地在斗牛场的大门口为之立了一座雕像。现在西班牙全国共有四百多个斗牛场,仅首都马德里就有三个,范塔士斗牛场最具规模,可容纳三四万人,每年西班牙全国举行的各种形式的斗牛活动达七千多次。斗牛分为葡萄牙式斗牛和西班牙式斗牛,二者的主要区别在于:葡萄牙式斗牛是斗牛士骑马斗牛,基本没用助手,尽兴即可,不一定把公牛杀死。西班牙式斗牛是斗牛士在地上与公牛周旋,斗牛士配有标枪手、长矛手等多名助手,并且必须把公牛杀死,海明威因此发出如此慨叹:"生活与斗牛差不多。不是你战胜牛,就是牛挑死你。"

● 国际劳动节

又称"五一国际劳动节""国际示威游行日",是世界上大多数国家的劳动节,时间是每年的 5 月 1 日。其意义在于劳动者通过斗争,用顽强、英勇不屈的奋斗精神争取到自己的合法权益,是人类文明、民主的历史性进步。这个节日源于美国芝加哥城的工人大罢工。1886 年 5 月 1日,芝加哥的 21.6 万名工人为争取实行八小时工作制而举行大罢工,经过艰苦的流血斗争,终于获得了胜利。为纪念这次伟大的工人运动,1889 年 7 月,第二国际宣布将每年的 5 月 1 日定为国际劳动节。1890 年 5月 1 日,欧美各国的工人阶级率先走向街头,举行盛大的示威游行与集会,争取合法权益。从此,每逢这一天,世界各国的劳动人民都要集会、游行,以示庆祝。

● 国际劳动妇女节

又称"联合国妇女权益和国际和平日"或"三八妇女节",是全世界劳动妇女团结战斗的节日,时间是每年的3月8日。1857年3月8日,美国纽约的服装女工和纺织女工举行了一次抗议;两年以后,又是在2月,这些妇女组织了第一个工会。1908年3月8日,1.5万名妇女在纽约市游行,提出的口号是"面包和玫瑰",面包象征经济保障,玫瑰象征较好的生活质量。5月,美国社会党决定以2月的最后一个星期日作为国内的妇女节。1910年8月,在丹麦首都哥本哈根召开了国际社会主义者第二次妇女代表大会,会议决定以每年的3月8日作为全世界妇女的斗争日,得到与会代表的一致拥护。从此以后,"三八妇女节"就成为世界妇女争取权利、争取解放的节日。1911年的3月8日是第一个国际劳动妇女节。联合国从1975年国际妇女年开始庆祝国际妇女节,确认普通妇女争取平等参与社会的权利。

● 国际儿童节

又称"六一儿童节",它是保障世界各国儿童的生存权、保健权和受教育权,为改善儿童的生活,为反对虐杀儿童和毒害儿童的节日,时间是每年的6月1日。1942年6月,德国法西斯枪杀了捷克利迪策村16岁以上的男性公民140余人和全部婴儿,并把妇女和90名儿童押往集中营。村里的房舍、建筑物均被烧毁,好端端的一个村庄就这样被德国法西斯给毁了。为了悼念利迪策村和全世界所有在法西斯侵略战争中死难的儿童,反对帝国主义战争贩子虐杀和毒害儿童,保障儿童权利,1949年11月,国际民主妇女联合会在莫斯科召开执委会,正式决定每年6月1日为全世界少年儿童的节日,即国际儿童节。

● 国际博物馆日

每年的5月18日是国际博物馆日。

"博物馆"一词,源于希腊文"缪斯庵",原意为"祭祀缪斯的地方"。缪斯是希腊神话中掌管科学与艺术的九位女神的统称,分别掌管着历史、天文、史诗、情诗、抒情诗、悲剧、喜剧、圣歌和舞蹈,代表着当时希腊人文活动的全部。

大约在公元前5世纪，在希腊的特尔费·奥林帕斯神殿里，有一座收藏各种雕塑和战利品的宝库，被博物馆界视为博物馆的开端。在其后相当长的时间里，博物馆只是供皇室或少数富人观赏奇珍异宝的收藏室。到18世纪末，西欧一些国家的博物馆相继建立，并向公众开放，博物馆的功能才有了新的发展，人们对博物馆的认识也发生了变化。

1946年11月，国际博物馆协会在法国巴黎成立。1974年6月，国际博物馆协会在哥本哈根召开第11届会议，将博物馆定义为"是一个不追求营利，为社会和社会发展服务的公开的永久机构。它把收集、保存、研究有关人类及其环境见证物当作自己的基本职责，以便展出，公之于众，提供学习、教育、欣赏的机会"。

1977年，国际博物馆协会为促进全球博物馆事业的健康发展，吸引全社会公众对博物馆事业的了解、参与和关注，向全世界宣告：1977年5月18日为第一个国际博物馆日，并且每年为国际博物馆日确定活动主题。

● 世界读书日

每年的4月23日是世界读书日。

世界读书日的全称是"世界图书与版权日"，又译为"世界图书日"。世界读书日来源于西班牙加泰罗尼亚地区的一个传说：美丽的公主被恶龙困于深山，勇士乔治只身战胜恶龙，解救了公主，公主为报恩而赠给乔治的礼物是一本书。从此，书成为胆识和力量的象征，4月23日在民间就成为"圣乔治节"。

1972年，联合国教科文组织向全世界发出了"走向阅读社会"的召唤，要求社会成员人人读书，使图书成为生活的必需品，读书成为每个人日常生活不可或缺的一部分。

1995年，联合国教科文组织宣布4月23日为世界读书日，这一天也是西班牙作家塞万提斯和英国作家莎士比亚的逝世纪念日。自世界读书日宣布以来，已有一百多个国家和地区参与此项活动。很多国家在这一天或者前后一周、一个月的时间内，开展丰富多彩的活动，图书馆、媒体、出版商、学校、商店、社区等机构团体在这一段时间里都会赠书、读书、演戏，鼓励人们阅读。